KB149506

비트코인

골든타임을 잡아라

비트코인, 골든타임을 잡아라

초판 1쇄 인쇄 2024년 6월 10일
초판 1쇄 발행 2024년 6월 17일

지은이 김피비 · 그레이
펴낸이 최석두

펴낸곳 도서출판 평단
출판등록 제2015-000132호(1988년 7월 6일)
주소 (10594) 경기도 고양시 덕양구 통일로 140 삼송테크노밸리 A동 351호
전화 (02) 325-8144
팩스 (02) 325-8143
이메일 pyongdan@daum.net

ISBN 978-89-7343-574-6 (13320)

* 이 책은 저작권법에 따라 보호받는 저작물이므로 무단 전재와 복제를 금지하며, 이 책 내용의 전부
또는 일부를 사용하려면 반드시 저작권자와 도서출판 평단의 서면 동의를 받아야 합니다.
* 잘못된 책은 구입하신 곳에서 바꾸어 드립니다.
* 책값은 뒤표지에 있습니다.

역대급 규모의 변동성이 시작된다

비트코인

골든타임을
잡아라

김피비·그레이 지음

평단

실전에 적용할 수 있는 유용한 툴과 방법을 담았다

어느 날 혜성처럼 나타난 비트코인은 꽤 오랫동안 사기 또는 도박거리 중 하나 정도로 취급받았다. 세상이 바뀌어가는 혁신을 대중이 받아들이기엔 일정한 시간이 필요했으리라. 많은 암호화폐가 하루에도 수십 퍼센트가 급등하고 급락할 정도로 워낙 시장의 변동성이 크다 보니 더더욱 대중의 시선은 그저 한탕 도박 정도로만 보곤 했다.

그러다 비트코인 ETF가 미국 증권거래위원회SEC의 승인을 받아 출시되고, 2014년 이후 벤처캐피털의 투자가 이어지며 떼돈을 번 사람들이 갈수록 많아지자 사람들의 시선은 점점 바뀌기 시작했다. 지금은 세계 100대 기업 중 상당수가 이더리움과 블록체인 기술을 실제 업무에 활용하고 있다. 글로벌 암호화폐 플랫폼인 크립토닷컴의 조사에 따르면 전 세계 암호화폐 투자 인구가 무려 5억 8,000만

명 수준으로, 전 세계 인구의 7.2% 정도가 암호화폐 투자를 경험했거나 계속하고 있다.

암호화폐를 대하는 사람들의 시선이 '사기'에서 '혁신적인 대체투자 상품'으로 바뀌는 데는 10여 년밖에 걸리지 않았다. 오늘날 비트코인은 사람들에게 블록체인 기술의 선두주자이자 디지털 금으로 취급받으며 부를 크게 불릴 수 있는 최고 투자수단 중 하나로 자리잡고 있다.

하지만 이렇게 고속 성장 중인 암호화폐 시장을 명확하고 철저하게 데이터로 분석하고 암호화폐 가격의 움직임을 예측하거나 대응방법을 안내해주는 책은 눈에 띄지 않는다. 차트를 기술적으로 분석하는 방법을 알려주거나 향후 시장 전망을 해주는 정도가 전부다.

이 책에는 단순한 추측이나 전망, 예상이 아닌 철저한 데이터를 기반으로 암호화폐를 분석하고, 실제로 투자하는 데 유용한 툴과 방법을 아낌없이 담았다. 그뿐만 아니라 대부분 암호화폐 투자자가 모르고 있거나 착각하고 있던 부분들을 데이터로 검증하고, 올바른 지식을 익혀 실전에서 써먹을 수 있도록 최선을 다했다. 이 책이 나오기까지 도움을 주신 에임리치 임직원과 지인들에게 감사의 인사를 전한다. 강직한 성품으로 이타적인 삶을 살고자 최선을 다하시는 어머니, 사랑합니다.

— 김피비

부의 흐름을 바꿔줄 기회를 잡아라

2021년 대한민국은 코인 열풍에 휩싸였다. 어딜 가도 코인 이야기가 빠지지 않았고, 옆집 강아지도 코인을 안다는 농담이 유행할 정도로 코인 열풍이 불었다. 정확히 1년 뒤인 2022년 암호화폐 시장은 참담한 상황에 놓였다. 최고 가격 대비 평균 70% 가까운 하락이 나오면서 암호화폐 시장에 대한 대중의 관심은 빠르게 식었다.

암호화폐가 많은 사람에게 관심을 받은 이유는 '변동성' 때문이다. 암호화폐에 투자하면서 '신흥부자'라는 말이 유행할 정도로 '변동성'이라는 단어는 많은 투자자에게 삶을 바꿔줄 절호의 기회로 인식되었다. 하지만 변동성은 기회임과 동시에 절망의 늪이기도 하다. 높은 변동성은 일부 투자자에게는 수익을 가져다줄지 모르겠지만, 대부분 투자자에게는 큰 손실로 다가올 수 있기 때문이다.

영국의 한 조사기관에 따르면, 대한민국 사람들의 도박성 지수는 다른 나라 사람들보다 2~3배 높다고 한다. 그만큼 우리나라에는 변동성이 높은 암호화폐에 아무런 지식도 없이 투자했다가 손실을 보는 투자자들이 많다. 이 책은 이미 실패를 맛본 투자자는 물론 큰 실패 없이 투자하고 있는 사람들, 투자하려고 기회를 보는 사람들을 위해서 썼다. 단 한 명의 투자자라도 암호화폐를 옳은 시각으로 바라보고 변동성을 절망이 아닌 기회로 만들기를 바라며 정성을 담았다.

암호화폐의 변동성이 얼마 남지 않았다. 2024년 비트코인 현물 ETF가 승인되면서 많은 자금을 들고 있는 기관들이 참여하기 시작하고, 점차 규제영역 안으로 들어오면서 세력들이 이 시장에 더 많이 들어올 것이다. 투자 시장에 큰돈이 들어오기 시작하면 시장의 변동성은 자연스레 줄어든다. 변동성이 곧 기회라고 말했듯이 앞으로 암호화폐 시장에서 부의 흐름을 바꿀 수 있는 시간은 한정적이라고 본다. 남은 시간을 이 책과 함께 기회의 시간으로 만들 수 있길 바란다.

이 책을 쓸 수 있도록 기회를 만들어준 스승이자 멘토 김피비 님과 옆에서 항상 응원해주는 지인들에게 감사드리며, 뒤에서 항상 묵묵히 지켜봐주고 기도해주는 가족에게 사랑한다는 말을 전한다.

— 그레이

3장 온체인 데이터로 승률 높이기

암호화폐 시장에 숨겨진 7가지 보물

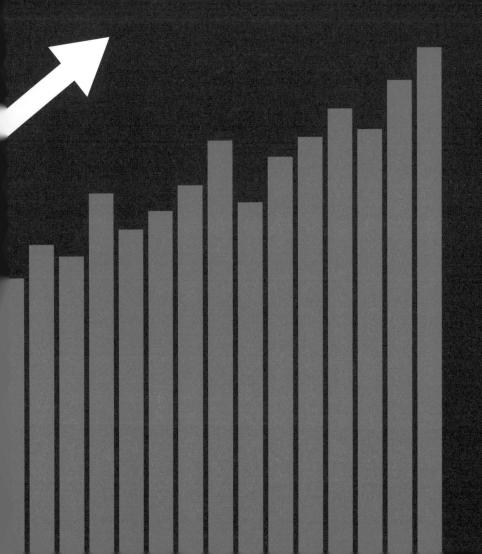

1장

암호화폐,
역대급 기회가 왔다

경제침체와 비트코인의 관계

전 세계 경제는 침체의 길로 접어들고 있다. 미국 주식시장과 부동산 시장은 대공황 이래 최대 수준의 버블에 진입했었다. 영국은 기업 파산이 30년 만에 최고 수준으로 치솟고 있고, 실업률 또한 빠르게 높아지고 있으나 물가 때문에 금리를 낮출 수 없는 진퇴양난의 위기에 빠져 있다.

영국을 비롯해 오스트레일리아 등 부동산 버블이 심각했던 국가들은 거세게 상승했던 추세만큼 하락 추세도 빠르게 진행되고 있다. 이 와중에 한국 또한 역대급 위기에 놓여 있다. 한국경제연구원에 따르면 한국의 전세자금을 포함했을 때 국내총생산이나 가처분소득 대비 가계부채는 경제협력개발기구 국가 중 1위를 차지했다.

즉, 한국의 일반적인 가정은 당연한 듯 과도한 빚을 지고 있고, 그 빚을 투자나 사업 등에 활용하고 있다. 세계적인 경제침체가 발생할

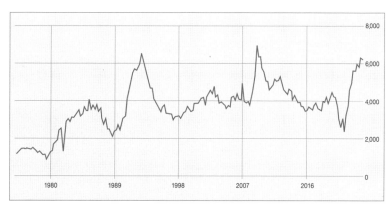

1970년대부터 2023년 2분기까지 영국의 파산 건수. 강제청산(법원의 청산 명령)과 컴퍼니 하우스에 등록된 채권자의 자발적 청산 규모 (출처: TradingEconomics)

때 가장 취약한 이들이 바로 한국 사람들이다. 경제가 침체에 빠지기 전에는 늘 금리가 인상된다. 금리가 인상되면 기업과 가계의 이자 부담이 늘어나게 되고, 경우에 따라서는 대출태도Loan Standard가 악화되면서 금융권에서 돈을 빌리기가 어려워진다. 1억 원을 빌릴 수 있던 사람이 금융기관의 대출태도가 악화되면 5천만 원밖에 대출이 안 되고, 1금융권에서 대출을 받을 수 있었던 사람이 2금융권에 가야 하는 상황이 벌어진다. 또 대출을 받더라도 전보다 더 높은 이자를 부담해야 한다. 그럼 여유가 없어진 사람들이 지갑을 닫기 시작해 소비가 줄어들게 되니 결국 사람들의 소득도 줄어들게 된다. 내 소비가 다른 사람들의 소득이고, 다른 사람들의 소비가 내 소득이기 때문이다.

그러나 사람들은 이러한 이슈에 생각보다 큰 관심이 없으며, 언론사에서도 이런 심각성을 기사로 잘 다루지 않는다. 정작 나중에 크게 문제가 터질 때가 돼서야 인지하고 관심을 두지만 그때는 이미 대응하기엔 늦은 상황이 된다. 주식시장 400년 역사에서 대중은 한 번도 경제침체를 예측한 적이 없으며, 위기를 경고하더라도 대부분 묵살했기 때문이다. 대공황과 글로벌 금융위기가 터지기 바로 전날까지도 사람들은 매수를 외쳤고, 주식과 부동산을 공격적으로 매수했다. 탐욕은 인간의 변하지 않는 본성이며, 이로써 위기를 사전에 대비하고 대응하는 사람은 극소수에 불과하다.

이러한 상황에서 비트코인이 경제위기의 해결책이 될 거라고 낙관하는 비트코인 투자자가 많다. 비트코인은 글로벌 금융위기가 시작된 2008~2009년, 즉 미국과 달러에 대한 불신이 커지는 시점에 탄생했으니 비트코인이 금융위기의 해결책이라고 굳게 믿는 것이다. 게다가 비트코인이 2021년 이후 하락할 만큼 하락했으니 이제 올라갈 시점이라고 주장한다. 하지만 우리가 믿는 것과 실제 사실은 다를 수 있다. 이러한 주장을 데이터로 분석해보면 어떤 결과가 나올까?

미국, 유럽 등 선진국의 애널리스트들은 많은 지표를 분석해 비트코인 가격을 예측한다. 암호화폐 시장에서 투자하고 있거나 공부 좀 했다는 이들은 비트코인 가격이 반감기에 따라 움직인다고 주장한다. 하지만 에임리치의 금융공학기술연구소 연구원, 애널리스트들은 그렇게 분석하지 않는다. 모건스탠리와 매크로본드Macrobond의 연구 결과를 보면 비트코인의 시가총액은 통화량과 동행한다는 것을 알 수 있다. 통화량이 늘어나면 비트코인도 오르고, 통화량이

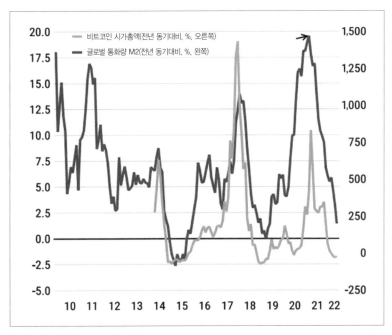

비트코인은 결국 통화량과 함께 움직인다. (출처: Macrobond, Morgan Stanley Research)

줄어들면 비트코인 시가총액도 줄어 가격이 하락할 확률이 높아진다. 즉 비트코인 가격을 핵심적으로 결정짓는 요소는 '통화량'이며, 통화량이 상관계수가 가장 높다.

보통 통화량이 늘어나면 시차를 두고 경기가 부양되면서 자산가격이 오른다. 반대로 통화량이 줄어들면 시차를 두고 자산가격이 하락한다. 비트코인 또한 통화량과 관계가 밀접하므로 경제의 방향성과 함께 움직인다. 경제가 좋아지면 비트코인은 오르지만, 경제가 악화되면 비트코인도 하락한다는 것이 데이터로 검증된 결과다.

그럼 비트코인 투자자들은 왜 비트코인이 반감기에 따라 움직인다고 생각할까? 왜 경제가 악화되면 오히려 비트코인이 주목받는다고 판단할까?

먼저 반감기의 관점부터 보자. 반감기는 4년 주기로 비트코인 채굴량이 반으로 줄어드는 이벤트를 뜻한다. 비트코인 개발자 사토시 나카모토가 비트코인의 희소성을 높이려고 이런 시스템을 고안했다. 채굴량을 갈수록 기하급수적으로 줄여 총발행량을 2,100만 개로 제한함으로써 초기에 투자할수록 유리하게 하는 동시에 발행량을 확실히 투명하게 공개하는 시스템을 택했다. 또 비트코인 이용자가 늘어나면 늘어날수록 비트코인의 보안은 더 견고해진다. 이것이 탈중앙화 시스템, 블록체인이 주목을 받는 이유다. 그러나 이것만이 비트코인 가격에 절대적 요소는 아니다.

어쩌다 보니 비트코인 가격이 반감기 전후로 올랐으니 사람들은 또다시 비트코인 반감기를 기대하지만 사실 비트코인은 글로벌 유동성에 민감하게 움직인다. 미국이 금리를 낮추고 돈을 풀면서 '실제' 통화량이 늘어날 때 비트코인도 시간을 두고 상승한다. 반감기가 비트코인 채굴량을 줄여 희소성을 높이는 건 사실이지만 '공급'이 줄어드는 것뿐이다. 공급이 줄면 수요와 공급의 원리에 따라 비트코인의 가치가 높아지지만 그건 어디까지나 '수요'가 유지되거나 늘어난다는 전제가 있을 때 얘기다. 주식이든 부동산이든 비트코인이든 투자 시장의 수요는 경제가 좋아지고 시중에 유동성이 풍부해야 늘어난다. 비트코인을 투자 대상으로 바라본다면 공급보다 더 중요한 것이 수요다. 전 세계 경제에 대공황이 와서 직장에서 해고

되고 다음 달 카드값을 걱정해야 하는데 비트코인에 투자할 여유가 있는 사람은 없을 것이다. 이것이 바로 경제와 비트코인이 밀접하게 움직이는 이유다.

비트코인은 개발된 지 15년 정도 되다 보니 암호화폐 시장이나 비트코인을 분석하는 기술이 아직 자리 잡지 못했다. 주식을 운용하는 펀드매니저나 종목·산업·경제를 분석하는 애널리스트, 이코노미스트는 거시경제 데이터를 당연하다시피 활용하지만, 비트코인의 경우 거시경제 데이터 등 데이터 기반 분석 문화가 아직 정착되지 않았다. 나는 국내에서 최초로 암호화폐와 온체인 데이터, 경제 데이터를 접목하여 분석을 시작했다. 그러다 보니 다른 애널리스트나 코인 유튜버에 비해 주목을 받았다. 어찌 보면 당연히 체계적 분석이 필요한데도 이런 문화가 자리 잡지 못한 영향이 클 뿐이라고 본다.

비트코인은 또한 경제위기를 한 번도 겪지 않았다. 작은 연착륙은 겪어봤어도 주가와 경제가 심각하게 무너지는 경착륙은 전혀 겪지 못했다. 그러다 보니 더더욱 암호화폐 시장 참여자들은 경제 분석과 비트코인을 접목할 생각조차 하지 못하는 것으로 보인다. 그러나 미국, 유럽에서 극소수의 뛰어난 암호화폐 분석가들은 데이터를 기반으로 시장을 분석하고 있다. 우리도 이런 방식이 시간을 두고 점차 도입되리라고 본다.

그렇다면 경제침체가 온 이후에는 비트코인이 투자가치가 없을까? 나는 오히려 경제위기가 비트코인을 가장 저렴하게 살 거의 마지막 기회라고 본다. 오랜 시간 암호화폐 시장을 추적하고 분석한 결과 비트코인이 장기적으로 주목받을 자산인 것은 확실해 보이기 때문이다. 그러나 암호화폐 시장은 경제침체를 경험하지 못했으므로 시련이 많을 것이다.

악재는 늘 시세가 상승할 때가 아니라 하락하면서 터진다. 시세가 하락하며 상상도 못 했던 악재들이 터져 가격은 더더욱 큰 하락 압력을 받는다. 2018년에 박상기 당시 법무부장관이 "가상화폐는 도박, 거래소 폐쇄할 것"이라고 발언하고 실제로 이를 추진하려고 했다. 지금은 말도 안 되는 얘기라고 하겠지만 그때는 정말 충격적인 일이었다. 이번 경제위기에도 충격이 더하면 더했지 덜하지는 않을 것이다. 공포에 매수하라는 격언처럼 이런 위기들이 중장기적 관점에선 아주 매력적인 매수 기회가 될 것이다.

특히 암호화폐는 나스닥과 동행하며 투자자들 사이에서는 기술주, 성장주와 같은 취급을 받는데, 이번 시장에서 멀티플 거품이 가장 많이 빠질 곳은 기술주와 성장주, 대형주다. 그리고 비트코인은 이 세 개에 전부 해당하는 종목이다. 즉 1의 가치가 있는 종목의 주가가 시장 상황에 따라 3이 되기도 하고, 10이 되기도 하는데 이런 관점에서 비트코인이 제일 저렴해지는 순간이 바로 이번 경제침체 구간이 될 확률이 높다는 얘기다. 앞으로는 기술주와 성장주보다는 가치주가 주목받을 텐데, 암호화폐 시장은 이런 트렌드에 취약하다. 그만큼 많은 사람이 암호화폐에 실망할 테지만 우리는 투자를 하루, 한 달, 1년 하고 말 게 아니다. 10년 이상 장기 관점에서 보았을 때 비트코인은 '마지막 바겐세일'과도 같은 선물을 줄 것이다.

암호화폐는 가치를 어떻게 평가할까

주식의 재무제표를 분석하듯이 암호화폐도 기본적 분석을 수행할 수 있다. 단지 주식의 경우 주가수익비율PER, 주가순자산비율PBR과 같은 재무비율로 빠르게 해당 종목을 파악할 수 있는 지표들이 개발되어 있으나 암호화폐 시장은 아직 기본적 분석을 빠르게 효율적으로 만들어주는 지표가 거의 없다. 그렇지만 해당 암호화폐의 총발행 물량과 유통 물량 및 계획, 네트워크의 가치, 백서, CEO 마인드 등 다양한 관점에서 암호화폐의 기본적 분석을 수행할 수 있다.

암호화폐와 주식이 크게 다른 점은 '탈중앙화'다. 이는 뒤에서 자세히 설명하겠지만, 결국 탈중앙화 시스템으로 암호화폐의 이동이나 매수 주체가 누구인지, 네트워크 내에서 암호화폐가 어느 규모 물량으로 얼마만큼 움직이는지, 사람들이 손실을 많이 보는지 수익을 많이 보는지, 투자자들 심리는 어떤지, 단기투자자 비중이 시장 내에서 얼마나 되는지 등을 추적하여 암호화폐 시장 또는 개별 종목의 가치를 평가할 수 있다. 이것이 바로 온체인 데이터 분석이다. 암호화폐 시장에서는 온체인 데이터 분석이 주식의 기본적 분석과 유사한 점이 많다고 본다.

예를 들어 손실권 코인 비율Supply in Loss이라는 지표가 있다. 이는 비트코인에서 손실을 보고 있는 투자자들이 얼마나 되는지를 알려준다. 비트코인 가격이 하락하면서 손실을 보는 투자자들이 늘어나면 이 지표는 상승한다. 반대로 비트코인 투자로 수익을 보는 사람이 많아지면 이 지표는 하락한다. 즉, 대중이 수익을 보고 있는지 손실을 보고 있는지를 알 수 있는 온체인 지표다.

이 지표는 50%에 도달했을 때 바닥일 확률이 높다고 암시하곤 했는데, 실제로 비트코인 역사에서 해당 지표가 50% 이상을 돌파한 구간은 거의 늘 비트코인 가격이 바닥이었던 때였다. 물론 이

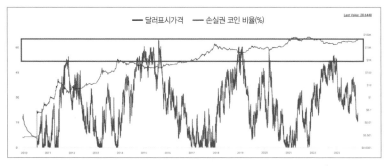

Supply in Loss(%) UTXO 가치총합에서 손실된 UTXO 가치합의 비율
해당 지표가 50% 이상에 도달하면 비트코인 가격이 바닥에 근접해지곤 했다.
(출처: Cryptoquant)

지표 하나만으로 시장과 비트코인 가격 전망을 파악하는 데는 다소 무리가 있지만, 그럼에도 이 지표 하나만 가지고 매매한다고 해도 비트코인의 중장기적인 바닥 시그널을 포착하고 매매에 활용해서 수익까지 낼 가능성을 매우 높이 끌어올려 준다. 즉, 가격 흐름만 보고 기술적 분석으로 투자하는 사람과는 처음부터 환경 자체가 다르다.

이 하나의 지표로 다양한 사실을 알 수 있는데, 특히 투자자들의 심리를 알 수 있다. 손실을 보는 사람들이 늘어난다는 것은 투자자들이 공포에 떨 가능성 또한 높다는 뜻이다. 또 가격이 계속 하락할 것이라는 불안감이 커져 결국 장기투자를 포기하고 보유 중이던 물량을 던지는 구간이 나오며 비트코인이 저렴해졌을 가능성을 암시한다. 공포에 사고 환희에 팔라는 주식시장의 격언을 암호화폐 투자에도 그대로 적용할 수 있는 것이다. 이렇듯 수백 가지 온체인 지표를 이용해 투자 승률을 극적으로 끌어올릴 수 있으며, 심지어 단기 투자를 즐기는 사람도 온체인 지표를 이용해 승률을 높이 끌어올릴 수 있다. 좀 더 기술적인 다양한 노하우는 뒤에서 설명하겠다.

암호화폐는 이런 기본적 분석뿐 아니라 주식처럼 기술적 분석 또한 적용할 수 있다. 주식시장과 다르게 24시간 열려 있는 시장의 특성상 기존 매매법을 약간 다르게 적용할 필요가 있지만, 큰 그림에서 분석하는 방법은 똑같다. 엘리엇 파동이나 손실권 코인 비율RSI, MACD 같은 보조지표도 투자에 적용할 수 있고, 헤드앤숄더나 삼각수렴패턴 같은 패턴도 암호화폐 시장 분석에 그대로 적용할 수 있다. 변동성이 큰 암호화폐 시장의 특성상 기술적 분석에 뛰어난 조예가 생긴다면 수익률도 크게 끌어올릴 수 있다.

다만, 암호화폐 시장은 주식시장보다 규제에서 상당히 자유로운 편이다. 바꿔 말하면 개별 알트코인들 중 많은 암호화폐는 소수가 물량을 거의 대부분 점유하는 경우가 많아서 고래(주식시장의 세력과 같은 말이다. 시장에 큰 영향을 줄 수 있는 대규모 자금을 투자하는 투자자 또는 기관을 지칭한다)가 종목의 가격을 크게 흔들 수 있으므로 분석에 주의가 필요하다. 이를 데이터로 보면 더 놀라운데, 전미경제연구소NBER의 연구 결과에 따르면 상위 0.01%의 비트코인 투자자가 전체 비트코인 유통의 27%를 보유하고 있으며, 비트코인 투자자 상위 1만 명이 전체 비트코인 물량의 30%를 보유 중이라고 한다. 온체인 데이터 기업 센티멘트에 따르면 시가총액 2위 알트코인인 이더리움의 경우 상위 10개의 주소가 전체 이더리움 유통량의 34.6%를 보유하고 있다고 한다. 1개 주소가 반드시 1명은 아니기 때문에 10명 또는 10개 기관 이하의 주체들이 이더리움 물량의 상당 부분을 통제하고 있다고 보면 된다.

암호화폐 시장은 주식시장과 다르게 레버리지 시스템 구조가 훨씬 더 변동성이 크고 위험하게 설계되어 있어 갑작스러운 청산, 숏스 퀴즈 등으로 변동성이 단기간에 확 커지며 시세가 무너지거나 급등하는 경향이 있다. 따라서 무리한 레버리지를 활용해서 투자하거나 주식시장과 완전하게 동일시하여 분석하면 패착이 발생할 수 있다. '오른손엔 재무제표, 왼손엔 차트'라는 주식시장 격언이 있다.

어느 하나의 분석법만 고집하는 것이 아니라 다양한 분석법을 두루 익혀서 골고루 활용하라는 말이다. 암호화폐 시장도 '오른손엔 온체인 데이터, 왼손엔 차트'라고 생각하면 된다. 기본적 분석과 기술적 분석은 숟가락과 젓가락처럼 보완관계이지 대립하여 하나만을 익혀야 하는 것이 아님을 명심하자.

블록체인이 세상을 바꾸는 이유

몇 년 전부터 '4차 산업혁명'이라는 문구가 뉴스, 잡지 등의 매체에서 반복적으로 다루어지고 있다. 특히 주식이나 암호화폐 등에 투자하거나 사업을 하는 사람이라면 지겹도록 듣는 단어일 것이다. 많은 사람이 다루는 주제는 다 그럴 만한 이유가 있듯이, 4차 산업혁명 또한 사업가, 투자가, 정보통신 종사자 등 발전하는 미래에 관심이 있고, 그 업에서 지속적으로 기여하는 사람들이 관심을 두는 이유가 분명히 있다. 블록체인과 암호화폐 시장의 전망을 파악하려면 먼저 4차 산업혁명을 이해할 필요가 있고, 4차 산업혁명을 이해하려면 1~3차 산업혁명을 짚고 넘어갈 필요가 있는데 이 부분이 매우 흥미롭다.

더 알아보기

산업혁명 단계에 따른 생산의 변천사

- **1차 산업혁명**: 증기기관 기반 기계화 혁명
증기기관의 발명으로 기계적인 장치에서 제품 생산
- **2차 산업혁명**: 전기에너지 기반 대량생산 혁명
전동기의 발명으로 대량생산이 가능해져 노동력 절약
- **3차 산업혁명**: 컴퓨터, 인터넷 기반 지식정보 혁명
정보통신 기술의 발달로 생산라인이 자동화되고 사람은 생산라인의 점검 및 관리 수행
- **4차 산업혁명**: 인공지능, 바이오 기반 CPS(Cyber-Physical System) 혁명
인공지능, 빅데이터 등 기술의 융합으로 사람-사물-공간이 초연결성, 초지능화, 융합화

산업혁명은 역사적으로 인류의 발전을 주도했던 과정인데, 각각의 산업혁명 과정을 보면 무척 흥미로운 사실을 발견할 수 있다. 먼저 1760년에서 1820년 사이에 일어난 1차 산업혁명(기계의 시대)에서는 기계화와 증기기술 도입 등 수공업에서 공장 생산으로 전환이 시작되었다. 대항해시대의 영향으로 자원과 특산품이 다양하게 유입되었으며, 면화 생산의 증가로 방적기와 방직기가 개발되고, 증기기관의 등장으로 공장시대가 시작되었다.

1870년에서 1914년 사이에 일어난 2차 산업혁명(전기와 대량생산의 시대)은 전기 및 대량생산 기술의 등장과 확장이 주요 특징이다. 전기 기술이 발전하고 모터, 전화, 전구가 도입되었으며, 대공황 전에 이러한 회사들의 주가가 크게 폭등하는 경향이 있었다. 포드자동차와 컨베이어벨트 시스템을 이용한 대량생산 시스템이 만들어졌고

제1, 2차 세계대전 등 전쟁의 영향으로 전차, 기관총, 무전기 등 군수물품 기반이 발전했다.

1970년대부터 현재까지 진행된 3차 산업혁명(디지털 혁명의 시대)은 디지털 기술의 발전과 정보통신 기술의 확산이 특징이다. 대중에게 개인용 컴퓨터, 인터넷이 보급되었고 정보의 유통 속도 측면에서 매우 큰 혁신이 이루어졌다. 미국 사람과 한국 사람이 실시간으로 소통하는 시대가 시작된 것이다. 모든 것이 디지털화하기 시작한 혁명이라고 할 수 있다.

4차 산업혁명(디지털 혁신의 새로운 시대)은 이제 막 시작되고 있다. '4차 산업혁명'이라는 말은 2016년 클라우스 슈밥Klaus Schwab이 자신이 의장으로 있던 세계경제포럼World Economic Forum, WEF에서 처음 쓰기 시작했다. 2016년에 발간된 『제4차 산업혁명』 서문에서 슈밥은 오늘날 우리는 삶과 일, 인간관계를 근본적으로 변화시키는 혁명의 문 앞에 서 있다고 말했다. 그는 4차 산업혁명을 '3차 산업혁명을 기반으로 디지털, 바이오와 물리학 사이의 모든 경계를 허무는 융합기술 혁명'으로 정의하고, 이를 정치·경제·사회의 새로운 패러다임으로 제시하기도 했다. 결국 4차 산업혁명은 컴퓨터를 기반으로 하는 생산방식의 혁신이자 과거보다 더욱 가속화하는 산업 간 융합에 따라 폭발적으로 성장할 새로운 시대를 일컫는 말이라고 할 수 있다. 각 산업혁명 중 4차 산업혁명은 인류 역사상 가장 혁신적이고 급격한 변화를 가져오고 있다.

4차 산업혁명은 연결, 탈중앙화와 분권, 공유와 개방을 통한 맞춤

시대의 지능화 세계를 지향하며, 이 지능화 세계를 구축하려고 빅데이터, 인공지능, 블록체인 등 여러 기술이 동원된다. 맞춤시대를 지능화하려고 현실세계의 모든 내용을 가상세계로 연결한 다음 가상세계에서 분석해 예측과 맞춤을 하고 이를 현실세계에 적용한다. 이 4차 산업혁명에는 빅데이터, 로봇공학, 사물인터넷[IoT], 드론, 3D프린팅, 가상현실[VR], 증강현실[AR] 등이 포함되는데, 그중에서도 절대 빠지지 않는 기술인 동시에 주목받고 있는 기술 중 하나가 바로 '블록체인'이다.

두바이 기반 퓨처 마켓 인사이트[Future Market Insights, FMI] 글로벌 블록체인 기술 시장은 2022년부터 2030년까지 연평균 성장률

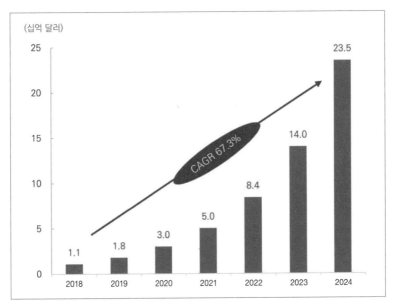

글로벌 블록체인 시장 규모
(출처: 삼정KPMG경제연구원)

을 43.5% 기록할 것으로 전망했고, 마켓앤마켓Markets and Markets은 「2027년까지 블록체인 게임 시장 전망Blockchain Gaming Market-Global Forecast to 2027」 보고서에서 글로벌 블록체인 게임 시장이 2027년까지 70.3%의 연간 성장률로 고속 성장할 것으로 전망했다. 국내의 저명한 삼정회계법인 삼정KPMG경제연구원에서도 마켓샌드마켓 등 데이터를 토대로 분석한 결과 글로벌 블록체인 시장 규모가 2018~2024년에 연평균 67.3% 성장해서 235억 달러(약 30조 6,910억 원)를 넘어설 것으로 전망했다. 블록체인 업계뿐 아니라 IT, 게임 등 관련 업계의 전문가들은 블록체인의 기술성과 성장성 등 전망을 무척 낙관적으로 본다. 대체 그 이유가 무엇일까?

블록체인은 말 그대로 각 '블록'이 체인처럼 연결되어 있다고 해서 블록체인이라고 불린다. 하나의 블록에는 다양한 거래 기록이 담겨 있는데, 이러한 거래 기록들을 특정한 소수가 관리하는 것이 아니라 모두 보관하고 공동으로 관리하는 시스템이다. 블록체인이라는 도서관이 있다고 가정해보자. 그 도서관에는 수많은 책이 쌓여 있는데, 도서관에서는 그 책에 '블록'이라는 별명을 붙였다. 하나의 책에는 여러 사람의 거래 내용이 순서대로 적혀 있고, 책들은 줄로 묶여 하나로 연결되어 있어서 책을 도둑질하려고 하면 모든 책이 줄줄이 다 엮여 나오기 때문에 훔쳐 가기도 쉽지 않다. 여기서 줄 역할을 하는 것이 바로 '해시값'이다. 이 줄로 앞 책과 뒤 책이 순서대로 잘 연결되어 있는지 확인할 수 있다. 이처럼 다른 도서관과는 다르게 책을 다 체인 같은 줄로 연결해놓은 덕분에 도서관 이름을 '블록체인 도서관'이라고 짓게 되었다. 이 도서관을 지은 사람은 사토시 나카모토라는 개발자다. 그런데 여기서 하나의 문제가 발생한다. 어떤 사람이 동시에 여러 책에 같은 내용을 쓴다면 어떨까? 그 사람은 별로 노력도 하지 않고 동시에 여러 책을 쓰게 되고, 그로써 이익을 보지 않을까? 이를 '이중지불' 문제라고 한다.

이러한 문제를 바로잡으려고 블록체인 도서관에는 '채굴자'라는 사서가 있다. 또한 도서관에서 이전에 나온 책과 그다음에 나온 책을 줄(해시값)을 이용해 연결해놨기 때문에 만약 이상한 책이 나오면 사서들이 확인하고 검증해서 폐기한다. 물론 책이 정상적으로 잘 나왔다면 이전에 나온 책과 새로 나온 책을 연결해놓는다. 이렇게 도서관 자체에서도, 사서들도 도서관이 잘 굴러가도록 최선을 다한다. 그런데 사서들도 공짜로 일할 수는 없지 않은가. 그래서 도서관에서는 고생한 사서들에게 두 가지 보상을 해준다. 하나는 책이 빠르게 발간되어 도서관에 올라오도록 도와주면서 보상을 받고(거래 수수료), 또 하나는 새로운 책이 나오는 데 기여하면 새로운 책이 발간된 데에 대한 대가로 보상(블록 보상)을 받는다. 그 보상이 바로 '비트코인'이다.

여기서 블록체인 도서관은 한 가지 묘수를 낸다. 이 사서들이 얼마나 진심으로 일하는지 파악하고, 열심히 일하는 사서일수록 더 많은 보상을 주며, 도서관에 있는 많은 책이 위조되어 도서관의 가치가 떨어지지 않도록 말이다. 그 방법은 바로 '수학 문제'다. 사서는 새롭게 나온 책을 새 자리에 꽂기 전에 반드시 매우 복잡해서 사서가 사비를 들여 풀어야 할 정도로 고난도 수학 문제를 풀어야만 한다. 그리고 그러한 수학 문제를 푼 결과를 다른 사서들에게 검증까지 받아야 한다. 사실 수학 문제라는 게 푸는 데는 시간이 오래 걸려도 검증은 금방 끝나기에 풀기만 하면 검증은 금방 된다. 이런 과정을 거쳐야만 새로운 책을 발간하고, 바로 직전에 발간됐던 책과 해시라는 줄로 이어 도서관에 새로운 책으로 나오는 것이다.

블록체인 도서관에서는 여기서 그치지 않고 한 가지 묘수를 더 낸다. 이 도서관에 더 많은 사람이 오도록 초기에 기여한 사서들에게 많은 혜택을 주는 것이다. 특히 사비까지 털어서 복잡한 수학 문제를 풀고 책을 만드는 데 기여한 사람이면 더 두둑하게 챙겨주고 싶었다. 그래서 초기에 참여한 사서들에게는 더 많은 보상을 주고, 이러한 보상을 도서관 이용자나 사서들이 전부 투명하게 확인하도록 책 발행량을 2,100만 개로 한정했다. 그리고 이렇게 책을 만드는 데 초기에 기여한 사서들이 보상을 받도록 4년마다 책 만드는 데 주는 보상을 반으로 줄이기로 했다. 이것을 '반감기'라고 한다.

똑같은 일을 해도 보상은 반을 받으므로 점점 보상으로 받는 비트코인은 희소해져서 가치가 높아질 수밖에 없다. 게다가 어렵게 사비까지 털어서 복잡한 수학 문제를 푸는 작업증명PoW이라는 과정을 거쳐서 책을 쌓아놓다 보니 이 책을 다 훔치고 위조하려면 돈이 너무 많이 들게 된다. 최소한 절반 이상의 책을 복제해야 하는데 그러기엔 돈과 노력이 너무나 많이 들어서 차라리 포기하는 게 나을 정도다. 이러한 해킹 공격을 51% 공격이라고 한다. 그래서 도서관에서 감히 책을 훔칠 엄두를 못 내게 되는 것이다. 이게 비트코인과 블록체인 시스템을 구성하는 거의 대부분이다.

이러한 블록체인 시스템의 특성과 장점은 무엇일까? 첫째, 무결성이다. 무결성은 데이터가 신뢰할 수 있게 완전하고, 일관되게 정확하고 정상인 데이터가 유지되는 특성을 말한다. 블록체인은 까다로운 데이터 검증으로 완벽하게 검증이 끝난 데이터들만 블록으로 만들어진다. 그렇게 일단 블록으로 만들어지면 수정할 수 없다. 즉, 위변조가 불가능하다. 그 덕분에 신뢰성 있는 데이터를 확보할 수 있다.

둘째, 보안성이다. 해당 네트워크를 이용하는 사람들과 기여하는 사람들이 늘어나면 늘어날수록 보안이 더더욱 견고해지는 구조다. 현대의 중앙집권형 시스템(예를 들면 은행)은 이용자나 직원이 많아지면 많아질수록 조직이 비효율적으로 돌아가고, 보안에 대한 노력과 비용도 규모만큼 함께 증가한다. 게다가 그 보안도 늘 완벽하지 않다. 하지만 블록체인 시스템은 중앙관리자가 없는데도 오히려 보안성이 더 뛰어나고 이용자와 기여자가 많아질수록 보안이 더 튼튼해지는 특성이 있다.

셋째, 블록체인을 가장 블록체인답게 만들어주는 탈중앙화다. 위에서 언급했듯이 현대사회에서 돌아가는 경제의 메커니즘은 대부분 중앙집권형이다. 국가는 입법부, 사법부, 행정부의 삼권분립으로 권력을 나눠 상호 견제와 균형을 유지하지만 기본적으로는 '소수의 권력자'가 존재한다. 기업은 오너와 경영진이 핵심 정보와 권한을 소유하고 통제한다. 은행은 본사의 전산에서 고객정보를 관리하고 은행 시스템이 정상으로 돌아가도록 통제한다. 하지만 이런 중앙집권형 시스템으로 국가는 늘 끊임없는 비리에 시달리고, 기업은 경영진들 오판으로 혁신에 실패하고 쇠퇴하기 시작한다. 은행은 여전히 매년 횡령 사고가 발생하고 고객정보가 빈번히 유출되곤 한다. 대외적으로 알려지지 않았을 뿐이다. 은행에서 대출 상담을 하고 나니 여러 업체에서 대출 스팸전화와 문자가 쏟아지기 시작한 건 우연이 아닐지도 모른다.

그러나 블록체인은 오히려 중앙권력자가 없는데도 더 효율적으로 돌아간다. 블록체인 시스템에 기여하는 사람들 사이에 합의로 시스템을 구축해나가고, 모두가 원장에 대한 정보를 공유하므로 위변조가 불가능할 뿐 아니라 투명하다. 중앙권력자가 없으니 특정한 소수가 악의를 품고 데이터를 조작할 수도 없다. 인간의 탐욕은 본성이며, 그러한 탐욕으로 중앙집권형 시스템은 늘 문제가 발생한다. 블록체인은 의사결정 과정이 너무나 투명해서 그러한 상상은 불가능에 가까울 정도다. 게다가 탈중앙화로 중앙권력자가 없으니 참여자들 간에 일종의 직거래 형태를 띤다.

은행을 가보면 바닥에는 깔끔한 대리석이 깔려 있고 멀끔하게 생긴 사람들이 근사한 정장을 입고 일한다. 그 사람들은 다른 직장에 비해 고액 연봉을 받고 희망퇴직을 할 때도 남들이 놀랄 만한 금액을 받는다. 게다가 금융기관들은 공통적으로 매년 천문학적인 이익을 남긴다. 그 이익은 대부분 우리의 경제활동을 중개하고 돕는 대가로 벌어들이는 수수료 성격인데, 만약 그러한 천문학적 이익이 우리에게 다시 돌아온다면 어떨까? 그것이 바로 블록체인의 탈중앙화 시스템이다. 중앙권력자가 없으니 중간에서 수수료를 취하는 사람도, 비효율을 만들어내는 사람도 없다. 빠르고 간결하고 효율적으로 돌아가는 시스템인 것이다.

이러한 블록체인의 특성이 다른 기술과 빠르게 융합하여 4차 산업혁명의 선도 기술 중 하나로 자리매김할 것으로 전망된다. 블록체인의 특성인 탈중앙화로 중앙관리자 없이 특정한 거래나 기록의 투명성, 신뢰성을 확보할 수 있다. 블록체인 기술로 전방위적 산업 분야에서 생산성과 효율성이 크게 증대되는 것이다. 그리고 과거와 다르게 해킹이나 위변조 문제 또한 줄어들게 된다.

예를 들어 미술품업계가 블록체인을 입으면 어떨까? 굳이 고차원적 기술력으로 미술품이 가품인지 진품인지 검증할 필요가 없다. 그 미술품을 누구에게 샀고, 현재 누구 소유인지 등 거래기록이 블록체인상에 명확히 기재되므로 더는 진위를 가리려고 시간과 비용을 들이지 않아도 된다. 이렇듯 블록체인은 많은 산업에 융합되어 활용될 예정이다. 금융, 유통, 의료 등 다양한 분야에 블록체인이 한 번 탑재되어 효율성과 생산성이 개선되면, 거의 모든 산업에 블록체인이 보편적으로 적용되게 되고, 이런 세태는 결국 암호화폐를 더더욱 주목받게 만든다.

실제로 1년도 안 되는 동안 알파벳(구글)은 블록체인 프로젝트에 15억 달러(한화 2조 원) 상당의 돈을 투자했고, 1경 원 이상의 자금을 운용하는 전 세계 최대 자산운용사 블랙록 또한 1조 이상을 블

2021년 9월~2022년 6월까지 블록체인 관련 프로젝트에 투자한 세계 글로벌 기업들
공룡 기술기업인 알파벳이나 전 세계 최대 자산운용사인 블랙록, 우리나라 대기업인 삼성과 LG
도 보인다. (출처: Blockdata)

록체인 프로젝트에 투자했다. 그밖에도 글로벌 투자은행 모건스탠
리나 한국의 유명 대기업인 삼성이나 엘지도 1조 원 이상의 거대 자
본을 블록체인 시장에 투입했다. 기본적으로 기업은 돈 냄새를 기
막히게 맡는 곳이다. 블록체인이 바꿀 미래라고 생각하지 않았다면
절대 한 푼도 용납하지 않았겠으나, 글로벌 대기업들이 앞다투어 조

단위의 자금을 밀어넣을 정도라면 확실히 블록체인 시장의 시장성과 유망성은 검증되었다고 볼 수 있다.

혹자는 '비트코인이 블록체인이라는 기술을 만드는 데 일조했을 뿐 블록체인 산업과 비트코인의 성장은 별개'라고 보기도 한다. 따지고 보면 블록체인이라는 기술만 쏙 빼서 활용하면 되지 그게 비트코인과 암호화폐 시장에 투자해서 수익을 내는 것과 무슨 상관일까? 그렇다면 잘 생각해보자. 암호화폐 시장은 어떤 역할을 할까? 말 그대로 '시장' 역할을 한다. 주식시장을 예로 들어보자. 우량한 기업은 굳이 주식시장에 상장하지 않고도 운영할 수 있다. 그런데 왜 굳이 번거로움을 무릅쓰고 증시에 내 회사를 상장할까? 바로 편의성과 유동성 때문이다. 주식시장에 내 회사를 상장하면 내 회사를 더 많은 사람에게 노출할 수 있고, 공신력을 얻게 되면서 사업에 가장 필요한 '자금 확보'를 하는 데 매우 용이해진다. 아무리 맛집도 첩첩산중 시골에 차려놓는다면 아마 그 집은 곧 망할 것이다. 사람들이 그런 음식점이 있는지조차 모르기 때문이다.

암호화폐 시장도 이와 같은 이치라고 할 수 있다. 뛰어난 사업 모델이 있는 블록체인 회사가 자신들의 블록체인 시스템을 네트워크화하고 암호화폐로 개발한다면 어떨까. 그 암호화폐 또한 마치 비트코인처럼 초기에 기여한 사람들에게 더 많은 보상을 주고, 투명한 시스템으로 사회에 기여하며 수익도 발생시킨다. 그리고 더 많은 자본으로 이 시스템을 더욱 견고하게 만들 수 있다면 어떨까? 아마 많은 자본이 이 암호화폐를 탐낼 것이다. 결국 이 암호화폐는 자본을 유치할 뿐 아니라 더 많은 사람에게 사업을 알리는 마케팅 효과, 공신력까지 생기게 된다. 주식시장과 암호화폐 시장의 기본 골자는 비슷하다고 볼 수 있다. 블록체인 산업이 성장하면 암호화폐 시장 또한 당연히 긍정적인 영향을 받을 수밖에 없다.

비트코인과 금, 무엇이 다른가

많은 비트코인 투자자가 비트코인은 '디지털 금'이라고 표현한다. 금처럼 희소성이 있고, 하나의 자원과 같으며, 인터넷만 연결되어 있다면 전 세계 누구에게나 원하는 사람에게 내 비트코인을 즉시 송금할 수도, 송금을 받을 수도 있다. 그러다 보니 금의 성격이 있으면서 투명하고, 보안이 뛰어나며, 탈중앙화되어 있고, 자율적이어서 금보다도 더 뛰어난 21세기 금이라고 취급하는 사람들이 늘기 시작했다. 그럼 과연 비트코인은 정말 디지털 금인가?

반대로 생각해보자. 금은 아주 오랜 세월을 거쳐 전 세계 모두가 가치를 인정하는 귀금속이다. 한때 미국 달러는 금본위제라는 제도로 금과 달러의 환율을 고정해 금과 달러의 가치를 보존하는 역할을 하기도 했다. 그러나 비트코인은 역사가 15년 정도에 불과하다.

즉, 역사가 매우 짧고 아직 전 세계의 모두가 비트코인을 금만큼 가치 있는 재화로 인정해주지는 않는다. 1년 만에도 가치가 -80% 하락할 수 있는 비트코인을 과연 안전자산 성격이 어느 정도 있는 금과 같은 자산으로 대할 수 있을까? 비트코인은 금에 비해 변동성이 매우 커서 그만큼 많은 신흥부자를 만들기도 했고, 많은 사람을 이른바 '벼락거지'로 만들기도 했다. 이렇듯 변동성이 매우 큰 비트코인이 과연 금처럼 내 자산가치를 보존하는 기능을 할 수 있을까? 아직까지는 쉽지 않을 것이라고 보인다.

그러나 2022년에 놀라운 일이 벌어졌다. 2022년 2월, 러시아가 우크라이나를 상대로 전쟁을 벌이면서 각종 원자재 가격과 금융시장이 영향을 받기 시작했다. 전쟁에 대한 불안감으로 곡물 가격이 크게 치솟았고 금 가격도 상승 랠리를 이어갔다. 그러다가 오히려 경제위기에 대한 불안감이 시장에 작용하면서 원자재, 곡물가격 등이 영향을 받아 하락하는 등 변동성이 높은 모습을 보였다. 이 상황에서 비트코인은 어땠을까. 러시아 전쟁 시작 이후 전쟁에 대한 불안감으로 러시아 화폐인 루블화의 가치가 폭락하는 일이 발생했다. 또 러시아 내에서 전쟁으로 재산을 계속 보존할 수 있을지에 대한 불안감마저 크게 높아졌다. 그러면서 통화량이 급감하고 경제가 악화되기 시작하는 상황 속에서도 비트코인은 오히려 단기적으로 러시아 쪽 수요가 크게 늘면서 시세 또한 반등했다.

우리는 여기서 다양한 인사이트를 얻을 수 있다. 먼저 비트코인이 전쟁과 같은 불안감이 증폭하는 상황에서 사람들에게 대체재로 고려할 수 있는 수단이 됐다는 것이다. 나라에서 전쟁이 일어나면 내 재산권보다는 국가 전체의 안보가 더 중요해진다. 개개인의 재산권을 지키는 것이 중요한 게 아니라 잘못해서 패전하면 내 국가 자체가 없어지는 일이 벌어질 수도 있기 때문이다. 게다가 만약 내가 보유한 부동산 등의 재산을 뒤로하고 해외로 도피한다고 하더라도 도피처에서 생활하려면 어느 정도 재산을 갖고 있어야 한다. 그런데 비트코인은 앞서 언급했듯이 어느 국가에서나 자유롭게 송금할 수도 있고 받을 수도 있다. 아프리카에 은행 계좌가 없는 사람은 허다하지만 스마트폰은 도시권에서 생활하는 사람들은 다들 사용하고 있다. 즉, 스마트폰 보급률이 은행 계좌 보급률 대비 높으므로 인터넷이 연결되어 있는 어느 국가에서든 비트코인을 송금해 내 재산을 이전할 수 있다는 것이다.

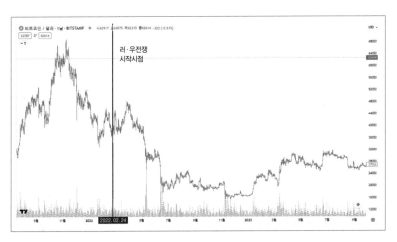

러시아·우크라이나 전쟁 시작 시점의 비트코인 가격 변화
(출처: TradingView)

전쟁이 나자마자 금덩이를 들고 해외로 피란 가거나 해외 계좌로 내 돈을 송금하려면 다양한 제약이 있을 수 있지만 비트코인은 그렇지 않다. 우리는 이미 러시아 전쟁으로 이러한 인사이트를 얻었다. 비록 변동성으로 가치 보존성이 금에 비해 떨어질지라도 송금의 편리성 등의 측면에서는 금을 압도하는 면도 있다는 점을 말이다. 그렇다면 비트코인 가격은 러시아 전쟁 이후 어떻게 됐을까?

실제로 비트코인은 러·우전쟁 시작 이후 단기적으로 두 차례나 급격하게 반등하는 모습을 보여주었다. 그간의 하락세에 대한 기술적 반등과 러시아 쪽의 비트코인 수요가 맞물려 반등을 만들었으나 셀시우스 등 각종 암호화폐 금융기관들이 도산하거나 도산 위기에 처하기 시작했고 결국 루나-테라 사건까지 터지면서 수십조 원 상당이 직간접적 영향을 받아 증발했다. 그 여파로 비트코인 가격도 하락세를 지속하게 된다. 그러나 이러한 악재 또한 경제의 유동성이 감소하면서 발생했던 일들일 뿐이다. 전 세계 경제가 악화되기 시작하고 유동성도 그에 따라 줄어드니 결국 유동성에 제일 민감하게 움직이는 비트코인도 버티지 못하고 가격이 하락한 것이다.

결국 비트코인은 단기적으로는 전쟁이나 기타 이슈에 따라 움직이기는 하지만 중장기적으로는 경제의 방향성에 따라 움직이는 습성이 있다는 것을 알 수 있다. 그렇다면 앞으로도 비트코인은 이러한 성격을 계속 유지하게 될까? 단언할 수는 없지만, 아마 시간이 지나면서 비트코인도 원자재나 부동산처럼 하나의 자산군으로 대중에게 인정받게 되면, 다른 자산들과 상관관계가 낮아지면서 하나의 대중적 자산으로 자리 잡게 될 테고, 비트코인이 거의 다 채굴된 시점에서는 점점 변동성이 낮아져 높은 가격 수준을 지속해서 유지해줄 것이다.

비트코인을 비롯한 암호화폐 시장은 주식이나 부동산, 원자재처럼 하나의 독자적인 시장이 존재한다. 장기적으로 주식이든 부동산이든 원자재든 경제 흐름에 따라 상승하고 하락하기를 반복하긴 하지만 경제의 영향을 받는 자산군들이 종종 각기 다른 움직임을 보여주곤 한다. 시장이 다르기 때문이다. 경제의 트렌드, 즉 유행에 따라서 때로는 주식시장에 많은 돈이 몰리면서 부동산이나 원자재에 비해 주식시장이 크게 오를 때가 있고, 국가별로 어떤 국가는 전 세계에서 주식이 오를 때 그 국가만 부동산이 유독 크게 오르기도 한다. 때로는 주식시장에 몰릴 돈들이 원자재 시장에 몰리면서 주식시장은 10~30년간 제자리걸음을 할 때 원자재 시장은 폭등하기도 한다. 이렇듯 암호화폐 시장도 시간이 오래 지나면 하나의 독자적인 시장으로 자리매김하면서 장기적으로는 경제의 영향을 받되, 단기적으로는 개별 시장으로서 움직임을 보여줄 것이다.

비트코인에 투자한다는 것은 하나의 거대한 네트워크에 투자한다는 개념이다. 비트코인 등 암호화폐의 특성상 네트워크 이용자가 많아지면 많아질수록 오히려 보안성과 가치가 기하급수적으로 높아진다. 몇몇 전문가는 '메칼프의 법칙'을 이용해 비트코인의 가치를 산정하기도 하는데, 메칼프의 법칙은 '네트워크의 가치는 사용자 수의 제곱에 비례한다'는 이론이다. 미국의 네트워크 장비업체 3COM

의 설립자인 밥 메칼프가 주장한 이론인데, 특정 네트워크에 사용자가 모이면 모일수록 그 네트워크의 가치가 급격하게 높아진다는 것이 핵심이다.

그러므로 비트코인의 내재가치를 분석하려면 비트코인 네트워크에서 활동하는 사람들의 수, 거래액, 비트코인 채굴원가 등을 투자할 때 검토해야 한다. 그러나 금은 수요가 늘어난다고 해서 내 금을 남에게 도둑맞지 않는 보안성이 증가하거나 하진 못한다. 또 금을 찾는 수요가 늘어나면 당연히 금의 가격과 가치도 높아지겠지만 비트코인처럼 네트워크를 소유한 것은 아니기에 그 수요가 눈으로 보기 쉽지 않고, 비트코인처럼 온체인 데이터를 통해 매장량이나 발행량 등을 투명하게 추적할 수도 없다. 이러한 것이 비트코인과 금이 다른 점이라고 볼 수 있다. 비트코인과 금은 서로 다른 것일 뿐 무엇이 옳고 무엇이 그르다고 할 수는 없다.

비트코인과 알트코인, 무엇을 사야 할까

비트코인은 투자에 관심이 있는 누구라도 들어봤을 만한 암호화폐다. 그렇다면 알트코인은 무엇일까? 알트코인은 비트코인을 제외한 모든 암호화폐를 말한다. 이더리움, 에이다, 솔라나, 리플 등 우리가 들어봤을 모든 것이 암호화폐다. 늘 암호화폐 시장에 관심이 있고 실제로 투자하는 사람들은 비트코인과 알트코인 가운데 무엇을 사야 할지 한 번쯤 고민해보았을 것이다. 이에 시장의 트렌드적 관점과 투자의 관점을 함께 고려해서 이 부분을 다뤄본다.

먼저 비트코인은 그 자체로 브랜드 가치가 매우 높다. 블록체인의 상징성과도 같은 종목이기 때문이다. 비트코인을 제외한 나머지 암호화폐를 시장 참여자들이 알트코인이라고 정의하는 것부터가 이미 비트코인의 브랜드 가치를 입증하는 것과 같다고 볼 수 있다. 사람들은 비트코인을 암호화폐로 부르지만, 비트코인은 화폐라기보다는 '석유'나 '금'과 같은 원자재와 유사해 보인다. 사실 송금이나 결제 속도로만 보면 비트코인보다는 트론과 같은 종목들이 더 빠르고 정확하게 처리된다. 그럼에도 사람들이 비트코인을 산다는 것은 마치 주식투자를 하는 사람들이 삼성전자나 카카오를 매수하는 심리와 비슷하다. 망하지 않을 것이라는 확고한 믿음, 검증된 종목이라는 브랜드 가치 자체가 자산이라고 볼 수 있다.

기본적으로 어떤 자산이 가치가 있으려면 다수의 합의가 있어야한다. 금이나 다이아몬드도 어찌 보면 일종의 원자재에 불과한데도 이 원자재들을 귀금속으로 활용하거나 가치 저장수단으로 쓰게 된 이유가 바로 그것이다. 애초에 희소해서 구하기 쉽지 않고, 전 세계 누구에게 가도 가치가 있다고 인정받을 수 있는 자산은 대중이 가치가 있다고 생각하는 믿음과 합의가 있기 때문이다.

비트코인 또한 믿음과 합의가 전제된 자산이라고 볼 수 있다. 매매차익을 목적으로 하는 기관투자자들이 비트코인의 브랜드 가치에 동의하여 다른 종목보다 비트코인을 먼저 투자 포트폴리오에 편입하는 주이유이기도 하다. 특히 다른 종목들이 -90% 하락할 때 비트코인은 -50% 정도 하락하는, 즉 변동성이 비교적 안정적이라는 특징 또한 있다. 암호화폐 시장과 블록체인 시장의 발전에 투자하고 싶지만 하루에도 내 투자금이 널뛰기를 반복하면 큰돈을 투자하기 부담스러운데, 그나마 비트코인은 다른 암호화폐 대비 변동성이 좀 더 안정적이고 온체인 데이터나 경제지표로 분석하고 접근하기가 용이하여 좀 더 대중적인 투자종목으로 꼽는다.

그러나 비트코인은 치명적 단점이 있다. 바로 '기술력'이다. 비트코인이 개발된 이후 전 세계의 유능한 개발자들이 이 시장에 뛰어들었고 오늘날에는 비트코인의 기술력을 압도적으로 뛰어넘어 심지어는 투자하기에 매력 또한 높은 종목이 쏟아지고 있다. 이더리움만 보더라도 이미 대기업이 대중적으로 활용하고 있고, 디파이에 투자되는 자금의 과반수가 이더리움 네트워크에서 움직이며, 끊임없이 보완점을 개선해나가고 있기 때문이다.

그런데 만약 이더리움 개발자인 비탈릭 부테린에게 누군가가 와서 총을 겨누고 코드를 바꾸라고 하면 과연 이더리움은 완벽한 탈중앙화를 유지할 수 있을까 하는 문제도 있다. 즉, 비트코인을 제외한 많은 알트코인은 완벽한 탈중앙화라고 보기 어려워서 오히려 비트코인을 주목하는 이들도 있다. 비트코인은 애초에 개발자 자체가 누군지 추정할 수도 없다 보니 악의를 가진 자본가가 비트코인을 세상에서 없애거나 통제하려고 해도 그게 쉽지 않다. 반면에 대부분 암호화폐는 기관투자자나 자본가들이 초기에 투자해서 상당 부분 물량을 확보하다 보니 애초에 네트워크가 성장할수록 초기 투자자와 자본가들이 유리한 구조로 흘러갈 수도 있어 탈중앙화의 본질에서 벗어나는 면이 있다는 비평을 받는다.

게다가 자산배분의 관점에서 알트코인들은 변동성이 너무 큰 편이다. 상승할 때는 무섭게 상승하면서 50배, 100배 수익률도 나오곤 하지만 대세하락이 시작되면 올랐던 상승분을 다 잡아먹으면서 매우 큰 폭으로 하락하게 된다. 데이터를 분석해보면 비트코인이 바닥에서 2배 이상 오른 2023년 하반기를 기준으로 해도 알트코인 투자자들 90% 이상이 손실 중이며, 종목에 따라서는 95% 이상의 투자자들이 손실을 경험하고 있었다. 오를 때 크게 오르고, 떨어질 때도 매우 크게 떨어진다. 즉, 변동성이 매우 크다는 것이 알트코인의 장점이자 단점이다. 벌 때도 크게 벌고, 잃을 때도 크게 잃는다는 것이다. 심지어 다른 종목이 다 오를 때 내가 투자한 알트코인만 안 오르는 경우가 있다. 2023년 불장 시즌에는 이오스가 그런 종목이었는데, 분명 과거에는 3세대 알트코인이라며 크게 주목받았으나 2023년 불장에서는 너무나 보수적인 움직임을 보여준 탓에 이오스 홀더들이 불장에 오히려 분노하는 광경을 어렵지 않게 볼 수 있었다.

그래서 알트코인 투자는 체계적인 접근이 필요하다. 온체인과 경제 데이터 관점에서 알트코인이 오를 수 있는 이유는 무엇인지, 얼마 동안 어느 정도 수익률을 목표로 투자할지, 예상과 다르게 흘러가면 손절은 어떻게 할지를 전략적으로 접근하면 큰돈을 벌 수 있지만, 무작정 접근하면 돈을 잃는 것이 손바닥 뒤집는 것보다 더 쉬운 게 알트코인 투자다. 특히 알트코인은 상승장에 종목별로 온도 차를 보이는 경우가 많다. 비트코인이 10배 오를 때 어떤 알트코인은 30배, 50배 오르지만 어떤 알트코인은 비트코인보다 더 오르지 못하는데 떨어질 때는 비트코인보다 더 큰 낙폭을 보여준다는 것이다.

그래서 알트코인 투자는 기본적으로 포트폴리오 배분이 중요하며, 최소 5종목에서 최대 20종목 내에서 유망하다고 판단되는 종목을 선별해 투자하고, 종목별로 목표수익률과 손절라인을 잡고 기계적으로 접근하는 것이 좋다. 또 체계적인 시장 분석을 바탕으로 전반적으로 암호화폐 시장의 비관론이 강해지고 가격이 중장기적으로 바닥 근처에 왔다고 느껴지는 시점부터 분할매수를 해서 강세장의 고점까지 오래 끌고 가는 것이 암호화폐 투자에서 가장 중요한 부분이다. 주위에서 암호화폐 투자로 큰돈을 번 사람들은 모두 그렇게 해서 큰 부를 일궜다.

하루 단위의 선물투자나 데이트레이딩으로 '장기적으로' 돈을 번 사람들은 손에 꼽는다. 주식도 마찬가지 아닌가. 주식도 결국 장기적으로 가치가 있는 종목을 오래 끌고 가며 투자하는 사람이 큰 부를 일궜지, 기술적 분석 중심의 트레이딩을 하는 사람들은 끝이 좋지 못한 경우가 많았다. 100번을 성공해서 부를 쌓아도 한 번 잘못된 거래로 투자금을 대부분 잃기 때문이다.

비트코인과 알트코인은 단순히 어떤 종목에 투자하는 것이 답이라기보다는 내 자산 상황과 나이, 대출 유무가 투자 판단에 중요한 요소가 된다. 내 자산이 적을수록, 나이가 젊을수록, 대출금이 적거나 없을수록 전체 암호화폐 투자 비중에서 알트코인 비중을 더 높여도 된다. 100억을 가진 50대 사업가가 대출을 100억 정도 더 내서 암호화폐 시장에 투자한다고 가정해보자. 이 사람은 비트코인만 투자한다고 하더라도 너무나 위태로운 포트폴리오다. 100억 정도

자산을 보유하게 되면 버는 것보다 중요한 것이 그 자본금을 지키고 잃지 않는 것이기 때문이다. 암호화폐와 너무 사랑에 빠질 필요 없이 내 자본금에서 일정 부분만 떼어 암호화폐 포트폴리오를 구축하고 투자하면 된다.

전 재산이 2,000만 원이고 월급을 500만 원 정도 받는 20대 직장인이라면 어떨까. 심지어 대출도 없이 투자한다고 가정해보면 어차피 전 재산을 대부분 잃더라도 급여를 모아 금방 복구할 수 있는 수준이 되기 때문에 알트코인에 좀 더 공격적으로 투자하고, 투자 기간을 오래 끌고 가도 된다. 이렇게 내가 처한 경제적 상황과 변수를 고려하여 비트코인과 알트코인 투자 여부, 비중을 조절해볼 수 있다.

마지막으로 가장 중요한 것이 '투자목적'이다. 왜 암호화폐에 투자하려고 하는가? 블록체인 시장의 성장에 투자할 방법은 너무나 많다. 관련 사업을 시작해도 되고, 그러한 사업에 엔젤투자를 하는 방법도 있으며, 블록체인과 관련된 주식에 투자해도 된다. 그런데 왜 굳이 암호화폐에 투자하는가? 어떠한 투자 포트폴리오든지 목적에 맞게 하는 것이 가장 중요하다. 내 상황, 투자 목적과 다른 방향으로 투자하게 되면 시간이 지나면서 반드시 마음이 불편해진다. 투자 포트폴리오는 우리가 매일 입는 옷과 같아서 몸에 맞지 않는 옷을 입으면 불편함을 느낄 수밖에 없다. 이러한 점을 충분히 고려하고 투자한다면 성과도 반드시 잘 나오고 그에 대한 만족도도 높을 것이다.

₿ 20년 후 벌어질 놀라운 미래

블록체인을 비롯한 4차 산업혁명의 물결이 사람들 마음을 뜨겁게 하고 있다. 바뀔 세상과 미래를 기다리며 내가 피땀 흘려 번 소중한 돈에 여기저기서 적극적으로 빌린 돈까지 더해 투자하는 광경을 본 적이 있는가? 아마도 최소 투자 경력이 25년 이상이 아니라면 겪지 못했을 시장일 수도 있다. 4차 산업혁명이나 블록체인과 같은 혁신들이 낯설기도 하고 무섭게 느껴질지도 모르지만 인간 역사에서 기술혁신은 끊임없이 있었던 하나의 사건에 지나지 않는다. 그리고 이런 시장이 투자자에게는 제일 무섭다. 그럼에도 여전히 많은 사람이 기대감만 넘칠 뿐 기대감 뒷면의 두려운 무언가에는 전혀 주목하지 않는다.

거의 모든 강력한 경제위기 이전에는 강력한 경제성장이 뒤따랐다. 경제와 자산가격이 얼마나 과열되어 있었는지에 따라 경제침체

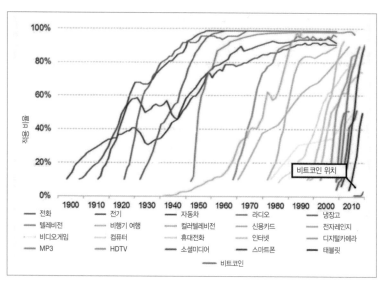

100%
80%
60%
40% 적용 비율
20%
0%

비트코인 위치

1900 1910 1920 1930 1940 1950 1960 1970 1980 1990 2000 2010

— 전화   — 전기   — 자동차   — 라디오   — 냉장고
— 텔레비전   — 비행기 여행   — 컬러텔레비전   — 신용카드   — 전자레인지
····· 비디오게임 — 컴퓨터   — 휴대전화   — 인터넷   — 디지털카메라
— MP3   — HDTV   — 소셜미디어   — 스마트폰   — 태블릿
                           — 비트코인

1900년 이후 현재까지 미국의 기술 보급 추이
(출처: Market Realist)

의 규모와 자산가격의 폭락 규모도 대략 예측할 수 있다. 1920년대
미국에서 대공황이 발생하기 전에는 몇 년 동안 기술혁신에 대한
기대감에 따른 주가 폭등이 있었다. 미국에서는 전기와 자동차가
대중에게 한창 보급되고 있었고, 라디오와 냉장고가 이제 막 보급되
기 시작하는 상황이었다. 라디오는 오늘날의 SNS와 같은 충격을 주
었다. 사람들은 정보 불균형이 급속도로 해소되기 시작했다고 느꼈
고, 냉장고 보급에 따른 식문화의 혁신이 시작되고 있었다.

　이러한 기술들이 세상을 바꿀 것이라는 기대감이 그대로 주식투
자에 반영되었고, 주가는 연일 폭등했다. 특히 미국 대공황이 터지
기 5년 전인 1924년부터 주가의 본격적인 상승 랠리가 시작되었고,

대공황으로 주가가 폭락하기 1년 전부터는 주가가 말도 안 되는 수준으로 치솟았다. 즉, 모두 주식투자를 하고 모두 주가 상승으로 돈을 벌던 시절이었다. 그러나 모두 돈을 버는 시장이야말로 가장 비현실적이며 지속 불가능한 시장이라는 것을 그들은 알지 못했다. 주가 폭락이 본격적으로 시작되고 나서는 9년 동안 약 500% 상승했던 다우지수가 약 3년간 고점 대비 무려 -88% 하락했다. 공식 지수가 이 정도 하락했으면 개별 종목들은 100만 원짜리 종목이 2~3년 만에 5만 원에서 10만 원쯤에 거래되는 말도 안 되는 일이 벌어진 것이다. 오늘날로 가정해보면 고점에서 9만 원이었던 삼성전자 주가가 9,000원 내외에서 거래되는, 그야말로 말도 안 되는 일이 벌어진 것이다.

더 소름 돋는 사실은 근래에 미국 대공황 당시보다 더 버블이 심각하다는 징후들이 속속 나오고 있다는 것이다. 그 대표적 예시 중

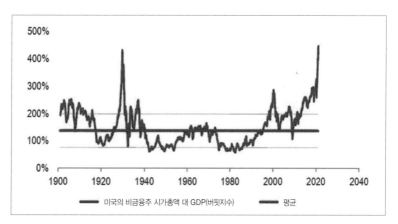

S&P500의 밸류에이션 사이클
(출처: Dailyshot)

하나가 바로 버핏지수다. 버핏지수는 미국의 전설적인 가치투자자이자 버크셔 해서웨이 회장인 워런 버핏이 좋아한다고 해서 별명이 붙은 지수로, 미국 주식시장과 미국 경제 규모GDP를 비교하여 버블을 산정하는 지표다.

쉽게 말하면 미국 경제 규모에 비해 지나친 수준으로 주식시장이 커진다면, 그게 바로 버블이라는 것이다. 사람들이 쌓아뒀던 돈에 빚까지 함께 모아 주식시장에 과도한 수준으로 들어오면, 그 회사는 실질가치에 비해 지나칠 정도로 주가가 연일 치솟게 된다. 그리고 그게 늘 종말을 알리는 신호 중 하나였다. 버핏지수는 좀 더 거시적 관점에서 이런 버블을 추적하도록 만들어진 지표인데, 비금융주를 기준으로 한 버핏지수는 이미 미국 대공황 수준을 뛰어넘었다. 대공황 이래 가장 큰 버블을 우리는 목격하고 있고, 암호화폐 시장 또한 그런 버블에 힘입어 비트코인이 탄생한 이후 큰 상승세를 보였다. 오죽하면 비트코인이 탄생한 이래 총상승률이 비트코인을 비판하는 워런 버핏의 수십 년간 쌓인 총합산 수익률보다 앞선다고 할 정도다.

미국 대공황이 너무 먼 옛날 일처럼 느껴진다면 비교적 가까운 때에 일어난 사건도 있다. 바로 닷컴버블(IT버블)이다. 국내에선 주로 IT버블로 불리는데, 당시 미국에 상장된 기술주들을 중심으로 엄청난 폭등세와 버블이 있었고, 국내에도 IT 바람이 불면서 바뀔 미래와 기대감에 투자하는 사람들이 늘어났다. 이때 반년 사이에 150배 폭등한 새롬기술의 신화도 나왔다. IT사업에 진출한다는 소

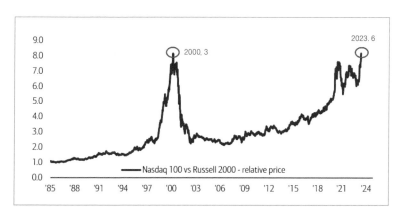

1985~2023년 6월까지 나스닥 100 vs. 러셀 2000. 기술주 대 소형주의 상대가격 추이
2023년 들어 닷컴버블 이래 기술주에 가장 많은 돈이 몰리고 있다. (출처: Isabelnet)

식만 들려도 주가가 상한가로 치솟고, 마치 메타(구 페이스북)처럼 그 당시에도 회사 이름을 IT스럽게 바꾸기만 해도 주가가 연일 치솟았다.

이런 트렌드는 주기를 두고 계속 순환한다. 즉, 투자 시장에서 어떤 때는 '미래에 바뀔 기술'에 주목하며 투자하는가 하면 어떤 때는 '저평가된 우량주 내지는 가치주'에 주목하는 경향이 있다는 것이다. 나는 이것을 '김피비의 저울 이론'이라고 정의한 바 있다. 한 시장에 자금이 쏠리면, 그 이후에는 그와 반대 성격을 띠는 곳에 자금이 몰린다. 대표적으로 주식시장에서는 성장주 vs. 가치주 또는 에너지주 vs. 기술주 등을 예로 들 수 있다. 트렌드가 일단 한곳으로 자리 잡히면 시장의 자금은 그쪽으로 쏠린다.

어떤 항목이냐에 따라 다르지만 보통 한 트렌드는 최소 몇 년간 지속되는 경향이 있다. 암호화폐 시장 내에서도 마찬가지다. 어떤 때는 비트코인에 관심과 돈이 많이 쏠리면서 비트코인의 시장점유율(도미넌스)이 크게 상승하는가 하면, 어떤 때는 비트코인 도미넌스가 감소하면서 알트코인 도미넌스가 폭등하는 경향이 있다. 특히 비트코인 vs. 알트코인의 유행 순환은 몇 개월을 기점으로 반복되며 움직이는 경향이 있다. 정확하게 100% 맞아떨어지는 것은 아니지만, 대체로 이런 흐름을 꾸준히 보인다.

지금까지 주식시장의 키워드는 '미국, 대형주, 기술주'였다. 그리고 주식시장은 결국 전반적인 자산시장과 경제의 트렌드를 만드는 데 큰 역할을 한다는 특징이 있다. 누가 부정하더라도 결국 암호화폐는 경제나 주식시장과 중장기적으로 같은 방향성을 보이면서 나아간다는 특징이 있다. 특히 암호화폐는 흐름이 나스닥과 상관관계가 상당히 높은 것을 데이터로 확인할 수 있는데, 투자자들이 암호화폐를 일종의 기술주와 같은 투자 대상으로 다룬다고 볼 수 있다. 암

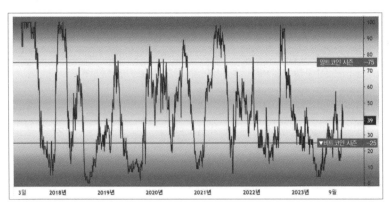

알트시즌 인덱스
현재가 비트코인에 투자하기 좋은 때인지, 알트코인에 투자하기 좋은 때인지를 알려주는 지표다. 1년에 한두 번 정도 트렌드가 순환하는 특징이 있다. (출처: blockchaincenter)

호화폐 투자자들이 암호화폐를 어떻게 생각하느냐, 어떤 자산으로 바라보느냐는 중요하지 않다. 투자 시장에서 돈만큼 솔직한 것도 없다. 결국 나스닥과 비트코인 차트를 겹쳐보면 둘은 함께 움직인다는 것을 알 수 있고, 암호화폐 시장은 유동성에 매우 민감하고 경제에 큰 영향을 받는 자산군이라는 점도 알 수 있다.

김피비의 저울 이론에 따르면 앞으로 주식시장은 '신흥국(비미국), 중소형주, 가치주' 트렌드로 흘러갈 확률이 높다. 그렇다면 현재 기술주 취급을 받는 암호화폐는 찬밥 신세가 될 텐데, 이런 상황에서 암호화폐에 투자한다는 게 괜찮은 선택일까? 오히려 괜찮은 선택이 되리라고 본다. 닷컴버블 이후 기술주들은 어마어마할 정도로 크게 폭락했다. 버블이 해소되면서 멀티플이 감소하고 동시에 트렌드까지 바뀌면서 당시 애플이나 엔비디아 등 많은 기술주가 커다란 낙폭을 기록했다. 고점대비 −80% 하락 정도면 기술주치고는 방어율이 좋았던 편이고, −90% 이상 하락한 종목을 어렵지 않게 찾을 수 있었다. 하지만 그 회사들이 오늘날 주식시장을 이끌고 있고, 애플은 닷컴버블 이후 가장 저렴해진 가격으로 살 수 있었는데 닷컴버블 이후 애플과 엔비디아는 20여 년간 주가가 무려 800배 넘게 상승하고 있다.

닷컴버블 이후 버블이 크게 꺼지고 주가가 폭락하자 기술주 투자에 대한 사람들의 관심도가 줄어들었으나 애플은 여전히 미래를 바꿀 기술력을 갖추고 있었다. 결국 지나고 보면 애플을 가장 싸게 살 수 있었던 때는 닷컴버블 이후 버블이 최대로 꺼졌을 때다. 닷컴버블 직전에는 매출이 100달러인 기술주 회사의 주가를 300달러로 쳐주다가 닷컴버블이 끝난 이후에는 매출이 100달러인 기술주 회사의 주가를 100달러밖에 안 쳐주게 된다. 즉, 같은 가치더라도 닷컴버블과 같은 투자 붐이 생기면 가치에 비해 지나치게 고평가받게 되고, 한번 고평가받은 자산은 재조명되어 붐이 생기려면 오랜 시간이 걸린다. 닷컴버블 이후 다시 기술주 붐이 생기는 데 무려 20년이 걸렸고, 상위 50개 대형주 중심으로 랠리와 버블이 있었던 니프티피프티 버블 이후 닷컴버블이 다시 발생하는 데는 무려 30여 년이 걸렸다.

트렌드가 순환하는 데는 시간이 오래 걸린다. 마이크로소프트만 해도 닷컴버블 이후 버블이 꺼지고 나서 고점을 다시 돌파하는 데 무려 17년이 넘게 걸렸고, 일본의 니케이지수는 거대 버블 이후 잃어버린 30년 동안 주가가 전고점 돌파를 하지 못했다. 그러나 진정한 투자 가치와 미래가치가 있던 기술주들은 이러한 역풍에도 잘 살아남아서 오히려 폭락과 경제침체가 가장 싸게 살 기회를 주었다.

결국 미래가치가 높은 기술주 성격의 자산들은 버블이 크게 꺼질 때가 장기적으로 투자하기 좋은 때라는 사실을 알 수 있다. 중요한 것은 기술이 진짜냐, 가짜냐다. 기술만 진짜라면 경제침체가 오히려 미래가치에 비해 가장 저렴하게 매수할 기회라는 것이다. 암호화폐 또한 마찬가지다. 장기적으로 미래를 바꾸어갈 전도유망한 시장이 암호화폐 시장인 것은 맞지만, 암호화폐 시장은 아직 역사가 너무 짧다. 경착륙 수준의 경제침체를 한 번도 겪어보지 못한 자산이다. 일본의 건축 기술이 발달하게 된 데는 지진과 쓰나미가 한몫했다고 알려져 있다. 암호화폐 시장 또한 경제침체라는 재해를 겪고 나서야 한층 더 성숙해질 테고, 불필요한 많은 암호화폐 시스템이 재정비되는 시기가 될 것이다. 이런 때는 아무도 두려워서 암호화폐를 매수하지 못할 테지만 결국 블록체인의 상용화와 암호화폐 시장의 발전과 보급은 정해진 미래와도 같기에 오히려 과감하게 도전해 볼 만한 시기라고 할 수 있다.

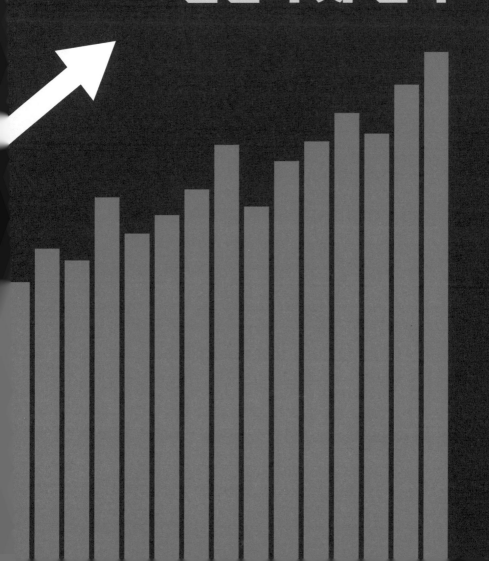

2장

백전백승
실전 투자 전략

투자라는 전투를 시작하기 전에 완전무장하라

암호화폐 시장을 다룬 책들은 대부분 실전과 관련된 내용을 다루지만 너무 교과서적이거나 실전에 써먹을 문제를 알려주는 문제집과 학원에서 주는 족집게 강의 같은 내용이 거의 없다. 실전 투자 전략을 아는 것과 모르는 것의 차이는 엄청나다. 운전을 배울 때 이론만 공부하고 도로 주행에 나서는 것과 비슷하다. 이론만으로는 다양한 도로 상황에 대처하기가 어렵지만 실전 운전을 충분히 경험한 상태에서 도로 주행을 나간다면 도로 상황에 빠르게 적응해 안전하게 운전을 배울 수 있다.

암호화폐 투자도 이와 비슷하다. 암호화폐의 기초 이론, 기술적 원리, 시장 구조 등을 알고 있다면 투자의 기본 방향을 미리 잡을 수 있다. 다만, 실전 투자 시장에 발을 디디면 시장의 변동성, 정보의 불균형, 감정의 흔들림 등 다양한 변수가 기다리고 있다. 소중한 시드머니로 암호화폐 시장에서 큰 수익을 내려고 하지 손실을 보려는 사람은 아무도 없다. 따라서 실전 투자 전략을 바탕으로 암호화폐 시장에서 실제로 투자했을 때 맞닥뜨릴 상황을 미리 인지하고 24시간 돌아가며 변동성이 심한 이 시장에서 버틸 실전 전략을 머릿속에 확실히 넣는다면 좋은 결과를 얻을 수 있다.

- 무지성 투자를 더는 안 한다.
- 높은 변동성에 흔들리지 않는다.
- 고점에서 매매해서 고통받지 않아도 된다.
- 남의 의견에 의지하지 않아도 된다.
- 지키는 투자를 하게 된다.

이 책을 읽는다고 해도 이 다섯 가지를 완벽하게 실행하기에는 무리가 있다. 하지만 개인투자자들이 흔히 실수하는 이 다섯 가지에서 극명한 차이를 보일 것이다. 분명히 알아야 할 암호화폐의 각박한 투자 현실을 곱씹어 삼킬 수 있다면 깊이 고민하지 않고 투자하는 이들보다 한 걸음은 앞설 것이다.

암호화폐 투자 실패 사례와 성공 사례

에임리치 플랫폼에서 많은 개인투자자를 상담해왔는데, 이런 데이터를 바탕으로 개인투자자들이 실패한 사례와 성공한 사례를 소개한다. 차가운 물에 들어가기 전에 먼저 가슴 주변에 물을 적셔 갑작스러운 환경변화에 심장이 놀라지 않게 한 경험이 있을 텐데, 그런 과정이라고 생각해도 좋다. 이로써 본격적인 실전 투자에 앞서 갖춰야 할 마인드를 세팅할 수 있다.

실패 사례 1

Q 66,000원에 웨이브를 매수했는데 손실 중입니다. 손절해야 할까요?

A 현재 손실이 큰 상태인데요. 하루가 다르게 크게 상승하는 자산을 지켜보다 뒤늦게 매수했는데 손절라인 없이 너무 많이 떨어져 손을 쓰

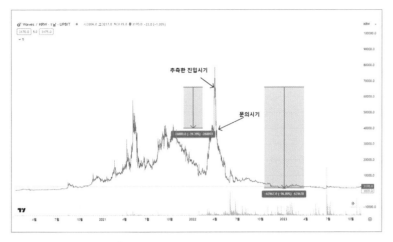

웨이브 업비트 일봉 캔들 원화차트
(출처: 트레이딩뷰)

지 못한 상황 같습니다. 모든 자산시장에서 매매는 기준이 있어야 합니다. 그리고 그 기준에서 벗어났을 때는 과감히 쳐내야 합니다. 매수 시점과 현재까지 상황으로 추측해보면 근거 없는 매매를 했을 개연성이 높습니다.

여기서 투자자가 할 수 있는 선택지는 두 가지입니다. 지금이라도 손절해서 손실을 감내하고 앞으로는 같은 실수를 하지 않는 방법, 기회비용 손실과 상장폐지 위험성을 감내하고 몇 년이 걸릴지 모르는 동안 계속 홀딩(매도하지 않고 가지고 가는 행위)하는 방법입니다. 전반적인 상황을 고려했을 때 저라면 전자를 선택했겠지만, 모든 것은 본인 선택이고 본인 책임입니다. 앞으로 같은 실수를 반복하지 않도록 암호화폐에 섣불리 투자하기보다는 더 많은 공부가 필요해 보입니다.

손실을 크게 본 사람들은 대개 조급해져서 나중에 하는 투자도 실패하는 경우가 많으므로 무리하게 투자하기보다는 충분히 공부하고 손실된 시드를 투자가 아닌 본업으로 복구하시길 권유합니다.

사실 상담하는 분들의 질문 가운데 70~80%는 이런 내용이다. 이 질문을 주신 분은 당시 -40%가량 손실 중이었는데 에임리치 플랫폼은 손절·매수를 직접 권유하지 않기에 해줄 수 있는 답은 한정적이었다. 답변이 누구나 할 수 있는 내용이라고 생각했는지, 아니면 원하는 답을 얻지 못했는지 이분은 더 질문하지 않았는데, 몇 개월 뒤 다시 연락이 왔다. 다행히 그때 손절했다며 만약 계속 가지고 있었다면 -97%에 달하는 손실을 보았을 텐데 감사하다고, 앞으로 투자할 때는 신중히 하겠다고 했다.

여기에서 우리가 얻을 수 있는 교훈은 무엇일까?

어떤 자산시장에서도 매수는 손절이 동반되어야 한다. 손절하는 기준은 내 매수 근거에서 벗어났을 때다. 그렇기에 내가 매수하기 직전 손절을 잡지 못하겠다면 그건 매수 근거가 명확하지 않다는 것이고, 자산에 투자하는 것이 아니라 투기하는 것이다.

다음 그래프에는 손실을 봤을 때 원금을 회복하려면 필요한 수익률을 정리해놓았다. 단순한 예로 -50% 손실을 봤을 때 원금까지 도달하기 위한 수익률은 50%가 아닌 100%가 되어야 한다는 것이다. 그래서 손절 라인을 잡으면 가장 좋은 건 10%, 적어도 20% 안에서는 끊어야 한다. 그렇지 않으면 손절하기가 더 힘들어지고 더욱

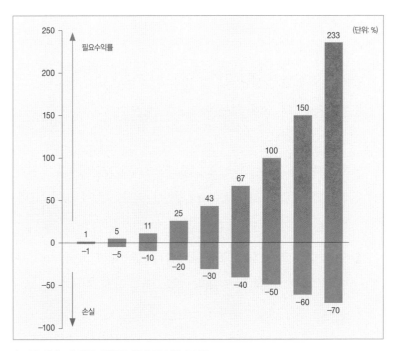

손실을 봤을 때 원금 회복을 위해 필요한 수익률
(출처: Dailyshot)

큰 수익률이 필요하게 된다.

개인투자자들이 흔히 실수하는 것 중 하나가 큰 수익률을 볼 것만 생각하고 투자한다는 것이다. '어떤 자산에 투자했을 때 기대수익률이 100%가 된다는 것은 반대로 손실도 80~90% 볼 수 있다는 것을 인지해야 한다.' 큰 수익률을 얻을 수 있는 자산은 그만큼 큰 손실을 볼 수 있는 자산이라는 뜻이므로 적절한 손절 타이밍이 동반되지 않으면 투자하면서 이런 실패 사례와 같은 일을 겪게 된다.

어떤 자산에 투자할 때 근거 있는 손절을 잡아낼 수 없다면 그 자산에 투자하는 것을 멈추고 다시 생각하라.

Q 당신 말을 듣고 손절했는데 몇 개월 뒤에 보니 내가 매수했던 구간을 넘어서 더 크게 상승했더라고요. 당신 논리가 틀린 게 아닌가요?

A 손절은 자동차에서 브레이크와 같은 존재입니다. 지금 하시는 말씀은 브레이크를 잡았는데 사고도 나지 않았고 오히려 목적지까지 시간만 더 걸렸으니 브레이크가 필요 없는 것 아니냐고 묻는 것과 같습니다. 몇 번은 브레이크를 잡는 것이 쓸모없다고 생각할 수 있습니다. 근데 브레이크 없이 자동차를 운전한다고 생각해보세요. 한두 번은 무사히 넘어갈 수 있겠지만, 다섯 번이 되고 열 번이 되었을 때도 무사하다고 장담할 수 있을까요? 브레이크를 밟아서 목적지에 늦어졌다면 브레이크의 존재 자체를 부정하는 것이 아니라 브레이크를 잡은 타이밍과 강도가 잘못되지는 않았는지 고민하는 것이 맞습니다.

Q 장기투자를 하는데 장기투자도 10~20% 손절을 설정하고 진행해야 하나요?

A 먼저 진정한 장기투자를 할 마인드가 있고 그에 맞는 전략을 세웠는지 여쭤보고 싶습니다. 장기투자는 기본적으로 분할매수가 동반되어야 하며, −90%의 손실이 발생하더라도 흔들리지 않는 관점이 필요한 난도가 매우 높은 투자방법입니다. 이러한 준비가 모두 갖춰진 진정한 장기투자자라면 10~20% 손절을 설정하고 진행하는 것이 아

님을 말씀드립니다. 하지만 장기투자에도 손절은 분명히 존재합니다. 그 기준이 다를 뿐이지요. 장기투자는 일반적으로 종목의 펀더멘털 fundamental(한 나라 경제상태를 표현하는 데 가장 기초 자료가 되는 성장률, 물가상승률, 실업률 등 주요 거시경제지표)을 보고 투자합니다. 그렇기에 내가 투자하는 종목의 손절은 내가 보고 있던 펀더멘털이 사라졌을 경우 손실률이 얼마이건 간에 손절하는 것이 맞고, 펀더멘털이 사라지지 않았다면 -90%여도 손절하지 않는 것이 좋습니다.

실패 사례 2

Q 이더리움 클래식을 보유하고 있습니다. 현재 매수 평단이 22,500원 정도이고 수익을 보고 있는데 팔아야 할까요?

이더리움 클래식 업비트 일봉 캔들 원화차트
(출처: 트레이딩뷰)

A 차트를 보니 매우 적절한 위치에서 잘 매수하셨습니다. 잘 아시다시 피 매도는 정말 어렵다고들 합니다. 하지만 그건 사람의 심리와 욕심 때문에 그렇습니다. 적어도 손실을 보고 고민하는 것보다는 행복한 고민입니다. 수익을 볼 때는 '더 올라갈 것이다.' '이제 내려올 것이다' 하는 예측은 사실 그렇게 중요하지 않습니다. 내가 매수에 접근했던 방법이 중요합니다(질문자는 스윙관점이라고 함). 저는 항상 수익을 실 현해야 하는 위치에서는 양쪽을 다 잡을 위치를 선점하라고 말씀드립 니다. 즉, 일부는 수익을 실현하고 일부는 들고 가는 선택을 하는 것 이죠. 다만, 내가 가지고 있는 종목이 더 올라갈 수 있는 관점을 가지 고 있으면 수익실현 비율을 낮추고 홀딩비율을 높이면 됩니다. 반대 경우에는 수익실현 비율을 높이고 홀딩비율을 낮추면 됩니다. 사람은 쉽게 수익과 손실에 심리가 흔들립니다. 지금은 원하는 비율로 수익 을 실현한 후 상황을 더 두고 보기를 추천합니다.

이렇게 질문하는 투자자는 사실 그렇게 많지 않다. 일반적으로 수익을 볼 때는 문의하는 투자자가 많지 않다는 뜻이다. 이런 질문 을 하는 투자자는 대개 기분이 좋아서 문의하거나 매수했는데 운 좋게 타이밍이 잘 맞아서 수익을 언제 실현해야 하는지 몰라 순수 한 목적으로 문의하는 경우가 많다. 이 질문을 한 투자자는 내 말 을 받아들이지 않았다. 심지어 이더리움 클래식의 가격이 더 올라 갔는데도 수익실현을 하나도 하지 않았다. 그리고 가격이 매수가로 내려앉고 나서야 다시 질문이 왔다. 그때 수익실현을 하나도 하지 않았는데 어떻게 하는 게 좋을지 또 조언을 구한 것이다. 그래서 손실을 보면 심리적으로 더 흔들릴 수 있으니 매수 평단 조금 위에 손절을 걸어두는 것이 좋겠다고 안내했다.

수익실현은 하나만 기억하자! 욕심을 버리고 내 심리가 흔들리지 않게 모든 방향성을 열어두고 수익실현에 대처하자!

 더 알아보기

무적의 매매법 '반익반본'

유치하지만 트레이더 사이에서는 매우 유명한 말인 '반익반본'에 '무적의 매매법'이라는 말을 붙였다. '반익반본'은 반은 수익실현을 하고 반은 본전에 걸어둔다는 말이다. 수익을 보고 있을 때 반은 수익실현을 해놓고, 반은 매수가에 예약매도를 설정해둠으로써 그대로 내 가격으로 내려오면 이미 수익을 실현한 것으로 만족하고, 추가로 더 상승할지라도 나머지 수익실현을 하지 않은 반으로 수익을 보는 구조의 매매방식이다. 올라갔을 때 아쉬움, 떨어졌을 때 아쉬움을 모두 잡을 수 있는 기본 매매기법으로 투자, 트레이딩 모두 크게 수익을 보는 방법보다는 잃지 않는 방법을 배우는 것이 중요하다.

실패 사례 3

Q 요즘 선물투자가 너무 재미있습니다. 하루에도 많은 돈을 벌고 1주일 동안 수익이 월급을 뛰어넘으면서 전업투자까지 고민하고 있습니다. 전업투자자를 어떻게 생각하시나요?

A 2022년 시장 분위기가 1년 동안 좋지 않았는데도 많은 분이 선물투자에 뛰어들었습니다. 그리고 많은 사람이 선물투자에 대해 문의하셨는데 제 대답은 다양했지만 결론은 늘 같았습니다. "선물투자를 해도 되는지 제게 묻는 것 자체가 이미 선물투자를 하면 안 되는 것입니

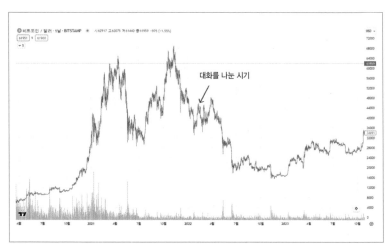

대화를 나눈 시기

비트코인 바이낸스 일봉 차트
(출처: 트레이딩뷰)

다." 선물투자를 질문하신 분 중 기억에 남는 투자자가 있습니다. 이 분은 위 차트에 표시된 시기에 처음 문의하셨는데, 이후 몇 개월에 걸쳐 저와 정말 많은 대화를 나누었습니다. 그리고 어느 순간 연락이 끊겼고 지금도 연락은 되지 않습니다. 사실 알아보지 않아도 전업투자자로서 그분의 끝은 그렇게 좋지 않았을 거라고 봅니다.

2021년 강세장 끝부분에 전업투자자로 전향하는 사람들이 많았다. 그분들의 끝은 대부분 다시 일자리로 돌아갔거나 전업투자자를 하기 전보다 더 안 좋은 상황에 놓였다. 왜 그랬을까? 유동성이 늘어나고 어떤 종목이든 사면 오르는 시장에서는 계속 이렇게 흐를 거라고 생각한다. 하지만 전업투자자로 약세장을 처음 겪게 되면 심리적으로 흔들리다 결국 무너져 100명 가운데 99명은 후회한다. 전업투자자는 정말 많이 고민하고 내가 할 실력이 되는지 정확히 판단한 다음 결정해야 한다. 고정적인 소득 파이프라인이 있다는 건 큰 이점이다. 고정적인 소득 파이프라인은 없어지기 전까지는 그 가치를 알기 어렵다.

위 사례에서는 상담하신 분에게 전업투자자 전향을 추천하지 않았다. 대화를 몇 번 나누어보니 전업투자자를 할 정도로 경험과 노하우가 쌓이지 않았다고 판단했기 때문이다. 하락장에서도 유동성이 흐르면 할 수 있겠다고 느낄 수 있지만 몇 개월만 지나도 다른 환경이 만들어진다.

따라서 트레이딩에 관심을 가지고 열심히 공부하면서 더 많은 경험과 노하우를 쌓으면 좋다. 시장에서 유동성이 계속 증가하고 가격 변동성이 심하면 원칙 없이 매매해도 충분히 수익이 나서 선물투자가 매우 쉬워 보일 수 있다. 하지만 선물매매는 경력이 뛰어난 트레이더들도 한순간의 실수로 큰돈을 날리는 시장이다. 경험이 많지 않은 일반 투자자는 실수할 확률이 높아져 돈을 전부 잃을 수도 있다. 그러니 내가 할 수 있다는 확신이 들어도 시기를 조금 뒤로 미룬 다음 시장환경이 바뀌고 1년 동안 꾸준히 매매했어도 성공적으로 잘하고 있다면 그때 전업투자자 전향을 다시 고민해보면 좋겠다.

내가 굳이 전업투자를 추천하지 않는 이유는 다음과 같다.

• 시장의 변동성

금융시장은 항상 변동성이 높다. 어느 날은 큰 수익을 얻을 수 있지만 다음 날에는 큰 손실을 입을 수 있다. 불확실한 환경에서 평정심을 유지하고 본인의 페이스대로 쭉 나간다는 건 매우 힘든 일이다. 투자는 결국 심리 싸움이다. 심리가 흔들리면 실력이 좋아도 매매가 실패하고 무너지는 경우가 다반사다.

• 생계의 위험

전업투자자가 아닐 때와 전업투자자일 때 투자의 무게는 180도 다르다. 평소에는 잘하던 운동도 큰 대회에 나가면 긴장되고 몸이 굳으면서 제 실력을 발휘하지 못한다. 전업투자자는 항상 그런 환경에서 싸워야 한다.

• 스트레스

전업투자자를 하지 말라고 하는 가장 큰 이유다. 하루에 승부를 계속 띄우는 트레이더의 스트레스는 상상을 초월한다. 이러한 스트레스가 반복되면서 트레이딩뿐만 아니라 삶에도 점점 영향을 준다. 이러한 스트레스가 쌓이면 결국 트레이딩도 실패로 돌아가고 만다.

• 고정된 수입원

고정된 수입원이 없으면 불안하다. 당장 이번 달에 성과를 내지 않으면 생활하는 데 지장이 생기기 때문에 고정된 수입원이 있을 때 하는 매매와는 완전히 다르다. 생각이 많아지다 보면 감정에 휘둘리게 되므로 누구보다 감정 컨트롤이 되어야 하는 트레이더에게는 매우 취약한 단점이다.

앞서 문의했던 투자자가 이후 한 달 만에 연락을 해왔다. "저 어제부로 일 그만두고 전업투자자로 전향했습니다." 이로써 다시 한번 깨달은 사실은 결국 투자자들은 자신이 하고 싶은 대로 한다는 것이다. 다시 일자리를 구하라고 조언했지만 듣지 않았다. 이 뒤는 예상하다시피 처음에는 많은 것을 물어보고 적극적으로 대화가 이어졌지만 루나 사태로 시장이 무너지고 나서는 연락이 닿지 않았다.

많은 사람과 소통하다 보니 다양한 케이스를 많이 보는데 그중에서도 선물투자 관련 이야기가 가장 많다. 선물투자를 하다가 많은 돈을 잃었는데 어떻게 해야 하냐는 질문, 대출을 끌어다가 투자했는데 모든 돈을 청산당했다면서 어떻게 해야 하냐는 질문, 선물투자를 시작하려고 하는데 어떻게 해야 하냐는 질문 등 많은 질문의 공통점 한 가지는 질문하는 누구도 선물시장에 대한 정보와 매매 노하우가 거의 없다는 것이다.

선물시장의 무서움을 대략만 알고 있거나 모르는 투자자들을 위해 왜 선물투자가 어렵고 굳이 전업투자를 권유하지 않는지, 특히 하락장에도 돈을 벌려고 선물시장에 처음 뛰어드는 투자자에게 그 이유를 설명한다.

선물투자 이모저모

· 자산가격 하락에 베팅하는 숏 베팅이 어려운 이유

대부분 자산 차트를 보면 가격 하락은 특징이 있는데, '매우 짧고 강하게 발생한다'는 것이다. 보통 큰 하락은 강한 공포 분위기에서 형성된다. 차트는 결국 투자자들의 심리를 반영하는 것이다. 투자자들의 심리가 긍정적이면 전반적으로 자산에 유동성이 몰리면서 가격이 상승하고 투자자들의 심리가 부정적이면 유동성이 들어오지 않고 매도 압력이 강해지면서 가격이 하락한다. 보통 투자자들의 긍정적 심리는 과열되면 그 열기가 쉽게 식지 않고 공포보다 상대적으로 오래간다. 하지만 투자자들의 공포심리는 매우 강하게 찾아오며 순식간에 모든 자산가격이 하락한다. 그리고 그 시간은 길지 않게 끝난다. 그래서 차트의 20~30%만 가격이 하락하고 나머지 70~80%는 대부분 횡보 또는 상승한다. 하락은 매우 짧고 강해서 수학적으로 접근하더라도 매우 높지 않은 확률에 베팅한다는 것을 알 수 있다. 그래서 하락에 베팅하는 숏은 어렵다.

· 저배율로 모아가는 선물투자의 경우

	레버리지	8h	1d	5d	15d	30d
롱 포지션	5X	0.09%	0.55%	5.88%	11.62%	13.96%
	20X	9.71%	22.72%	44.25%	55.40%	57.29%
	50X	46.76%	62.48%	78.07%	82.77%	83.02%
	100X	94.57%	95.80%	96.66%	96.88%	97.81%
숏 포지션	5X	0.03%	0.42%	10.18%	40.15%	63.21%
	20X	8.89%	25.33%	62.62%	84.00%	93.90%
	50X	50.97%	71.36%	89.67%	96.48%	98.23%
	100X	95.40%	96.74%	98.77%	99.76%	99.89%

무기한 파생상품 시장에서 레버리지 비율과 기간에 따른 청산확률 (출처: 바이비트)

암호화폐 파생상품 거래소인 바이비트에서 제공하는 이 데이터를 보면 당연하게도 레버리지 배율이 높아지면 높아질수록 청산확률도 높아지고, 포지션을 끌고 가는 시간이 길어지면 길어질수록 청산확률이 올라가는 것을 알 수 있다.

선물투자는 포지션을 길게 끌고 가는 매매가 아니라 정확한 관점과 기준을 가지고 기계처럼 해야 하는 매매다. 그렇기에 분할매수, 저배율로 천천히 모아가는 매매는 하지 않는 게 좋다. 몇 번은 계속 성공할 수 있겠지만, 결국 시장이 한 번은 매우 강하게 자기 생각과 반대로 흘러갈 테고, 그렇게 되면 한 번 실수로 모든 시드를 날릴 수 있다.

· 레버리지의 유혹

선물시장에서 가장 큰 유혹은 레버리지다. 10배로 투자하면 1%만 올라도 10% 수익을 낼 수 있다는 유혹이다. 하지만 무기한 선물시장에는 청산이라는 개념이 있다. 내가 100만 원으로 10배의 선물투자를 했다면 사실상 1,000만 원으로 계약을 진행하는 것과 마찬가지다. 그렇다면 가격변동이 일어나 1,000만 원 중 100만 원 손실을 보았을 경우 거래소에서는 스마트 계약을 이용해 강제로 포지션을 종료하고 청산시키면서 거래소가 볼 수 있는 손실을 제어한다. 이것이 선물시장에서 들어본 강제청산이다. 현물 투자는 팔기 전까지는 손실이 아니라서 투자자들이 말하는 '존버'가 가능하지만 선물시장은 내 투자가 한 번 실패하는 순간 내가 베팅한 모든 돈이 사라진다. 이런 시스템이 판단을 더 흔들리게 하고 선물시장에서 전 재산을 날렸다는 사람들이 나오게 하는 것이다. 이렇듯 일반 투자자들이 선물시장에 들어와 성공한 사례를 한 번도 본 적이 없다.

트레이더들이 가장 무서워하는 시장은 하락장이 아니라 유동성이 부족한 시장이다. 큰 물통이 하나 있을 때 그 물통에서 물을 작은 물컵으로 다른 곳으로 이동하려고 한다. 큰 물통에 물이 많이 담겨 있다면 손쉽게 일정 수준의 물을 다른 곳으로 옮길 수 있다. 하지만 큰 물통의 물이 적다면 그 물로 작은 물컵을 채우기도 어렵다. 여기서 큰 물통은 시장, 물은 유동성, 작은 물컵은 투자라고 생각하면 된다.

트레이딩은 감정을 배제하고 기계처럼 매매해야 한다. 정확한 익절 구간과 손절 구간을 잡아놓고 그 안에서 감정에 흔들리지 않고 내가 세워놓은 원칙과 범위 안에서만 기계처럼 매매해야 한다. 하지만 대부분 일반 투자자는 그런 원칙도 안전장치인 손절도 없이 선물시장에 뛰어든다. 그렇게 할 거면 차라리 카지노에서 도박을 즐기는 게 낫다. 투자라는 명목으로 하지만 실상 도박을 하는 것과 마찬가지기 때문이다.

선물투자를 하는 사람들은 많지만 그 끝이 아름다웠던 적은 한 번도 없었다. 이것이 선물투자를 처음 하려는 이들에게 선물투자를 아예 시작하지 말라고 하는 이유다.

Q 코로나 팬데믹 이후 이더리움을 평균 매수단가 20만 원에 200개를 가지고 있습니다. 장기투자 목적으로 투자했지만, 가격이 지속적으로 하락하니 많은 생각이 듭니다. 이럴 땐 어떻게 하는 것이 좋을까요?

A 정말 좋은 투자습관을 가지고 계십니다. 사실 제가 조언해드릴 것이 없을 정도입니다. 하지만 몇 가지만 더 적용한다면 더욱 좋은 투자를 하실 듯합니다.

첫 번째는 매수방식입니다. 하락장에나 장기투자를 할 때는 분할매수를 추천합니다. 매수 투입자금으로 분할매수를 했다면 현재 평균매수단가는 20만 원이 아니라 15만 원으로 낮아질 수 있었습니다.

두 번째는 비중조절입니다. 장기투자를 할 때도 비중조절은 필요합

이더리움 업비트 주봉 캔들 원화 차트
(출처: 트레이딩뷰)

니다. 물론 비중조절 없이 쭉 투자하는 것도 나쁘지 않지만, 투자 시장에서 수익실현을 하지 않으면 내 돈이 아니라는 말이 있듯이, 그 안에서 일어나는 작은 사이클 흐름에서 수익을 볼 수 없습니다. 그래서 아무리 장기투자라도 자산의 사이클 흐름 안에서 많이 올랐을 때는 비중을 줄이고, 내려왔을 때는 비중을 늘리는 방식으로 투자한다면 더 완벽한 장기투자가 될 수 있습니다.

이 투자자는 2018년 하락장에 이더리움 200개를 구매해서 -50% 손실을 볼 때도 흔들림 없이 장기관점을 유지했다. 그는 장기투자를 마음먹기 전 이더리움에 대해 많이 공부하고 유망한 자산이라는 확신이 들어서 마이너스는 크게 신경 쓰지 않았고, 애초에 전체 자산에서 많은 비중을 투자하지 않았다. 가장 좋은 장기투자 조건을 모두 갖추고 아주 훌륭한 투자 철학과 마인드를 지닌 투자자였다.

사실 장기투자가 절대 쉬운 일은 아니다. 대부분 개인투자자는 스스로 장기투자를 한다고 하면서도 작은 가격 움직임에 흔들리고, 수익을 실현하고 싶은 욕구를 못 이기는 단기, 스윙 투자 마인드를 지녔다. 그리고 고점에서 매수한 뒤 손절을 미처 하지 못해 강제로 장기투자를 하는 투자자도 많다. 장기투자자는 기본적으로 ① 확실한 종목 분석과 관점, ② 적절한 시드 배분을 통한 포트폴리오, ③ 분할매수·분할매도 습관, ④ 자산 사이클을 분석하는 능력을 갖추어야 한다.

진정한 장기투자를 하려면 나무를 보면서 흔들리는 마음이 아닌,

숲을 보면서 더 큰 그림을 보는 시각을 키우자!

 더 알아보기

시간별 투자 스타일

- **스켈핑 투자:** 보통 분단타, 초단타라고 한다. 몇 시간을 넘기지 않는 선에서 짧은 1분 봉/5분 봉/초봉을 보면서 투자하는 매우 어려운 투자방식이다.
- **단기투자:** 보통 하루를 넘기지 않는 데이트레이딩과 하루를 넘기는 일반적인 단타 방식이 있다. 나는 일주일을 넘기지 않는 방식은 단타라고 본다.
- **스윙투자:** 주관적으로는 일주일 이상 6개월 이하 투자하는 경우 스윙투자라고 본다. 가장 많이 사용하는 방식이며 초보자들은 최소 스윙투자 아래 기간으로는 투자하지 않는 걸 권한다.
- **사이클 투자:** 직접 만든 말로 보통 투자자들이 장기투자라고 생각하는 것을 사이클 투자로 칭한다. 한 번의 상승 사이클에 바닥에서 매수하고 고점 부근에서 매도하는 투자방식이다.
- **장기투자:** 한 번의 상승 사이클과 하락 사이클이 지났음에도 기업 및 종목의 가치를 보고 투자하는 방식을 말한다. 확고한 관점 없이 모호하게 장기투자에 뛰어드는 경우 낭패를 보기 십상이다. 장기투자에도 손절이 있는데 장기투자에서 말하는 손절은 내가 투자했던 펀더멘털이 사라졌을 때를 의미한다.

성공 사례 2

Q 2021년 불장 끝에 아무것도 모르는 상태에서 비트코인을 매수했습니다. 그 후 손절하지 않고 크게 떨어지거나 횡보할 때마다 계속 비트코인을 분할매수하면서 물타기를 진행했습니다. 총평균 매수 단가는 35,000달러 부근입니다. 지금이라도 손절해야 할까요? 아직 투입된 자금과 비슷한 수준으로 추가 매수할 수 있는 자금은 있습니다.

비트코인 바이낸스 일봉 캔들 달러 차트

(출처: 트레이딩뷰)

A 투자에 재능을 타고난 분이 있습니다. 성향 자체가 투자에 매우 적절
   한 투자자들이 있는데 질문 주신 분도 그런 성향 같습니다. 불장 끝
   에 평균 단가가 높았는데도 떨어질 때마다 계속 매집하려고 판단한
   것, 추가 자금이 있는데도 계획대로 맞춰 시드를 투입하는 조절까지
   매우 이상적인 투자를 했습니다.

   만약 계획 없이 투자했다가 물려 있는 평균 매수단가가 35,000달
   러였다면 손절을 권유했겠지만 계획을 세워 분할매수에 들어갔고, 아
   직도 투입할 자금이 남아 있다면 지금 굳이 손절하지 않아도 됩니다.
   시장이 여기서 더 올라온다면 적당히 물량을 덜고 가면 되고, 떨어진
   다면 이전과 같은 방법으로 남은 자금으로 추가 매수를 하면 되기 때
   문입니다.

   덧붙여, 이렇게 긴 호흡으로 끌고 갈 때는 수익을 보는 구간에서

는 비중을 줄이고, 매수단가보다 낮은 구간에서는 비중을 늘리는 방식으로 투자를 이어간다면 더 나은 투자를 할 수 있습니다. 이런 방식에서는 종목에 따라 물타기가 위험할 수 있습니다. 암호화폐 시장에서도 비트코인이라는 유동성에 따라 우상향하는 차트를 가진 검증된 종목에는 좋은 방법이지만 변수가 많은 개별 알트코인 종목에서 진행했다면 더 많은 자금이 투입되면서 경우에 따라 원금도 회복하지 못할 수 있기에 해당 방식은 시가총액이 높은 종목과 자산에만 사용 가능한 방법이라는 사실만 알면 됩니다.

이 투자자가 투자한 방법은 높은 가격에서 매수한 상황에서 시작했기 때문에 투자용어로 '물타기'라고 생각할 수 있지만, 사실 DCA라는 투자방법이다. 장기투자를 목적으로 같은 시기와 같은 금액을 투입하는 방법인데, 이 투자자가 그걸 알고 공부해서 진행했는지까지는 정확히 파악하지 못했지만, DCA 투자방법에서 변형된 방법으로 투자한 것이다. DCA라는 투자방법은 뒤에서 자세히 다룬다.

실패하는 개인투자자들의 흔한 오해

이 시장에 있다 보면 잘못된 정보가 개인투자자들의 오해에서 비롯한 믿음을 타고 번져나가곤 한다. 그 오해가 확신이 되어 자유로운 사고를 가리는 어두운 그림자로 변하는 경우가 많다. 대부분 이러한 오해는 뉴스나 커뮤니티를 숙주로 삼아 번지는데, 글이 많이 올라오고 많은 사람이 같은 그림을 보면 그것을 사실로 받아들이게 되곤 한다. 암호화폐 시장에서 개인투자자들이 오해하는 몇 가지를 살펴본다.

비트코인 사이클

반감기와 비슷한 것으로 오해하는 것에 비트코인 사이클이 있다. 이는 사람들에게 반감기보다 더 큰 신뢰를 받고 있다. 세상에 나온 지 15년 된 비트코인은 이제까지 지속적으로 우상향 곡선을 그리며

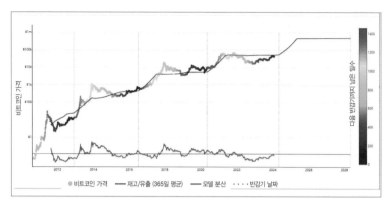

비트코인 Stock-to-Flow 모델
(출처: look into bitcoin)

상승해왔기에 비트코인 사이클이라는 말이 나왔다.

위 차트에서 보듯이 암호화폐는 일정한 우상향 사이클을 가지고 있다. 비트코인 Stock-to-Flow(사용 가능한 총량과 연간 채굴량 또는 생산량을 가지고 가치를 계산한 차트) 차트를 보면, 이제까지 비트코인은 일정한 흐름에서 우상향하는 모습으로 움직였다는 것을 알 수 있다. 하지만 이렇게 일정 시간 하락하고 상승하는 비트코인의 사이클은 영원히 유지되기 어렵다. 그 이유는 비트코인이 한 번도 큰 경제위기를 겪지 않았다는 논리에서 시작된다.

그런데 왜 비트코인의 사이클을 보는데 경제를 봐야 할까? 비트코인은 큰 경제의 흐름 속에서 같이 흘러가는 하나의 자산에 불과하기 때문이다. 무엇보다 비트코인이 전체 자산시장에서 차지하는 비중이 너무 작아서 글로벌 자산에서 비트코인의 비중은 0.1%에 불과하다. 물론 자산시장이 변동하면서 오차는 약간 있겠지만, 비

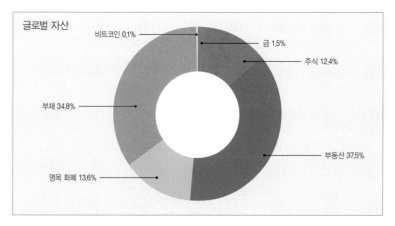

글로벌 자산

비트코인 0.1%

금 1.5%

주식 12.4%

부채 34.8%

부동산 37.5%

명목 화폐 13.6%

글로벌 자산시장에서 비트코인이 차지하는 비중

중은 0.1%로 추정된다. 또 암호화폐 시장에서 비트코인이 차지하는 비중은 50% 정도다. 그렇다면 비트코인과 알트코인을 모두 합해도 글로벌 자산에서 그 비중은 1%가 넘지 않는다. 그렇기에 비트코인 시장을 전망할 때 경제시장을 빼놓고 이야기할 수 없다. 비트코인은 언제나 전 세계 경제의 흐름과 변동에 따라 그 가치와 가격이 크게 영향을 받는다.

전 세계 경제 흐름을 판단하는데 단 하나의 데이터만 봐야 한다면 당연히 '금리'를 챙겨야 한다. 그중에서도 전 세계 금리를 주도하는 미국의 금리를 봐야 한다. 미국의 금리가 움직이면 그 영향이 전 세계 금리와 경제에 미치기 때문이다.

다음 차트에서 알 수 있듯이 비트코인은 이제까지 큰 금리인상에 따른 긴축을 겪은 적이 없다. 2019년에 미국이 기준금리를 2.5%까지 인하한 뒤 코로나 팬데믹을 겪으면서 비트코인은 고점 대비 70%

비트코인과 미국의 기준금리를 비교한 차트
(출처: 트레이딩뷰)

하락했다. 현재 기준금리는 5.5%로 2019년보다 2배가 넘는 금리를
더 빠른 속도로 올린 상황이다. 보통 자산시장의 하락은 금리를 올
릴 때가 아니라 내리기 시작할 때 발생한다. 금리를 인하한다는 것
은 경제가 부양해야 할 정도로 둔화되었다는 의미이기 때문이다.

전 세계 경제가 코로나 팬데믹에 따른 막대한 유동성으로 강세장
을 겪은 뒤 그 후폭풍을 금리를 급속도로 올리는 것으로 대응하고
있다. 하지만 뜨겁게 달아오른 어떤 물건을 급랭하면 깨지기 쉽듯이
비트코인 사이클도 영원히 유지되긴 어렵다. 사실 15년 동안 일정한
사이클을 유지했던 자산의 사이클이 깨질 거라고 예측하기는 쉽지
않다. 하지만 유동성에 기인해서 움직이는 투자자산이 중간의 유동
성에 영향을 줄 정도의 큰 경제 흐름에서 문제가 발생한다면 지금

까지와 똑같이 일정한 흐름으로 패턴이 유지될 순 없다고 본다. 그렇기에 비트코인의 사이클 패턴이 영원히 유지될 것이라는 강한 믿음은 오히려 위험하다.

 더 알아보기

금리를 보면 경제가 보인다

금리는 수도꼭지와 같다. 각 국가에서 명목화폐를 찍어서 돈을 풀고, 그렇게 풀린 돈이 경제를 과열로 만든다. 이렇게 되면 물가가 상승하고 투자 시장에는 거품이 형성되고 부채가 증가하게 된다. 그러면서 경제는 불안정한 상태가 되기 때문에 각 중앙은행과 정부는 풀리는 돈의 양을 조절한다. 반대의 경우도 마찬가지다. 수도꼭지를 잠가 경기가 침체국면으로 향한다면 다시 돈을 풀고 경제를 활성화하는데 그 조절장치가 바로 '금리'다. 금리는 명목화폐의 시장 유통 강도를 조절하는 수도꼭지인 셈이다. 따라서 금리 하나만 알아도 내가 지금 위험한 흙바닥에서 축구를 하는지 안전한 잔디구장에서 투자를 하는지 알 수 있다.

비트코인 바이낸스 거래소 거래량

나는 아직 자산시장의 위기는 끝나지 않았다고 본다. 그러다 보니 유튜브에서 라이브 방송을 하다 보면 많은 사람이 태클을 걸고 비아냥거린다. 그중 가장 어이가 없었던 논리를 가지고 이야기를 해 본다. 방송을 하는데 한 시청자가 채팅창에 메시지를 입력했다.

"거래량을 봐라. 이렇게 큰 거래량이 터졌는데 아직도 바닥이 오지 않았다고? 전문가를 그만둬야 하는 거 아닌가."

말을 순화해서 표현했지만 실제 표현은 매우 거칠었다. 이 채팅을 보자마자 딱 한 문장이 떠올랐다. '가만히 있으면 중간이라도 갈 텐

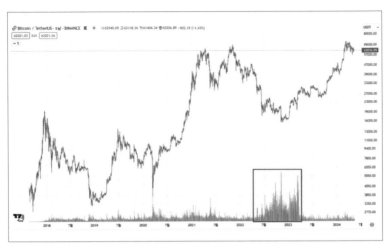

비트코인 USDT 바이낸스 차트
(출처: 트레이딩뷰)

데…' 상식적으로 봐도 아래에서 터진 거래량이 비이상적이다. 이런 이상한 거래가 나오고 있으면 찾아볼 법한데 내게 저렇게 채팅한 분은 그렇지 않았나 보다. 채팅을 보자마자 관련 기사를 찾아 보여 주었더니 그분은 이후 말이 없었다.

바이낸스는 2022년 7월 8일부터 2023년 3월 21일까지 비트코인의 USDT 거래쌍의 거래 수수료를 받지 않는 프로모션을 진행했다. 그러자 시장에 유동성을 공급하는 시장조성자Market Maker들이 바이낸스 거래소로 쏟아져 들어왔고, 그들의 자전거래Wash Trading가 거래량의 거품을 만들었다. 하지만 실제로 일어난 거래량은 5분의 1도 안 된다는 말이 있을 정도로 많은 거래량이 실제가 아닌 시장조성자들의 몇 가지 이유로 만들어진 거품이었다. 그래서 나는 항상 저

기간에 바이낸스 거래소의 USDT 차트의 거래량은 보지 말라고 얘기한다.

 더 알아보기

시장조성자가 거래소에서 자전거래를 하는 이유

- **인위적인 거래량 증가**: 일부러 암호화폐 거래가 활발하게 진행되고 있다는 착각을 일으킬 수 있다. 투자자들의 관심을 끌려고 인위적으로 거래량을 늘린다.
- **유동성 공급**: 대표적인 시장조성자 역할이다. 자전거래로 시장에 거래가 지속적으로 일어나도록 하면서 다른 투자자들이 물량이 없어 거래를 못 하는 일이 벌어지지 않도록 한다.
- **거래 수수료 감소**: 시장조정자는 아주 많은 거래를 진행하므로 수수료가 부담스럽게 느껴진다. 그러다 보니 일부 거래소에서 거래량에 따라 수수료를 할인해주는데, 이때 자전거래를 하기도 한다.

발행량이 정해진 비트코인은 상승한다

"발행량이 제한되어 있으니 그 가치는 오를 수밖에 없다. 그래서 나는 비트코인에 투자한다." 비트코인 투자를 하다 보면 많은 사람이 이렇게 말하지만 이는 틀린 말이다. 이 세상에 어떤 자산도 공급량이 제한되어 있다고 해서 가치가 오르지는 않는다. 가장 중요한 것은 많은 사람이 사려고 하는 수요다.

거래는 '수요와 공급'의 흐름을 따르지만 발행량이 제한되었다고 해서 그것만으로 그 가치가 무한하리라는 보장은 없다. 세상에 단 하나뿐인 보석이어서 희소성이 매혹적일지라도 아무도 그것을 원치 않는다면 그 가치는 무의미하다.

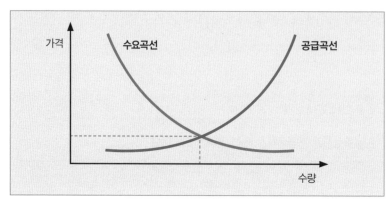

수요와 공급 곡선

　발행량이 제한된 비트코인도 사람들의 눈빛이 그것을 탐하면 그 가치는 상승한다. 중요한 것은 발행량이 제한되어 있다는 것보다 사람들의 '수요', 그것에 대한 사람들의 욕구가 있어야 그 가치도 상승한다는 것이다.

　그림자처럼 숨어 있는 한정판 예술작품을 생각해보자. 그 작품의 수량이 한정되어 있다 해도 사람들의 관심이 없으면 가격은 높아질 수 없다. 그러나 사람들 마음속에서 그 작품에 대한 갈망이 타오른다면, 그 가격은 하늘을 찌를 것이다.

　그러므로 암호화폐에 투자할 때 발행량만 기준으로 삼는 것은 위험하다. 암호화폐의 가치는 수요와 공급 그리고 그것을 바라보는 시장의 시선에 따라 결정된다. 그러기 위해선 많은 사람이 비트코인을 사길 바라야 한다. 공급은 수요가 붙었을 때 얼마나 빨리 상승할 수 있을지를 결정하지 근본적인 가격 상승 이유는 항상 수요에 있다는 사실을 잊어서는 안 된다.

실제 암호화폐를 예로 들어 설명해보겠다. 도지코인은 초기에는 그저 '농담'으로 시작된 코인이다. 다음 자료를 보면 알 수 있듯이 도지코인은 이론적으로는 무제한으로 발행될 수 있다. 그럼에도 현재 시점 암호화폐 시가총액 9위에 올라 있다. 특히 2021년에는 투자자들과 일반 대중 사이에서 관심이 폭발하면서 도지코인 가격이 엄청난 상승세를 보였다.

지캐시는 제로 지식 증명 시스템을 사용해서 거래 정보를 숨길 수 있는 코인이다. 이 기술을 사용하면 거래 세부 내용을 공개하지 않고도 그 거래의 유효성을 증명할 수 있다. 그리고 사용자는 직접 이 거래 정보가 외부에 노출될지 안 될지를 선택할 수 있다.

지캐시는 비트코인 코드 기반으로 개발되어 비트코인과 공통점

도지코인 최대 공급량
(출처: 코인마켓캡)

지캐시 최대 공급량
(출처: 코인마켓캡)

이 많은데, 그중 대표적인 것이 최대 발행량이 2,100만 개라는 것이다. 그럼에도 지캐시의 시가총액은 현재 154위에 머물러 있다. 여러가지 이유가 있겠지만, 대표적으로 '익명성 코인'의 규제가 있다. 많은 국가에서 '익명성 코인'을 좋게 보지 않아 일부 국가나 거래소에서는 지캐시 같은 '익명성 코인'을 규제하거나 제한 조치를 하기도 한다. 이런 이유로 대중의 관심이 적어질 수밖에 없다.

이렇듯 발행량이 전부가 아니라는 사실을 암호화폐 시장에서도 알 수 있다. 발행량을 이론상 무제한으로 찍어낼 수 있는 도지코인은 일론 머스크와 커뮤니티의 힘으로 많은 대중에게 각인되고, 수요가 많이 몰리면서 폭발적인 가격상승과 함께 밈 코인에도 불구하고 시가총액 9위에 자리 잡고 있다. 하지만 특별한 기술력이 있는 지캐시는 '익명성 코인'이라는 시선만으로 사람들의 관심에서 멀어지고 각종 규제로 거래소에서 상장폐지되는 일이 일어나 대중의 관심을 못 받는 모습을 볼 수 있다. 결국 수요와 그것을 둘러싼 여러 요인 그리고 시장 사람들의 인식과 관심이 암호화폐의 가격을 결정한다는 것을 알아야 한다.

비트코인은 안전자산이다

많은 사람이 비트코인을 '디지털 금'이라고 한다. 금은 자산시장에서 안전자산으로 취급받고 영원한 가치를 지닌 존재로 인식된다. 그렇다면 비트코인이 안전자산이 될 수 있는지, 실제로 이제까지는 어떤 자산으로 인식되었는지 살펴본다.

먼저 안전자산이 무엇인지부터 알아야 한다. 안전자산은 경제의 불확실성이나 금융시장의 변동성이 커질 때 상대적으로 안정적이거나 수요가 몰리는 자산을 말한다. 생각해보면, 세계 경제에 불확실성이 생기면, 투자자들은 주로 금 같은 안전한 자산에 투자를 집중한다. 금은 오랜 세월 그 가치를 지켜왔기에 경제의 태풍 속에서도 비교적 덜 흔들리는 '항구'와 같은 존재다. 대표적 안전자산으로는 금, 미국국채, 달러 등이 있다.

안전자산인지 알아보는 매우 쉬운 방법이 있다. 실제 금 가격과 비트코인 가격을 비교하면 된다. 다음 차트에서는 금 가격과 비트코인을 비교해놓았는데, 아래에 있는 지표는 두 자산이 얼마나 같이 움직이는지를 보여주는 보조지표다(0포인트를 기준으로 1로 갈수록

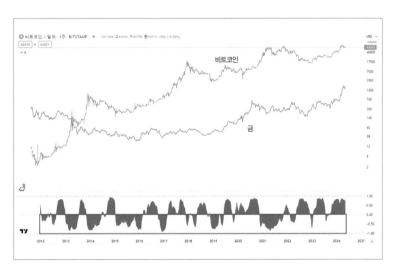

비트코인과 금의 가격을 비교한 차트
(출처: 트레이딩뷰)

똑같이 움직이는 커플링, 음수로 내려갈 경우 디커플링이라는 것을 알려주는 보조지표). 이 차트에서 금과 비트코인은 커플링(두 자산이 같이 움직이는 현상)보다 디커플링(두 자산이 반대로 움직이는 현상)이 더 많은 것을 알 수 있다.

비트코인의 가치 변동을 보면 짧은 시간 크게 상승하기도 하고 하락하기도 해서 아침에는 10만 원이던 비트코인이 저녁에는 7만 원이 되기도 한다. 이렇게 변동성이 큰 자산은 안전자산으로 인정받기 어렵다. 게다가 비트코인의 가치는 대부분 투기적 요소에 크게 영향을 받아서 어느 날 유명인이 비트코인에 투자했다는 소식이 나오면 가격이 급등하기도 한다. 반대로 어떤 나라에서 비트코인 거래를 제한한다는 뉴스가 나오면 급락하기도 한다.

비트코인과 글로벌 주식의 가격을 비교한 차트
(출처: 트레이딩뷰)

결국, 비트코인은 그 자체의 본질적 가치보다는 사람들의 기대와 투기적 요소에 따라 가격이 결정되는 경향이 있다. 이런 특성 때문에 비트코인은 안정적인 금과 달리 위험자산으로 분류할 수 있다.

위험자산은 말 그대로 투자 시 일정한 위험을 수반하는 자산으로, 가격이 단기간에 크게 상승하거나 크게 하락하는 식으로 변동성이 크기 때문에 위험하다고 평가받는 것이다. 대표적인 위험자산으로 주식이 있다. 비트코인과 전 세계 주식을 지수화해놓은 ETF 차트를 비교해보면, 앞서 금 차트와 다르게 상관관계를 알려주는 보조지표가 0포인트 이상에서 아주 많은 시간을 차지하는 것을 알 수 있다.(두 자산이 똑같이 움직인 시간이 많다는 뜻이다.) 비트코인이 위험자산과 훨씬 더 가깝다는 의미다.

비트코인 투자자들은 비트코인의 가격 변동성을 좋아한다. 투자자들이 대부분 비트코인이나 암호화폐에 투자해서 큰 성과를 올려 자산을 증식하는 것이 목적이기 때문이다. 그중 일부는 비트코인이 크게 오르기를 기대하면서 안전자산(경제적 불확실성 또는 금융시장의 불안정성이 높아질 때 가치가 유지되거나 상승하는 자산)이길 바라고 심지어 믿기도 하니 아이러니하다. 이는 마치 빠른 속도와 급격한 상승·하강이 큰 스릴을 주는 롤러코스터를 즐기면서 안정적인 느낌도 챙기고 싶어 하는 것과 같다. 그럼에도 사람들은 일상생활에서 상식선에서 벗어나는 행동, 하지 않을 만한 일들도 투자 시장에서는 스스럼없이 하는 경향이 있다.

그렇다면 비트코인은 영원히 안전자산이 될 수 없고 위험자산으로만 취급받아야 할까? 비트코인이 앞으로 많은 것을 바꿀 자산이라고 보지만 사람들이 원하는 '디지털 금'으로 시장에서 인정받는 일은 짧은 시간 안에 이뤄지기 힘든데, 비트코인이 안전자산으로 인정받으려면 다음과 같은 조건들이 충족되어야 하기 때문이다.

• 가격변동성 감소

안전자산의 특징 중 하나는 가격의 안정성이다. 비트코인은 가격 변동성이 크기 때문에 현재는 위험자산으로 간주되고 있다. 결국 비트코인이 안전자산이 되려면 가격 변동성이 줄어들어야 한다. 유명한 기업가가 비트코인에 투자했다든가 어떤 국가에서 비트코인을 규제해도 비트코인 가격이 크게 움직이지 않아야 한다는 것이다.

• 인정된 보관 방법

안전자산은 보관과 저장이 쉽고 안정적인데, 비트코인은 보관 방법이 매우 다양하고, 특히 해킹 위험이 크다. 실제 비트코인 자체가 아니라 비트코인을 보관하는 지갑과 플랫폼에서 해킹이 많이 일어난다. 이러한 문제들이 해결되어 안정적인 보관 방법이 도입되고 인정받는 것이 필요하다.

• 규제 환경의 안정

비트코인 가격이 크게 변동하는 요인 중 하나가 규제다. 비트코인 관련 규제가 불확실하거나 엄격하게 달라지면 투자자들의 불안감이 커진다. 비트코인의 지위를 안전자산으로 확립하려면 규제 환경의 안정성이 보장되어야 하고 비트코인이 증권이 아니라 자산가치를 지닌 존재로 규제 환경이 조성되어야 한다.

• 안정성 보장

널리 사용되는 결제수단으로서 역할을 할 정도로 안정성이 보장되어야 한다. 이는 생각해보면 쉬운 논리다. 가치가 큰 변동성을 보이지 않고 유지되기에 화폐로 사용되는 것이므로 많은 곳에서 비트코인이 화폐처럼 사용될 정도로 안정적인 가치저장 수단으로서 역할을 해야 한다.

이러한 조건들을 모두 갖춘다면 비트코인은 충분히 안전자산으로 여겨질 수 있다. 쉬운 일이 아니기에 시간이 오래 걸리겠지만, 비트코인의 특성이 드러나고 시장의 인식이 바뀌어 주변 환경이 지금과 다르게 조성된다면 비트코인이 안전자산 역할을 하는 날이 올수도 있다.

암호화폐의 포트폴리오 만들기

라틴어에서 파생된 포트폴리오 portfolio는 원래 '종이를 담을 수 있는 케이스'라는 뜻으로, 여러 요소나 작품, 투자 등을 한데 모아놓은 집합체나 그 집합체를 표현하는 것을 포트폴리오라고 한다. 투자에서는 전체 자산에서 어떤 자산을 어느 정도 비중으로 투자할지 정하는 작업이 포트폴리오인데, 여기서는 그 자산 안에서도 암호화폐의 포트폴리오는 어떻게 만드는지 알아본다. 이때 암호화폐 시장의 특징을 알면 포트폴리오를 만드는 데 도움이 많이 된다.

• **변동성**: 암호화폐 시장은 변동성을 빼놓고는 설명할 수 없다. 암호화폐는 변동성이 매우 높아서 엄청난 수익을 볼 수 있지만 반대로 무서운 손실을 볼 수 있는 자산군이다. 따라서 큰 변동을 대

자산관리 포트폴리오 예시

비할 수 있도록 포트폴리오를 만드는 것이 중요하다.

• **보안**: 암호화폐는 블록체인으로 만들어진 디지털 자산이다. 블록체인은 전통 금융시장과 우리의 일상생활을 바꿀 수 있는 혁신적 기술이지만, 해킹에 따른 보안 우려 또한 존재한다. 따라서 포트폴리오를 만들 때는 이런 리스크가 있는 자산이라는 점을 인지하고 비중과 대응방법을 고려하는 것이 좋다.

• **유동성**: 암호화폐 시장은 다른 자산시장과 달리 24시간 거래할 수 있다. 이것이 매력 포인트가 될 수도 있지만 내가 잠자는 사이에 가격변동이 일어날 수도 있다. 따라서 이러한 특징을 잘 알고 접근해야 한다.

• **규제**: 암호화폐 시장의 규제는 지금도 진행되고 있다. 국가마다 규제법안이 만들어지고 수정이 진행되고 있다. 아직 규제법안이 명확하게 만들어지지 않은 국가도 있지만 암호화폐 포트폴리오를 만

들 때는 이러한 변화를 주의해야 한다.

암호화폐는 비트코인, 이더리움, 알트코인 세 가지로 분류할 수 있다. 이더리움은 알트코인에 포함되지만, 설명을 위해 이더리움과 알트코인으로 분류한다. 암호화폐마다 포트폴리오에서 어떤 역할을 하고 어떤 특징이 있는지 살펴본다.

 더 알아보기

코인과 토큰의 차이점

- **코인**: 코인은 독립적인 블록체인을 가지고 있으며, 비트코인과 이더리움이 대표적이다. 암호화폐 생태계에서는 '화폐' 개념으로 사용되며 가치저장수단, 거래 매개체, 계산 단위 등의 역할을 한다.
- **토큰**: 토큰은 이미 존재하는 블록체인 위에 만들어지며 블록체인인 ERC-20 토큰들처럼 이더리움 블록체인 위에 구축되는 체인링크(LINK), 컴파운드(COMP), 에이브(AAVE), 폴리곤(MATIC), 칠리즈(CHZ) 등이 있다. 화폐 이외에 플랫폼 내에서 권한 표현, 투표권, 접근 권한 등 특정 목적이나 기능을 수행한다.

비트코인

비트코인은 암호화폐 전체 시장의 50%를 점유할 정도로 암호화폐 시장에서는 가장 큰 안전자산으로 꼽힌다. 그래서 비트코인의 비중을 높인다는 것은 암호화폐 포트폴리오를 좀 더 안정적으로 만든다는 말이다. "비트코인은 수익률이 너무 낮아. 비트코인은 암호화폐 포트폴리오에 포함시키지 않을 거야." 이렇게 말하는 투자자들이 있다. 전체 시장에 돈이 흘러도 그 안에서 주목받는 자산이 생기기 마련이다.

이제까지 암호화폐 시장은 비트코인으로 자금이 들어오면서 크게 상승하고 그 자금이 이더리움과 나머지 알트코인으로 흘러들어가며 상승을 시작했다. 즉, 다음 강세장에도 그렇다는 보장은 없지만, 암호화폐 시장에서 비트코인의 점유율과 상징적 의미를 생각할 때, 비트코인을 암호화폐 포트폴리오에 포함하지 않는다는 건 어리석은 생각이다.

이더리움

이더리움은 ERC-20 표준을 도입해 개발자들이 비교적 간단하게 토큰을 만들도록 초기 시장부터 점유율을 늘려왔고, 이더리움 위에서 움직이는 수많은 토큰이 그들의 생태계를 계속 발전시키기 때문에 '알트코인의 어머니'라고 불리는 코인이다. 따라서 이더리움은 비트코인과 개별 알트코인의 중간 성격이라고 보면 이해하기 쉽다. 변동성이 비트코인보다는 크지만 다른 알트코인보다는 안정적이다. 안정적인 암호화폐 자산 가운데 비트코인보다 높은 수익률을 원한다면 이더리움을 선택하면 된다. 그렇기에 암호화폐의 포트폴리오는 비트코인과 이더리움의 비중을 어떻게 설정하느냐에 따라 포트폴리오의 전반적 성격이 결정된다.

알트코인

암호화폐 시장에는 알트코인이 15,000~20,000개 존재하며, 중앙화거래소에 상장되어 우리가 흔히 접하는 알트코인은 1,000여 개에 달한다. 우리가 모르는 사이에 하루에도 많은 코인이 의미 없이 만들어지고 사라지는 것이 알트코인의 세계다. 그래서 알트코인은 암호화폐 자산 가운데 리스크가 가장 큰 것으로 알려져 있다. 알트코인 안에서도 시가총액에 따라 변동성이 크게 달라지기도 한다. 암호화폐 투자에서 큰돈을 잃은 사람들은 대부분 비트코인과 이더리움이 아닌 알트코인에서 큰 손실을 보았을 것이다. 그래서 알트코인의 포트폴리오를 만들 때는 몇 가지 지켜야 하는 규칙이 있다.

• 계란을 한 바구니에 담지 않는다

리스크가 큰 자산에 투자할 때 가장 이상적인 리스크 감소 방법은 '분배'다. 수많은 알트코인에서 어떤 자산이 올라갈지 정확하게 맞힐 수 있는 사람은 없다. 그래서 알트코인은 여러 가지 유망한 알트코인으로 포트폴리오를 만드는 것이 유리하다. 보통 알트코인에 투자하면서 큰 손실을 보는 사람들은 급등하는 알트코인을 매수하면서 생겨난다. 사실 투자를 하는 것이 아니라 투기나 도박을 한다고 표현하는 것이 맞다. 보통 그런 마음이 드는 이유는 내가 보유한 알트코인은 오르지 않고 다른 코인만 올라가기 때문에 흔들리는 것이다. 애초에 이런 상황을 만들지 않는다면 알트코인 투자에서 남들보다 더 성공할 수 있다.

수많은 알트코인은 다양한 테마를 가지고 있다. 대표적으로 웹3, 게임, NFT, 디파이, 거래소, 밈 등이 있다. 이들 중 다음 강세장에 어떤 테마가 알트코인 시장을 주도할지 아무도 장담할 수 없다. 시장을 주도할 확률이 높은 테마가 존재하겠지만 100%라고 할 수는 없다. 그래서 특정 알트코인의 테마와 종목에 투자하기보다는 여러 테마와 종목에 투자하는 것을 권한다.

• 코인과 사랑의 빠지지 않는다

투자하다 보면 종목과 사랑에 빠지지 말라는 말을 들어봤을 것이다. 암호화폐 시장도 마찬가지며, 특히 알트코인에 더 해당하는 말이다. 코인 투자자 가운데 하나의 알트코인에 집착하는 이들을 볼 수 있다. '이 코인은 정말 유망해. 분명히 나중에 크게 상승할 거야.' 하지만 이들이 간과하는 것이 있다. 300년 역사를 자랑하는 주식시장에서도 수없이 많은 기업이 상장폐지를 당하고 주식이 휴지 조각이 된다.

그런데 암호화폐는 실체가 없기 때문에 변수가 더 크고, 역사가 15년밖에 되지 않아서 이 시장에서는 어떤 일도 일어날 수 있다. 상승과 하락 사이클을 한 번 겪으면 많은 알트코인이 사라지고 새로운 알트코인이 생겨난다.(보통 한 번에 강세장을 겪으면 상위 30개 코인 중 그대로 30위 안에 들어가는 코인은 40%에 불과하다.) 따라서 암호화폐 시장처럼 유행에 민감한 자산군에서 개별 알트코인과 사랑에 빠진다는 것은 매우 어리석은 일이다. 유망한 알트코인이 있다면 감정적으로 대응하지 말고 차갑게 다뤄야 하며 잘라내야 할 때는 과감하게 잘라내야 한다. 그것이 이 시장에서 큰돈을 잃지 않고 살아남는 방법이다.

• 정보를 꾸준히 업데이트한다

내가 보유하고 있는 알트코인 가격이 크게 상승하거나 하락했다고 해서 무조건 수익을 실현하거나 손절할 필요는 없다. 어떤 이유로 상승했고 왜 하락했는지가 중요하다. 내가 보유한 알트코인의 펀더멘털이 무너질 정도로 큰 악재가 터졌다면 손절을 고려해야 한다. 하지만 펀더멘털이 무너질 정도가 아닌 약한 악재는 단순 노이즈에 불과하다. 반대로 내가 보유한 알트코인이 큰 호재가 나오면서 상승했다면 수익을 크게 실현하는 것이 맞다. 이때 상승한 이유가 단순히 거래소 입출금이 막힌 것이라면 성향에 따라 일부 수익실현을 할 수 있겠지만, 대부분 물량을 수익실현할 필요는 없다.

이렇듯 내가 보유한 코인에 대한 관점을 명확히 하려면 반드시 정보를 꾸준히 업데이트해야 한다. 투자 시장에서 성공하면 소득 파이프라인보다 더 큰 자산의 상승이 나온다는 건 다 알고 있지 않은가?

워런 버핏도 추천하는 DCA 투자 전략

세계적으로 유명한 가치투자자로 지혜롭고 장기적인 투자 철학으로 수십 년 동안 꾸준한 성과를 낸 '오마하의 현인' 워런 버핏은 유언장에 이런 말을 적어넣었다고 한다.

"내가 갑작스럽게 죽는다면 모든 자산의 90%를 꼭 인덱스펀드에 투자해라."

DCADollar Cost Averaging 투자는 워런 버핏이 직접 사용하는 투자 방식은 아니지만, 그의 조언과 철학은 대부분 DCA 전략을 사용하기에 워런 버핏의 투자 마인드는 DCA와 많이 닮았다. 그만큼 매력적인 DCA 투자 방법이 무엇이고 이 방법을 암호화폐에도 사용 가능한지 알아보겠다.

DCA는 '달러 비용 평균'이라는 뜻으로, 기본적으로 일정한 금액을 꾸준히 투자하여 시장의 변동성을 이용해 투자 비용을 평균화하는 전략을 뜻한다. 그렇기에 바닥을 잡을 필요도 없고 고점을 볼 필요도 없다. 단지 꾸준히 우상향하는 자산을 일정 기간 일정 금액으로 매수하면 된다. 워런 버핏은 쓸데없는 곳에 투자해서 돈을 날리기보다는 꾸준히 우상향하는 S&P500과 같은 유망한 인덱스펀드에 투자하는 것을 추천하기로 유명하다.

암호화폐 시장에서 −80%, −90% 손실을 봤다는 사람들을 어렵지 않게 볼 수 있다. 대부분 시가총액이 작은 이더리움을 제외한 개별 알트코인에 투자하며 고점에서 매수한 것이다. 본인이 빠르게 돌아가는 암호화폐 시장에 실시간으로 대응하지 못하거나 아직 실력이 부족하다고 판단되면 비트코인, 이더리움에 DCA 방식으로 투자하는 것이 좋다. "나는 한번에 큰돈을 벌고 암호화폐 시장을 졸업할 거야"라고 할 수도 있지만 그런 사람은 투자자 1만 명 중 한 명 정도일뿐더러 장기적으로는 결말이 좋지 않은 경우를 많이 보았다. 단번에 큰 수익률을 보려고 하기보다 꾸준히 DCA 투자를 하는 것이 더 낫다.

DCA 투자가 얼마나 매력적인 투자인지는 다음을 보면 알 수 있다. 비트코인의 최고점은 2022년 11월 10일 69,000달러다. 하지만 시가 기준으로는 11월 8일에 고점을 찍었으니, 그때부터 비트코인에 일주일에 100달러씩 DCA 투자를 했다고 해보자. 최고점에서 DCA

투자를 했을 때 얼마나 빠르게 원금을 회복할 수 있었는지 보자는 것이다. 아무리 최고점에서 매수했어도 2023년 3월 22일에는 매수 평단을 상회하는 것을 볼 수 있다. 이것이 DCA 투자의 가장 큰 매력이다. 즉, 지금은 어디에서 매수했건 DCA 투자를 한 사람은 전부 수익 중이라는 결론까지 나온다. DCA 투자에는 일반적인 투자방식이 있고, 변형된 전략이 있다. 그렇게 유용한 전략 몇 가지를 기본 전략을 포함해서 같이 소개한다.

첫째, 정석적인 DCA이다. 초보자가 하기 가장 좋은 방법이며, 일정 기간 일정 금액을 정해서 투자한다. 예를 들어 매일/매주/매월을 정해서 만 원/십만 원/백만 원을 일정하게 투자하는 것이다.

둘째, 가속 DCA는 하락하는 경우 더 공격적인 투자를 해서 평균 구매 비용을 더 빨리 낮추는 전략이다. 오를 때는 같은 계획으로 투자하고 떨어질 때는 더 공격적으로 금액을 높여서 매수하는 방

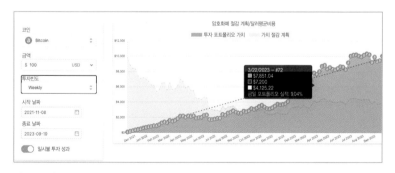

비트코인을 최고점에서 1주일에 한 번씩 100달러를 매수했을 때
(출처: cryptoDCA)

식이다.

셋째, 변동 DCA는 가속 DCA에서 변화된 방식이다. 시장이 과열을 보이면서 오를 때는 투자금액을 점점 줄이고, 하락할 때는 점점 늘려서 운용하는 방식이다. 즉, 오를 때는 전체 비중을 좀 더 줄이는 방식으로, 떨어질 때는 늘리는 방식으로 진행하는 DCA이다. DCA의 낮은 수익률을 극복할 수 있지만, 높은 시장 이해도와 시장 흐름을 볼 수 있는 분석능력이 필요하다.

 더 알아보기

모든 암호화폐가 DCA 투자가 가능할까

DCA는 비트코인과 이더리움만 하는 것을 권한다. 조금 더 보수적인 사람은 비트코인만 해도 좋다. 특히 개별 알트코인은 권하지 않는데, 변수가 너무 많기 때문이다. 암호화폐 시장은 유행에 무척 민감하게 반응한다. 그렇기에 작은 변수가 시간이 지났을 때 살아남아 있을지 미지수인 개별 알트코인은 DCA 투자를 할 만큼 신뢰가 많이 쌓이지 않았다. 라면을 잘 끓이기는 그렇게 어렵지 않다. 변수가 많지 않기 때문이다. 하지만 김치는 라면에 비해 재료, 양, 방법, 시간, 온도 등 많은 변수가 작용한다. 그렇기에 누구나 김치를 잘 담글 수는 없다. 여기서 비트코인이 라면, 개별 알트코인이 김치라고 보면 된다.

성공 투자를 하려면
꼭 알아야 할 다섯 가지 도구

생태계에서 인간이 어떻게 최상위 포식자가 되었을까? 그 이유 중 하나가 바로 도구 사용이다. 인간은 지능이 있어 도구를 사용한 덕분에 최상위 포식자가 되었다. 총도, 다른 무기도 없이 사자와 한 공간에 있다고 생각해보라. 인간은 한없이 약한 존재일 뿐이다. 투자 시장도 마찬가지여서 투자 시장에는 큰돈을 움직이는 세력이 있다. 누군가 돈을 잃으면 누군가는 그만큼 돈을 버는 구조로 되어 있는 투자 시장에서 개인투자자들은 한없이 약한 존재일 뿐이다. 그렇다면 우리는 약한 존재인 자신을 도구를 이용해 좀 더 강하게 만들어 최소한 우리 자신을 보호할 정도까지는 만들 수 있어야 투자 시장에서 살아남을 수 있다.

걸어서 가는 것보다 자전거나 자동차를 타면 훨씬 더 빨리 목적지에 도달할 수 있다. 이번 파트에서는 투자 시장에서 나를 사자와 같은 무리에게서 지켜주는 도구, 목적지에 빠르게 도달하는 이동수단 도구 다섯 가지를 소개한다. 이 도구를 사용하는 투자자도 있고 그렇지 않은 투자자도 있겠지만, 다섯 가지 도구 중 한 가지라도 사용하지 않았다면 어디 한 군데가 뚫린 방탄복을 입고 전쟁터에 나간 것과 마찬가지다.

트레이딩뷰

만약 다섯 가지 도구 가운데 하나만 사용해야 한다면 트레이딩뷰를 선택할 것이다. 암호화폐 투자를 잘한다는 일반 투자자를 만나면 항상 '트레이딩뷰를 사용하는지, 유료로 얼마나 결제하는지'를 물어본다. 이 질문으로 처음 만나는 사람이 어느 정도 투자를 깊게 하고 있는지 단번에 알 수 있다.

트레이딩뷰의 가장 큰 장점은 전 세계 모든 자산을 간단하게 조

트레이딩뷰 전체 화면 사진
(출처: 트레이딩뷰)

회할 수 있다는 것이다. 게다가 차트를 분석할 때도 다른 어떤 플랫폼보다 편리하게 이용할 수 있다. 그리고 기왕이면 무료버전보다는 유료버전을 사용하는 게 좋다. 가장 낮은 유료버전은 사용료가 한 달에 2만 원을 넘지 않는다. 내 분석의 질을 높이고 수익을 극대화할 수 있는 도구에 이 정도를 쓰는 것은 하나도 아깝지 않을 것이다. 트레이딩뷰의 장점을 자세히 살펴보면 다음과 같다.

• 종목별·자산별 정리

트레이딩뷰 메인화면 오른쪽에 자산군을 정리할 수 있는 리스트가 있다. 여기에 주로 분석에 사용하거나 시장 흐름을 파악하기 위한 필수 티커들을 모아두면 버튼 클릭 한 번으로 쉽게 차트를 훑을 수 있고, 매일 일어나는 변화를 한눈에 확인할 수 있어 빠르고 간단하게 시장분석이 가능하다.

트레이딩뷰 종목별·자산별 정리 예시
(출처: 트레이딩뷰)

• 지표 설정

기술적 분석을 하다 보면 가장 많이 사용하는 것이 지표다. 트레이딩뷰의 지표는 오픈소스다. 즉, 일반 사람들도 지표개발이 가능하다. 그렇기에 트레이딩뷰에는 유용한 지표가 넘쳐난다. 트레이딩뷰

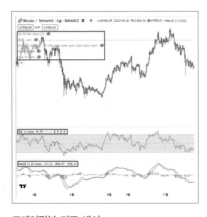

트레이딩뷰 지표 예시
(출처: 트레이딩뷰)

는 많은 지표를 손쉽게 설정해서 차트 분석을 쉽게 만들어준다. 다만, 무료버전은 한 차트에 사용할 수 있는 지표가 3개로 한정되어 있다. 유료버전은 등급이 올라갈 때마다 사용할 수 있는 지표의 개수가 늘어난다. 지표는 [Pine Script]라는 트레이딩뷰의 언어프로그래밍으로 사용자가 원하는 지표나 전략을 무료로 추가할 수 있다. 다만 사용방식이 복잡해서 복잡한 것을 싫어하는 투자자들은 유료결제를 추천한다.

• 얼러트(알람)기능

트레이딩뷰의 빼놓을 수 없는 장점 중 한 가지는 바로 알람기능이다. 우리는 수없이 많은 종목을 포트폴리오에 담아두지만 투자 관련 직업이 본업이 아닌 이상 이 자산들을 매일같이 들여다볼 수는 없다. 그래서 이 알람의 기능을 적극적으로 활용하면 훨씬 수월하게 투자할 수 있다. 종목마다 중요한 구간에 알람을 걸어두고 알람을 핸드폰에도 오게 설정해두면 트레이딩뷰 어플을 이용해 핸드폰으로 알람이 오므로 종목이 중요한 움직임을 보이기 시작할 때 빠르게 대처할 수 있다. 종목도 다양하고 24시간 돌아가는 암호화폐 시장에서 무척 유용한 기능이다. 다만 무료버전은 1개, 유료버전은 많은 알람 설정이 가능하다.

트레이딩뷰 얼러트 기능 예시
(출처: 트레이딩뷰)

• 리플레이 기능

어떤 자산의 특정 시점으로 이동해도 뒤의 가격 움직임을 보여주는 기능이다. 녹화된 영상을 특정 시점으로 옮겨서 다시 보기 하는 기능과 똑같다고 생각하면 된다. 이 기능으로 확인해야 가격이 보이기 때문에 어려운 트레이딩이나 차트분석 연습을 좀 더 수월하게 할 수 있다.

트레이딩뷰를 처음 접하는 투자자들은 조작방법이 다소 어색하고 어렵다고 느낄 수 있다. 요즘은 트레이딩뷰가 워낙 유명해져서 인터넷과 유튜브 검색으로 사용방법을 쉽게 익힐 수 있다. 그러니 복잡하고 어렵다고 포기하지 말고 노력해보길 바란다. 트레이딩뷰에 익숙해지는 순간 내가 처음 만난 투자자들에게 트레이딩뷰를 사용하냐는 질문을 하는 이유가 이해될 것이다. 트레이딩뷰를 자유자재로 다룰 수 있다면 암호화폐 시장뿐 아니라 전체 자산시장에 투자하는 데 천군만마를 얻게 될 것이다.

텔레그램

국제 전시회나 박람회에서는 수많은 사람이 한 장소에 모여 자신의 상품, 아이디어, 기술을 선보이며 서로 정보를 교환한다. 정보가 몰리는 곳에서는 아이디어가 나오게 마련이고, 그런 아이디어들이 모여 더 새로운 정보를 제공해준다. 정보의 집합장소를 주머니에 가지고 다닐 수 있다고 상상해보자. 어디서든 원하는 정보를 쉽게 얻을 수 있고, 그것을 바탕으로 새로운 아이디어를 창출할 수 있다.

지금 이 순간에도 전 세계의 수많은 사람이 플랫폼에서 서로 지식과 경험을 나누고 있다. 암호화폐 시장은 특히 커뮤니티가 발달한 자산시장이다. 그리고 이러한 정보들이 모두 모이는 곳이 바로 텔레그램이다. 텔레그램이라고 하면 안 좋은 선입견이 있을 수 있는데 우리는 정보를 얻을 목적으로 사용하는 것이니 선입견은 잠시 내려두자. 지금부터 텔레그램을 왜 적극 활용해야 하는지 설명하겠다.

• 정보의 집합소

텔레그램은 모든 정보의 집합소다. 외신, 국내기사, 각종 커뮤니티의 글이 전부 모이는 곳이다. 텔레그램에 없는 정보면 사람들이 주목하지 않는 소식일 확률이 높다고 할 정도로 텔레그램의 정보 수집능력은 엄청나다. 다만 유용한 플랫폼은 그만큼 많은 노력이 들어가야 한다. 같은 텔레그램 플랫폼을 사용하는데도 어떤 사람은 별로 필요 없다고 하고, 어떤 사람은 아주 유용하다고 평가한다. 왜 이런 상반된 의견이 나올까? 텔레그램에 어떤 채널이 추가되어 있는지에 따라 다르므로 채널을 추가할 때 유용한 텔레그램을 고르는 팁이 있다.

 더 알아보기

유용한 텔레그램 채널을 찾는 기준

- 다른 텔레그램 채널의 내용을 자주 공유하는 채널
  ⇒ 이런 텔레그램은 또 다른 유용한 텔레그램 채널을 찾는 데 유리하다.
- 성향이 명확한 텔레그램
  ⇒ 데이터 해석, 기본적 분석, 실시간 정보 공유 등 성향이 명확한 텔레그램을 추가하는 것이 좋다.
- 글을 자주 올리는 텔레그램
  ⇒ 글을 자주 올리지 않는 텔레그램보다 자주 올리는 텔레그램이 훨씬 낫다. 글을 자주 올린다는 건 텔레그램 정보 제공에 힘을 많이 들인다는 것인데, 이 경우 뒷북이 아닌 실시간 정보를 빠르게 올려줄 확률이 높다.
- 외신의 글, 뉴스를 가지고 오는 텔레그램
  ⇒ 우리나라 뉴스보다는 외신이나 해외 커뮤니티의 글을 가지고 오는 성향이 있으면 무조건 추가해라. 번거로운 번역이나 서칭을 대신해서 시간을 줄여주는 고마운 채널이다.
- 뉴스 텔레그램 채널
  ⇒ 이슈를 다루는 플랫폼도 텔레그램에 추가해놓으면 도움이 많이 된다. 바쁜 일상에서 뉴스 사이트까지 다 들어가 글을 볼 시간은 없다. 하지만 텔레그램에 뉴스 플랫폼을 추가해놓으면 짧은 시간에 시장 분위기를 읽을 수 있다.

• 정보의 확장성

텔레그램에는 '렉카 시스템'이 있어서 다른 채널의 글을 내 채널에 게시할 수 있다. 다른 채널의 유용하고 인기 있는 글을 가지고 오니 사용자는 더 많은 글을 읽을 수 있다. 좋은 글을 올리는 채널인데 내가 추가되어 있지 않다면 그 채널을 추가하며 내 정보의 확장성을 키워가면 된다. 그렇게 하나하나 넓혀가면 나중에는 이 세상에서 일어나는 모든 일을 시간만 있으면 충분히 체크할 수 있다. 핸드폰, 컴퓨터 하나로 내가 원하는 분야의 소식과 여러 가지 데이터를 볼 수 있으니 정말 매력적이다.

• 출처를 남기는 문화

텔레그램에는 출처를 남기는 문화가 있다. 출처를 남겨주는 것은 일반 투자자에게는 매우 좋은 소식이다. 나보다 정보 수집력이 뛰어난 사람들이 어디에서 어떻게 정보를 가지고 오는지 알 수 있기 때문이다. 또 출처를 남기는 텔레그램의 문화로 내 인사이트도 넓혀나갈 수 있다. 단순히 하루하루 정보를 수집하는 목적이 아닌, 남들이 정보를 얻는 곳을 참고해서 나만의 무기를 만들어가는 작업을 할 수 있다면 그보다 더 텔레그램 기능을 높이 끌어올리는 것은 없다고 본다. 남들이 멈춰 있을 때 앞으로 나아간다면 남들보다 그만큼 앞서 나갈 수 있다.

텔레그램을 사용하지 않는 사람들은 처음에는 익숙지 않아 적응하는 데 시간이 걸린다. 그 힘든 시간이 지나면 이 플랫폼은 엄청난 시너지를 준다. 어떤 도구가 마음에 들지 않는다면, 본인이 얼마나 그것을 잘 활용하는지부터 되돌아보는 것이 좋다. 칼은 어떤 사람 손에 들어가면 남들을 행복하게 해주는 요리를 만들지만 다른 사람 손에 들어가면 남을 해하는 무기로 사용된다. 텔레그램이 바로 그런 플랫폼이 아닐까 싶다. 일반 투자자가 전문 투자자 정도 수준으로 올라가려고 할 때 가장 없어서는 안 되는 플랫폼이 바로 텔레그램이다.

트위터

정보의 집합소를 텔레그램이라고 하면 정보의 성지는 트위터라고 할 수 있다. 트위터는 특히 속도에 특화되어 있다. 트위터를 정보의 성지라고 하는 이유는 나중에 텔레그램을 사용하다 보면 알게 된다. 모든 데이터는 대개 트위터에서 시작된다. 암호화폐 시장은 속도와 변동성을 빼면 암호화폐를 설명할 방법이 없을 정도로 빠르게 변화한다. 그렇기에 암호화폐 시장에서 빠르게 대응하려면 실시간 정보 확인이 필수다.

트위터는 단순한 소셜 미디어를 넘어 가장 중요한 암호화폐 정보 교류 장소로 자리 잡고 있다. 전 세계에서 뛰어난 암호화폐 전문가들이나 기관투자자들, 주요 프로젝트 창시자들까지 다양한 이들이 자신들의 시각과 분석을 공유하며 시장의 트렌드를 알려준다. 하지만 트위터도 텔레그램과 마찬가지로 제대로 사용하려면 숙련도를 높이는 데 노력이 많이 들어간다. 트위터 안에서도 암호화폐에 특화된 주요 계정을 팔로우하고, 그들의 트윗과 정보를 실시간으로 직접 확인하는 것이 중요하다.

앞서 언급했듯이 암호화폐 시장은 커뮤니티 중심 시장이다. 그건 우리가 돈이 많은 세력과 정보력 차이가 크지 않다는 것을 말해준다. 트위터에는 이미 본 데이터도 보이고 허무맹랑한 데이터도 많지만, 현재 커뮤니티의 관심이 어디에 쏠려 있는지 전 세계에 돌아다니는 많은 데이터를 보며 현 상황을 정확히 분석하고 인사이트를 얻을 수 있다. 트위터는 일반 투자자가 무료로 얻을 수 있는 가장 값진 정보를 제공하는 플랫폼이다.

 더 알아보기

암호화폐 투자가 매력적인 이유

• 역사가 짧은 자산시장으로 높은 변동성에 따른 기대수익률

암호화폐는 역사가 길지 않지만 자산의 변동성은 매우 강하다. 이런 변동성을 계속 보이지는 않겠지만, 암호화폐 시장에는 여전히 변동성에 따른 기회가 남아 있다. 다만 변동성은 수익도 크게 볼 수 있지만 손실의 영역도 그만큼 넓다. 올바른 관점과 분석으로 암호화폐 시장에 투자할 수 있다면 암호화폐 시장은 어떤 자산시장보다 자산을 증식할 수 있는 매력 있는 투자처다.

• 다른 자산보다 적은 정보의 차별성

암호화폐는 다른 자산시장보다 정보의 차별성이 크지 않다. 정보화 시대가 되면서 많은 정보가 일반 사람들에게 알려졌지만, 투자 시장에서 정보의 차별성은 여전히 심하다. 돈 많은 세력과 일반 투자자가 보는 데이터에 차이가 있는 것이다. 하지만 암호화폐 시장은 그 격차가 크지 않다. 돈 많은 세력, 고래들이 보는 데이터를 일반 투자자도 노력만 하면 70~80%는 볼 수 있다. 즉 암호화폐 시장은 다른 투자 시장에 비해 변동성이 커서 리스크가 있지만, 노력하면 그 격차를 좁히고 기회로 만들 수 있는 투자자산이다.

챗GPT

2022년 11월 30일 세상에 AI 열풍을 일으킨 OpenAI가 개발한 GPT 시리즈가 있다. 챗GPT는 출시한 지 얼마 되지 않아 어떤 플랫폼보다 빠른 속도로 사용자를 2억 명 확보했다. 챗GPT는 앞으로 인공지능의 유용성과 무서움을 동시에 일깨워줄 만큼 센세이션을 일으켰다.

세상은 물론 투자 시장도 빠르게 변화하며, 우리가 사용할 수 있는 도구도 없어지고 생성되기를 반복한다. 챗GPT가 대표적 예다. 어떤 영역을 처음 공부할 때 가장 어려운 것이 용어다. 그리고 그 용어를 하나씩 찾다 보면 어느 순간 흥미를 잃어버리고 포기하게 된다. 암호화폐 시장을 공부하지 않더라도 옆에 두고 관심을 가지면 된다. 억지로 시간을 내서 공부하는 것과 옆에 자연스레 두고 원하는 것, 궁금한 것을 찾아가면서 알아가는 것은 하늘과 땅 차이다.

여기서 한 가지 조심할 것이 있다. 바로 'GPT병'이다. 인터넷이나 신뢰도가 더 높은 플랫폼에서 얻을 수 있는 정보를 굳이 챗GPT에서 얻는 것이다. 챗GPT는 인공지능 채팅 봇이다. 즉, 이들이 무조건 정답을 말하지는 않는다는 것이다. 그래서 그 내용이 사실인지 아닌지 구분할 정도로 확실한 실력이 있지 않다면 2차 검증이 필수다. 2차 검증을 하지 않으면 왜곡된 정보를 사실로 받아들일 위험성이 있다. 챗GPT는 검색으로 쉽게 찾지 못하는 정보가 필요할 때, 세상에 알려진 내용이 논란의 여지 없이 사실인 정보를 찾을 때는 유용하지만 논란이 있는 내용이나 주관적 관점이 들어가는 내용의 답변은 신뢰도가 낮은 경우가 많다. 챗GPT는 분명 예리한 칼이지만 잘 못 사용하면 나를 다치게 할 수 있음을 명심하자.

챗GPT는 또한 우리가 쉽게 지칠 때 우리를 보호해줄 수 있는 방패 역할을 한다. 산에서 길을 잃었을 때 언제든지 손을 흔들면 나타나는 지도와 나침반이 있다면 든든하듯이 챗GPT가 바로 그런 역할을 하는 도구이자 투자의 세계에서 방향을 잃지 않게 도와주는 유용한 도구다.

디플

어떤 정보도 마찬가지이지만, 특히 투자 관련 정보는 해외기사와 데이터들이 훨씬 더 발달했다. 그런데 해외, 특히 서방 국가에서 금융정보가 더 발달한 이유가 무엇일까? 첫째, 금융시장이 발전했다. 미국과 유럽의 금융시장은 역사가 오래되었다. 월스트리트와 런던의 시티 같은 금융 중심지는 세계 금융시장의 중심 역할을 해왔다.

둘째, 투자문화가 발전했다. 미국과 유럽은 개인투자자의 투자 활동이 활발하다. 특히 미국은 주식과 같은 자산에 대한 투자문화가 깊게 자리 잡고 있다. 셋째, 연구와 교육이 발전했다. 서방 국가들의 대학과 연구 기관에서는 경제학과 금융학 분야의 연구가 활발하다.

그렇기에 중요한 기사들이 서방에서 나오는 경우가 많다. 그러면 우리는 영어를 제대로 해석해야 정보에서 전달하고자 하는 것을 정확하게 알아들을 수 있다. 하지만 요즘 번역은 대개 직역해서 무슨 말인지 알아듣지 못하는 경우가 많다. 특히 숫자가 많고 전문용어가 많이 나오는 경제 데이터나 암호화폐 데이터가 그렇다. 그래서 디플이라는 사이트를 추천한다. 디플은 의역을 좀 더 매끄럽게 해주는 번역 사이트다. 실제 다른 사이트에서 번역하거나 크롬으로 번역했다면 못 알아들었을 말도 디플로 번역하면 적절한 의역으로 정확한 해석이 가능하다.

 더 알아보기

디플 크롬 확장 프로그램

PC를 사용할 때 주로 웹브라우저로 크롬을 사용하면 크롬 확장 프로그램을 사용하는 것이 좋다. 일일이 번역하고 싶은 문장을 복사 및 붙여넣기를 할 필요 없이 쉽게 드래그해서 해당 영문사이트에서 바로 번역이 가능하다.

암호화폐 시장에 필요한 다섯 가지 도구를 설명했는데, 이런 도구들은 대개 투자에 흥미가 떨어지지 않게 하거나 시간을 단축해 주는 것이다. 처음부터 흥미와 관심을 가지고 암호화폐 시장에 접근하는 사람도 많지만, 하면서 점점 흥미를 보이는 사람도 있다. 적어도 이 다섯 가지 도구는 암호화폐 시장에 대한 흥미를 찾는 데는 물론 암호화폐 시장을 분석하는 데도 도움이 많이 될 것이다.

목적지가 있다면, 이 다섯 가지 도구로 조금 더 목적지에 빨리 가는 것이 좋다. 그리고 투자 시장에서 나를 지키는 건 나밖에 없다. 아무도 내 투자를 대신 책임져주지 않는다. 이런 위험천만한 시장에서 나를 지킬 수 있는 도구는 기본적으로 가지고 있는 게 좋다.

'이 신호' 포착되면 반드시 매수하라

자산시장에서 자산을 매수해야 할 타이밍은 언제일까? 유동성이 흘러들어올 때 자산을 매수하면 된다. 유동성을 쉽게 이해하기 위해 대개 시간의 가치에 감가상각이 되지 않는 콘서트 티켓과 비교한다. 어떤 콘서트 티켓을 샀다가 재판매하려고 티켓 시장에 내놓았다. 티켓이 비싸게 판매되거나 원래 가격에 판매되려면 티켓을 사는 사람들이 많아야 한다. 하지만 티켓을 사려는 사람이 없다면 오히려 티켓은 낮은 가격에 판매될 것이다. 이것이 바로 유동성이다.

암호화폐 시장의 유동성은 내가 매수한 코인을 어떤 가격으로 재판매할 수 있는지 결정하는 중요한 요소 중 하나다. 그렇기에 암호화폐 시장에서 타이밍을 성공적으로 잡고 싶다면 물이 들어오는 타이밍을 잡아야 한다. 이번에는 암호화폐 시장의 유동성을 판단하는 데이터 보는 방법을 설명한다.

현물유동성

암호화폐의 유동성을 볼 때 가장 근본이 되어야 하는 것이 현물거래량이다. 암호화폐 시장은 특히 파생상품 거래량이 많은 비중을 차지하지만 파생상

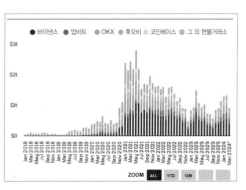

암호화폐 거래소 월간 현물 시장 거래량
(출처: THE BLOCK)

품 거래보다 더 중요한 것이 현물거래량이다. 현물거래는 해당 자산을 직접 사고파는 행위다. 암호화폐에서는 특정 코인을 실제로 소유하는 것을 의미한다. 하지만 파생상품 거래는 기본적인 자산의 가격 움직임에 기반하여 거래되므로 근본적인 가격을 결정하는 현물 시장의 움직임을 먼저 파악하는 것이 좋다. 또 현물거래량은 자산에 대한 시장의 수요와 공급을 가장 직접적으로 반영한다. 파생상품은 가격의 방향에 대한 투기나 리스크 관리 목적으로 거래되기에 실제 수요와 공급 상황을 왜곡할 가능성이 있다.

이러한 이유로 암호화폐뿐 아니라 어떤 자산시장에서 얼마나 많은 사람이 현물거래를 하는지가 가장 중요하다. 내가 비트코인을 샀는데 너도나도 비트코인을 사려고 해야 내가 산 금액보다 더 비싸

게 팔 수 있기 때문이다.

아무리 다른 유동성이 수없이 공급되는 상황이라도 현물거래가 기반을 튼튼하게 잡아주지 않는다면 그 유동성은 쉽게 무너질 수 있다. 집을 짓는데 땅을 단단히 다지지 않고 모래 위에다 집을 올린다고 생각해보면 쉽게 이해될 것이다. 그만큼 현물거래량은 모든 유동성의 근본이자 핵심이다.

선물유동성

암호화폐 시장에는 다른 전통 금융시장에는 없는 무기한 선물시장이 존재한다. 암호화폐 시장은 24시간 돌아가는 특성과 트레이딩 환경 그리고 그 시장의 발전 과정에서 도입된 새로운 금융상품이 존재하는데, 그것이 만기일이 정해지지 않은 무기한 선물 계약으로 암호화폐 시장에만 있는 독특한 시스템이다. 절대적인 양으로만 따지면 암호화폐 시장에서 가장 많은 거래가 일어나는 시장이 바로 무기한 선물시장이다. 이러한 무기한 선물시장의 유동성을 보는 척도가 선물거래량인데, 선물시장에서 거래가 활발하게 일어난다고 해서 다 긍정적인 유동성 신

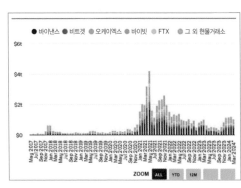

암호화폐 선물시장 거래량
(출처: THE BLOCK)

호는 아니다.

선물거래량이 늘어나는 것이 모두 긍정적 신호로 받아들여지지는 않는다. 선물거래량은 현물거래량을 같이 봐야 한다. 선물거래량이 늘어날 때 현물거래량이 뒷받침되지 않는다면, 이는 투기성 물량이 될 가능성이 크다. 쉽게 말하면, 가격상승이 일어날 수 있겠지만, 언제든 갑작스러운 급락이 나올 수 있다는 것이다. 하지만 현물거래량이 받쳐주면서 상승하는 선물거래량은 암호화폐 시장의 유동성이 돌고 있다는 긍정적 신호로 해석할 수 있다.

선물거래량은 현물거래량의 증감 여부에 따라 다르게 해석된다. 선물시장의 거래 유동성을 알 수 있는 다른 대표적 데이터가 선물시장 미결제약정이다. 여기서 미결제약정은 아직 완료되지 않은 또는 청산되지 않은 거래 계약을 의미한다. 이는 거래된 자산이 아직 실제로 교환되지 않았음을 나타낸다.

암호화폐 선물시장은 100배까지 레버리지가 가능하기에 다른 자산의 선물시장보다 투기 성향이 매우 강하다. 그렇기에 미결제약정이 급격하게 증가한다는 신호는 단기적인 시장 과열 신호로도 작용한다. 다음 차트를 보면 알겠지만, 특정 자산에 유동성이 돌기 시작하면 파생상품 시장에 돈이 흘러들어오는 것은 당연하다. 하지만 미결제약정이 일정 수준 이상 쌓이는 모습을 보이면 시장은 어김없이 반대로 움직이는 경향이 있다. 이는 청산 시스템으로 인한 것인데, 암호화폐 시장이 높은 레버리지를 사용하는 만큼 한쪽으로 베팅이 늘어나면서 청산물량이 쌓이면 세력, 고래들은 시장을 반대로

비트코인 거래소 미결제약정
(출처: 코인글래스)

움직여 청산물량을 청산하고 그로써 수익을 창출하는 경향이 있다. 미결제약정이 급속도로 증가하는 모습을 보인다면 단기적인 시장 과열을 말해주는 신호임을 인지하는 것이 좋다.(단, 유동성이 풍부한 강세장에서는 미결제약정의 과열 기준이 매우 높아진다.)

　암호화폐 선물시장의 거래량과 미결제약정을 보면 암호화폐 시장의 유동성과 과열까지 체크할 수 있다. 특히 선물시장의 유동성은 현물시장의 유동성이 기반이 되어야 한다는 것은 무조건 숙지해야 한다.

옵션유동성

　암호화폐 시장에는 크게 현물시장, 무기한 선물시장, 옵션시장 세 시장이 존재한다. 유동성을 파악하려면 이 세 시장의 유동성은 기본으로 알아야 한다. 무기한 선물시장이 암호화폐 시장에만 존재하는 파생상품 시장이라면 옵션시장은 전통적인 금융시장의 옵션과 유사한 원리로 작동하는 시장이다.

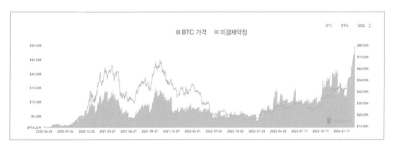

비트코인 옵션 총미결제약정

(출처: 코인글래스)

옵션시장 이해하기

옵션은 기본 자산의 가격에 대한 베팅으로 미래의 특정 시점에 해당하는 자산을 특정 가격으로 사거나 팔 수 있는 권리를 말하며, 크게 다섯 가지 개념을 이해하면 된다.

- **콜 옵션**: 소유자에게 미래의 특정 날짜에 특정 가격으로 기본 자산을 구매할 권리를 부여한다. 기본 자산의 시장가격이 행사가격보다 높을 경우, 콜 옵션 소유자는 기본 자산을 행사가격에 구매해 더 높은 시장가격에 팔 수 있다.

- **풋 옵션**: 소유자에게 미래의 특정 날짜에 특정 가격으로 기본 자산을 팔 권리를 부여한다. 기본 자산의 시장가격이 행사가격보다 낮을 경우, 풋 옵션 소유자는 기본 자산을 시장가격보다 높은 행사가격에 팔 수 있다.

- **프리미엄**: 옵션을 구매할 때 지불하는 가격. 쉽게 옵션을 구매하려면 지불해야 하는 가격이라고 생각하면 된다. 어떤 것을 예약

하려고 할 때 선금을 지불하는 것과 유사한 개념이라고 보면 된다.

• **행사가격**: 옵션계약에서 약속된 가격을 뜻한다. 즉, 미래에 해당 암호화폐를 팔거나 사기로 약속한 가격이다. 친구와 약속해서 1개월 후 자전거를 10만 원에 팔기로 했다면, 한 달 뒤 자전거 가격이 어떻게 되든 10만 원에 팔게 될 텐데 이 10만 원이 바로 행사가격이다.

• **만기**: 옵션계약의 유효기간을 뜻한다. 이 날짜가 지나면 옵션은 더 사용할 수 없다. 해당 날짜가 지나면 상품권을 사용할 수 없게 되는데, 상품권에 있는 사용 만료일과 유사한 개념으로 이해하면 된다.

옵션시장은 보통 개인투자자보다는 기관이나 큰돈을 운영하는 사람이 많이 이용한다. 그렇기에 절대적인 거래량 규모를 따졌을 때는 크지 않지만, 이 시장의 큰 세력이 얼마나 관심이 있는지를 추측하는 데이터로 볼 수 있다. 옵션시장에서 거래량도 중요하지만 보통은 미결제약정으로 옵션시장의 유동성을 판단하는 편이다.

2020년 마지막 유동성이 아주 풍부한 시장에서는 옵션시장이 암호화폐 시장에 미치는 영향도 무시할 수 없는 수준이었다. 물량이 많이 몰린 시기에는 변동성이 급증하며 옵션시장에서 유리한 가격을 맞추려고 많은 세력과 기관이 싸우게 됨으로써 변동성이 발생하는 경우가 많다. 다만 유동성이 부족한 시장에서는 이러한 개입이 별로 큰 영향을 주지 않는다. 그렇기에 유동성이 부족한 시장에서

더 알아보기

옵션시장 더 깊게 이해하기!

옵션시장은 시간의 가치가 존재하는 파생상품 시장이다. 그렇기에 암호화폐 옵션시장의 시간적 특징을 알면 옵션시장을 조금 더 깊이 이해할 수 있다.

- **3, 6, 9, 12월을 기억하라:** 옵션시장은 3, 6, 9, 12월에 가장 많은 물량이 몰려 있다. 이는 전통시장의 옵션시장도 마찬가지다. 1년 중 3의 배수로 물량이 몰리는 달을 기억하고 있으면 좋다.
- **매월 마지막 주 금요일 오후 5시를 기억하라:** 매월 가장 많은 물량이 몰리는 날은 마지막 주 금요일이다. 만기가 되는 시간은 우리 시간으로 오후 5시이므로 기억하는 게 좋다.
- **1번과 2번을 합친 1년의 4번을 기억하라:** 1년 중 3, 6, 9, 12월의 마지막 주 금요일에는 가장 많은 물량이 쏠린다. 이날은 변동성과 유동성이 빠지고 새로 시작하는 날이므로 체크할 필요가 있다.

는 큰 물량의 만기가 되는 시기에 줄어드는 옵션 미결제약정을 주목하면서 옵션시장의 유동성 증감 추세를 파악하는 것이 좋다.

옵션시장은 무기한 선물시장과 비슷하게 투기적 성향이 있지만, 시장의 유동성이 상대적으로 작다는 점과 세력들이 헤지 용도와 다양한 전략에 따라 안정적으로 자산을 운용하고자 사용되는 시장인 만큼 옵션시장의 거래량이 급증한다는 것은 투기적 성향이 증가하고 큰 세력들의 암호화폐에 대한 관심도가 같이 높아졌다고 보는 것이 옳은 해석이다. 하지만 무기한 선물시장과 같이 현물거래량이 같이 받쳐주면서 상승하는 것이 아니면, 시장의 변동성만 초래할 위험이 있으므로 이를 유의하면서 해석할 필요가 있다.

디파이 TVL

우리 몸에서 심장이 없다는 상상을 해본 적이 있는가? 심장이 없다면 우리는 살아 있을 수 없기에 그런 상상은 해보지 않았을 듯하다. 심장은 수많은 혈관을 통해 영양분과 산소를 온몸에 공급하면서 생명을 유지하게 해준다. 이러한 심장의 기능을 암호화폐 세계에서 찾아본다면 완벽한 비유가 바로 디파이일 것이다. 그만큼 암호화폐 시장의 유동성을 파악할 때 디파이가 빠지면 안 된다.

디파이는 전통적인 금융 시스템에 의존하지 않고 스마트 계약과 블록체인 기술을 활용해 직접 금융 거래를 가능하게 한다. 이는 인간의 심장이 몸에 필요한 영양과 산소를 직접 공급하는 것과 비슷하다. 디파이는 중간자 없이 사용자들에게 직접 가치를 제공하며, 이로써 기존 금융 시스템의 한계와 제약을 극복하게 된다.

디파이의 다양한 프로토콜은 그 속에서 흐르는 암호화폐의 흐름을 조절하며, 생태계를 더욱 활성화하고 다양화한다. 이러한 프로토콜은 대출, 예금, 거래, 보험과 같은 다양한 금융 서비스를 제공하며,

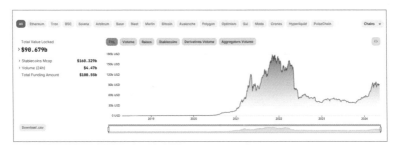

전체 디파이 TVL
(출처: DefiLlama)

전통적인 금융 시스템에서 겪게 되는 불편함이나 제약을 최소화하면서 누구나 이점을 누릴 수 있게 해준다.

그렇다면 우리는 왜 디파이 시장의 유동성을 봐야 할까? 심장이 건강하면 우리의 생명력이 더욱 튼튼해지는 것과 같이, 디파이가 암호화폐 생태계에서 차지하는 비중이 커질수록 이 생태계는 더욱 견고하고 강력해진다.

그렇기에 디파이는 암호화폐의 발전과 미래에서 결정적 역할을 하는 핵심요소이고, 무한한 가능성을 품고 있는 심장과 같이 암호화폐 생태계의 중심에서 끊임없이 가치를 퍼뜨리고, 전체 생태계의 성장과 발전을 견인한다. 따라서 우리는 디파이 시장의 유동성을 주목할 필요가 있다.

디파이의 유동성을 파악할 때는 전체 TVL을 보면 된다. TVL은 디파이 프로토콜에 잠겨 있거나 사용되는 자산 총합계를 나타내는 지표다. 디파이 TVL이 증가한다는 것은 암호화폐 시장에 심장이 다시 활발히 뛰기 시작했다는 뜻이고, 디파이 시장을 통해 암호화폐 시장의 유동성을 공급하면서 가격이 상승할 확률이 높다는 것을 의미한다.

여기서 한 가지 주의할 점이 있는데, TVL은 디파이 시장에 있는 암호화폐 가격의 총합을 의미하기 때문에 암호화폐 가격이 전체적으로 상승하는 모습을 보인다면 TVL도 같이 상승할 수 있다는 것이다.(가격의 상승으로 증가하는 TVL보다는 디파이 시장에 들어와 있는 암호화폐 개수가 같이 늘어나면서 증가하는 TVL이 훨씬 이상적이다.) 그래서 디파이 시장은 다른 데이터와 짝을 이뤄 파악하는 것이 좋다. 심장과 긴밀하게 연관되어 있는 것이 '피'이듯이 암호화폐 시장에서 '피' 역할을 하는 유동성을 좀 더 자세히 알아본다.

유통 중인 스테이블코인 공급량

스테이블코인은 암호화폐의 한 카테고리로 그 가치가 특정 자산이나 화폐(예: 달러, 유로)와 연계되어 상대적으로 가치의 변동성이 작다. 이런 스테이블코인이 암호화폐 시장에서 안정성과 유동성을 제공하는 '피' 역할을 한다. 우리나라 투자자들은 이 말이 이해가 가지 않을 것이다. 스테이블코인이 유동성 역할을 하려면 대부분 거래가 스테이블코인으로 일어나야 하는데 우리나라에서는 거래를 대부분 원화로 하기 때문이다.

암호화폐 거래는 대부분 중앙화거래소에서 일어난다. 그래서 중앙화거래소에서 거래가 가장 활발하게 일어나는 화폐가 무엇인지

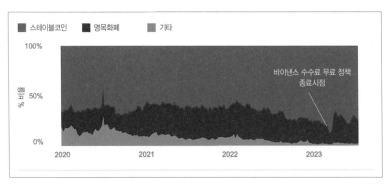

중앙화거래소에서 명목화폐와 스테이블코인이 차지하는 점유율
(출처: 카이코)

알면 암호화폐의 어떤 화폐가 시장의 유동성을 주도하는지 추측할 수 있다. 중앙화거래소에서 일어나는 암호화폐 거래의 74%는 스테이블코인을 사용한다. 명목화폐보다 스테이블코인이 암호화폐 시장에서 중요한 유동성 역할을 한다는 의미다.

스테이블코인은 명목화폐의 가치를 그대로 옮겨놓은 암호화폐이므로 새로운 명목화폐가 들어오면 부족한 스테이블코인이 발행되고, 명목화폐가 이 시장에서 빠져나가면 증거금이 없어지므로 스테이블코인은 소각되면서 없어진다. 그렇기에 스테이블코인이 암호화폐 시장에서 얼마나 많이 유통되는지 보면 암호화폐 시장의 유동성이 얼마나 활발한지 파악할 수 있다.

암호화폐 시장에 얼마나 많은 스테이블코인이 존재하는지 보려고 할 때 중앙화거래소에 있는 스테이블코인 보유량만 확인하는 것은 의미가 없다. 전체 시장에서 유통 중인 스테이블코인을 파악하는 것이 가장 정확하다. 이 데이터는 스테이블코인을 발행하는 기관(예: 테더, 서클)들이 보유한 물량을 제외하고 시중에 유통 중인 모든 스

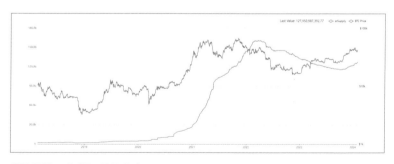

유통 중인 스테이블코인 공급량
(출처: 크립토퀀트)

테이블코인의 유통 물량을 확인할 수 있다. 현재 시장에서 유통 중인 스테이블코인 공급량은 2022년 초부터 계속 감소하는 추세를 보여주다가 2023년 후반부터 다시 상승하는 모습을 보여주고 있다.

암호화폐 시장의 유동성을 무엇보다 잘 보여주는 스테이블코인이 암호화폐 시장에서 줄어들고 있는데 암호화폐 시장에 강세장이 온다고 상상하기는 어렵다. 일반적으로 암호화폐 시장의 강세장은 유통 중인 스테이블코인이 증가하면서 나타난다.

아무리 심장이 빠르게 뛴다고 한들 온몸을 돌고 있는 피의 양이 부족하다면 몸은 원활히 움직일 수 없듯이 디파이 시장이 암호화폐의 가격상승으로 TVL이 상승하는 모습을 보인다 한들 스테이블코인의 유통량이 늘어나지 않으면 진정한 강세장이 왔다고 볼 수 없다. 반대로 스테이블코인의 유통량이 늘어나면 시장의 상승은 찾아오겠지만, 스테이블코인의 공급을 책임지고 있는 디파이 시장이 활성화되지 않는다면, 시장의 상승세가 길게 유지되기는 어렵다. 그렇기에 시장의 유동성을 파악하려면 디파이 시장과 스테이블코인의 유동성을 같이 확인하는 것이 매우 중요하다.

암호화폐 시장에서 성공 투자를 하려면 이런 시장의 긍정적 변화를 빠르게 포착해야 한다. 유동성이 증가하면 시장의 안정성이 높아지고 시장 자체가 활발해지므로 투자자에게 투자 기회 확대와 리스크 감소라는 이중 효과를 줄 수 있다. 암호화폐 시장에서 유동성의 증가는 또 다른 의미에서 투자의 '골든타임'이다. 투자는 시기와 타이밍이 중요한데, 유동성이 증가하는 순간은 그 시기와 타이밍을 포착하는 최적의 기회가 될 수 있다. 그렇기에 현명한 투자자는 유동성의 증가를 주시함으로써 시장의 판도를 읽고 적절한 투자 결정을 내리는 것이 매우 중요하다.

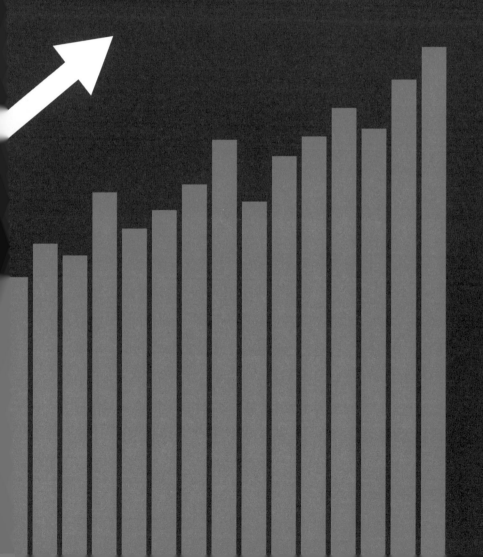

3장

온체인 데이터로
승률 높이기

온체인 데이터를 모르면 후회하는 이유

우리는 대개 뉴스나 유튜브를 통해 전문가의 의견을 들으면서 암호화폐를 분석한다. 하지만 어떤 투자 시장이든 객관적으로 분석하고 자신의 관점을 가지려면 데이터를 봐야 하는데, 암호화폐 시장에는 온체인 데이터가 있다. 온체인 데이터는 암호화폐 트랜잭션, 지갑 주소, 발행량, 보유량 등 블록체인 네트워크에 기록되는 모든 데이터를 의미한다.

정글에서 길을 잃었을 때 위성항법장치GPS와 나침반이 있으면 얼마나 안심이 되겠는가? 온체인 데이터가 바로 암호화폐라는 정글 속에서 GPS와 나침반 역할을 하는 데이터다. 온체인 데이터는 블록체인 노드에서 일어나는 움직임을 통해 암호화폐의 현재 상태를 실시간으로 반영하고 시장 흐름, 투자자 행동, 심지어 암호화폐의 미래까지도 예측하므로 투자하기가 훨씬 쉬워진다. 게다가 온체인 데이터로 암호화폐 시장의 유기적 움직임을 파악하는 수준이 된다면 평범한 투자자와는 수준이 완전히 달라질 것이다. 온체인 데이터는 크게 가공되지 않은 데이터와 가공된 데이터로 나뉜다.

가공되지 않은 온체인 데이터

가공되지 않은 온체인 데이터의 대표적 예로 지갑추적이 있고, 지갑의 움직임을 추적하는 플랫폼으로 이더스캔이 있다. 이더스캔은 이더리움 네트워크의 정보를 탐색하고 조회할 수 있는 오픈 소스 블록체인 탐색기다. 이더스캔을 이용하면 사용자는 이더리움 네트워크상의 다양한 정보를 쉽게 확인할 수 있다. 이더리움 말고도 각각의 체인 위에서 일어나는 움직임을 볼 수 있는 사이트들이 있지

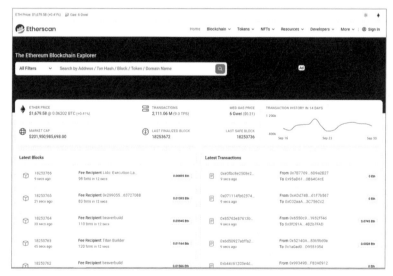

이더스캔 메인 홈페이지 화면
(출처: 이더스캔)

만 이더리움이 가장 넓고 깊은 생태계를 유지하기에 가공되지 않은 온체인 데이터를 추적하는 대표 사이트로 평가된다.

하지만 가공되지 않은 온체인 데이터는 너무 광범위해서 모든 것을 추적하기는 물리적으로 가능하지 않으며 암호화폐에 있는 수없이 많은 지갑 주소의 움직임을 일일이 추적하는 것도 불가능하다. 그래서 가공되지 않은 온체인 데이터는 한계가 있고, 분석할 때 난도가 매우 높아서 우리가 아는 대부분 온체인 데이터는 가공되지 않은 데이터보다는 가공된 데이터가 많다.

가공된 온체인 데이터

커뮤니티나 기사에서 볼 수 있는 데이터는 대부분 가공된 온체인 데이터다. 이 데이터는 트랜잭션 데이터로 특정값을 계산하거나 평균값으로 분류하는 등의 방식으로 지표를 만들게 된다. 즉 온체인 데이터는 트랜잭션의 집합체이고, 가공된 온체인 데이터는 이런 집

크립토퀀트 메인 페이지
(출처: 크립토퀀트)

합체의 연산작업을 통해 만들어진 데이터라는 것이다.

최고급 레스토랑에 트러플, 캐비어, 등급 높은 고기, 신선한 해산물 등 세계 최고 요리 재료가 준비되어 있다고 해도 이 재료로 어떻게 조리해야 하는지, 어떤 조합으로 맛을 내는지 모른다면 그 재료들의 진정한 가치를 극대화하기는 어렵다. 온체인 데이터도 마찬가지로 가치가 크지만 데이터의 원리나 구조, 어떻게 활용하고 해석하는지 모르면 데이터를 최대한 활용하는 것이 불가능하다. 데이터를 해석하고 적절하게 활용하는 능력은 그 데이터의 진정한 가치를 발휘하는 핵심이라고 볼 수 있다.

좋은 데이터를 보유만 하는 것이 아니라 그 데이터의 원리와 구조를 깊이 이해하고, 그것을 바탕으로 올바르게 활용하는 방법을 배우면 앞으로 온체인 데이터의 진정한 가치를 100% 활용하게 될 것이다.

감각 대신
데이터로 **투자하라**

"중앙화거래소 비트코인 보유량 4.1% 감소…
투자자 신뢰도 회복 신호."

이런 뉴스 기사들을 많이 볼 것이다. 중앙화거래소 비트코인의 보유량이 계속 감소하고 있는데, 이 의미는 비트코인을 밖으로 출금해서 투자자들이 개인적으로 보관하면서 비트코인을 장기목적으로 투자하려는 모습을 보인다는 것이다.

여기서 일반 투자자들은 착오를 일으키게 된다. '암호화폐 시장이 본격적으로 반등할 가능성이 높구나. 역시 희망을 버리면 안 되겠다.' 잘못 판단한 것은 아니지만 자극적인 헤드라인 뉴스는 스스로 검증하지 못하는 투자자들에게는 오히려 독약과 같다. 그렇다고 뉴스 기사가 사실인지 아닌지 매번 알아보고 여러 소식을 찾아보

거래소 비트코인 보유량
(출처: 크립토퀀트)

는 데는 한계가 있다. 그래서 보는 눈이 필요하다. 직접 데이터를 찾아보고 판단하는 눈이 결국 나를 지키고 내 시드를 늘려주는 가장 좋은 무기가 된다.

위 자료를 보면 거래소에서 비트코인의 잔액이 계속 감소하는 모습을 보여주고 있다. 여기서 첫 번째 온체인 데이터를 해석하는 데 중요한 원칙이 하나 나온다. 온체인 데이터는 단순히 데이터의 기술적 영역으로만 해석하는 것이 아니라 기본 분석을 같이 보면 좀 더 정확한 해석이 가능하다.

"FTX 파산신청에 비트코인 가격 '출렁'… 부채만 66조 원."

암호화폐 투자자라면 모를 수 없는 이슈가 바로 FTX 거래소 파산사건이다. 거래량 기준 한때 2위까지 달성했던 FTX 거래소가 고객들의 자금을 마음대로 사용하면서 그 실체가 드러나고 며칠 만에 뱅크런으로 파산했다.

암호화폐 시장은 루나 사태와 FTX 사태를 겪으면서 변화할 움직임이 많았다. '중앙화 시스템 불신'이 일어난 것이다. 이전에 거래소는 지갑 역할까지 했다. 단순히 거래 목적으로 자금을 두는 것이 아닌, 암호화 자산으로 스테이킹staking하거나 개인 지갑의 암호화 자산을 보유하는 것이 아닌, 거래소 자산을 보관하는 문화가 활성화되었다. 하지만 암호화폐 중앙화 시스템의 몰락을 겪은 투자자들의 인식이 빠르게 바뀌었다. 중앙화거래소는 이제 스테이킹, 커스터디custody, 지갑, 거래 등의 목적이 아니라 단순히 거래하는 플랫폼으로 몰락해버린 것이다.

투자자들은 이제 거래소에 내 암호화 자산을 보관하지 않는다. 내 자산은 내 개인 지갑에 보관하여 직접 관리하며 중앙화 시스템을 믿지 않는 것이다. 따라서 몇 개월 동안 암호화폐를 가지고 있다가 매도하려는 홀더들도 거래소에 자금을 맡겨두는 것이 아니라 개인 지갑으로 출금했다가 매도할 때는 중앙화거래소에 이체한 뒤 매도하는 사이클을 가지게 되었다. 그래서 현재 중앙화거래소에 맡겨진 투자자들의 암호화 자산이 계속 줄어드는 모습을 보이는 것이다.

만약 이 데이터를 단순히 기술적으로만 해석했다면, 공급물량이 줄어들고 암호화폐 시장은 수요만 들어온다면 크게 반등할 환경조건을 갖추었다고 보는 것이 맞다. 하지만 이는 50%만 분석한 것이다. 현재 암호화폐 투자자들은 중앙화 시스템을 불신하고 있으며 이러한 이유로 중앙화거래소의 보유 암호화폐가 계속 감소하고 있다

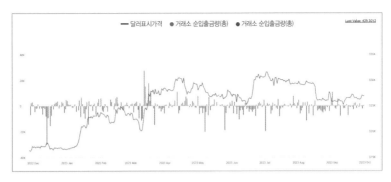

거래소 비트코인 순입출금량

(출처: 크립토퀀트)

는 것을 같이 분석한다면, 중앙화거래소의 비트코인 보유량이 계속 감소하고 있다는 이슈가 결코 긍정적인 방향으로만 해석되기는 어렵다. 이렇듯 온체인 데이터는 기술적 분석과 기본적 분석이 어우러져야 비로소 정확한 분석이 나온다고 할 수 있다.

위 자료는 거래소의 비트코인 순입출금량 데이터다. 이는 거래소로 들어오는 비트코인의 양과 출금되는 비트코인의 양을 합산해서 입금되는 양이 많을 경우 +(플러스)로, 출금되는 양이 많을 경우 -(마이너스)로 표시하는 것이다. 일반적으로 대부분 언론이나 커뮤니티에서는 이 데이터에서 -(마이너스), 즉 출금되는 양이 많으면 매도 압력이 줄어들어 가격이 상승할 가능성이 높다고 본다. 틀린 말은 아니지만, 이 데이터로만 앞선 결론을 내리는 것은 온체인 데이터를 100% 해석했다고 보기 어렵다.

여기서 두 번째 온체인 데이터를 해석하는 원칙이 나온다. 온체인 데이터는 이과적이 아니라 문과적 해석이 더 필요한 데이터라는 것이다. 나도 온체인 데이터를 해석하면서 처음에는 경제 데이터와 같이 이과적 해석으로 접근한 적이 있다. 이과적 해석을 하려고 하니 온체인 데이터를 해석하는 데 벽이 느껴지기 시작했다. 우리가 아는 온체인 데이터는 가공된 온체인 데이터, 즉 원래 데이터에서 연산을 사용해서 만들어졌기 때문에 경제 데이터와 다르게 문과적 해석이 필요한 데이터다.

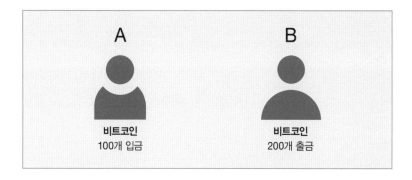

A라는 사람이 비트코인을 매도 목적으로 거래소에 100개를 입금했고, B라는 사람이 개인 지갑에 비트코인을 보관하려고 200개를 출금했다. 거래소로 입출입된 비트코인은 A, B가 입출금한 물량이 전부라고 가정해보자.

그럼 순입출금량 데이터에는 비트코인이 100개가 출금되었다고 표시될 것이다. 이 데이터를 보고 매도 압력이 세지 않다고 할 수 있을까? 만약 A라는 사람이 비트코인 100개를 입금하고 200개를 출금했다면 상황은 달라진다. 하지만 A라는 사람이 100개를 입금

거래소 비트코인 입금량
(출처: 크립토퀀트)

하고 200개를 출금했다는 데이터는 가공된 온체인 데이터에서는
확인하기 어렵다.

여기서 왜 문과적 온체인 데이터 해석이 필요하다고 하는지 조금
은 느낄 것이다. 이렇듯 허점이 있는 온체인 데이터도 있다. 그렇기
에 한 가지 온체인 데이터뿐 아니라 이를 보완해줄 온체인 데이터를
같이 봐야 하는 경우가 종종 있다.

순입출금량 데이터의 경우 거래소의 입금량을 보면 이를 개선할
수 있다. 출금량이 많다고 한들 평소보다 거래소로 입금된 물량이
많다면 특정한 목적을 위해 거래소로 비트코인을 입금하고 출금하
지 않은 홀더가 많다고 추측할 수 있다.

이렇듯 온체인 데이터는 한 가지 데이터가 아니라 여러 데이터를
유기적으로 조합해서 사용해야 하는 경우가 많다. 그렇지 않으면 데
이터를 잘못 해석하거나 과대 해석하는 일이 일어나 전체 관점이

흔들릴 수 있으므로 각별한 주의가 필요하다. 이를 방지하는 한 가지 방법으로 어떤 온체인 데이터든 플랫폼에는 온체인 데이터를 어떤 연산을 적용해서 계산했는지 나와 있으니 이를 꼭 읽어보기를 추천한다. 어떻게 계산되었는지 알면 이 데이터에서 노이즈가 될 만한 부분도 추측이 가능하다.

 더 알아보기

현물거래소 입금량 vs. 선물거래소 입금량

현물거래소로 입금된 비트코인은 매도 가능성과 거래소의 커스터디 가능성 두 가지 경우의 수를 가지고 있다. 하지만 매도 확률이 80% 이상이기 때문에 보통 현물거래소로 입금된 비트코인은 매도 목적으로 보는 것이 맞다.

선물거래소로 입금된 비트코인은 상승에 베팅하는 롱(LONG)일지 하락에 베팅하는 숏(SHORT)일지 모르므로 양쪽의 방향성을 모두 열어두는 것이 정석이다. 그렇기에 선물거래소로 비트코인이 입금되면 변동성이 커진다고 해석하는 것이 맞다. 한 가지 선물거래소의 입금 물량도 상승, 하락 베팅 중 어느 쪽이 확률이 높을지 추측이 가능하다. 일반적으로 상승 추세를 탈 경우 상승에 베팅되면서 상승의 유동성으로 작용할 개연성이 높고, 하락 추세를 탈 경우 하락에 베팅되면서 하락 요인으로 작용할 개연성이 높다.

다음은 퓨엘 멀티플Puell Multiple이라는 온체인 데이터다. 하루에 채굴된 코인의 가치를 지난 1년 동안 일평균 채굴량으로 나눈 값으로, 지난 1년 대비 채굴자들의 수익성이 얼마나 높은지 알려준다. 온체인 데이터의 아버지라고 하는 데이비드 퓨엘이 만든 데이터 로그 값으로 이것이 6 이상일 때는 고점, 0.4 이하일 때는 저점으로 해석한다.

이 데이터는 비트코인이 이제까지 채굴자들이 수익성이 크게 낮

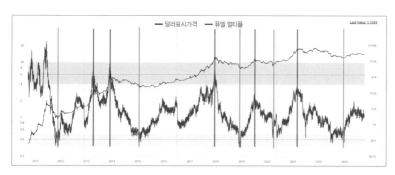

퓨엘 멀티플 온체인 데이터. 초록색 선은 데이터가 바닥을 찍었을 때, 빨간색 선은 데이터가 고점을 찍었을 때를 가리킨다.

(출처: 크립토퀀트)

아졌을 때 일반적으로 바닥을 찍고 반등했고, 채굴자들이 수익성이 크게 높아졌을 때 시장도 고점을 찍고 하락했다는 것을 보여준다.

퓨엘 멀티플은 비트코인의 꾸준한 우상향 사이클로 만들어진 대표적인 사이클 데이터다. 온체인 데이터에는 특성이 다양한 데이터들이 있으므로 내가 해석하는 온체인 데이터가 어떤 특징이 있는지 확실히 인지하고 접근할 필요가 있다.

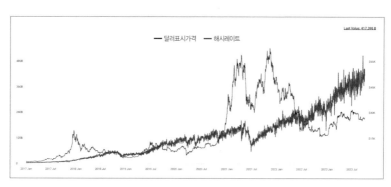

코인 채굴을 위한 채굴자들의 평균 연산속도 해시레이트

(출처: 크립토퀀트)

반면 해시레이트 데이터는 퓨엘 멀티플 데이터와 같은 것이지만 특정한 계산으로 만들어진 2차 가공 데이터가 아니라 채굴자들의 연산속도만 측정한 원색적인 데이터다. 그렇기에 어떠한 사이클이 존재하기보다 현재 채굴자의 연산속도 상태를 원색적으로 나타낸다.

이렇듯 온체인 데이터에는 특정한 사이클이 있는 비트코인 가격 사이클에 입각한 데이터가 있고, 하나의 값을 직접 나타내는 온체인 데이터가 있다. 그리고 특정 계산 방법에 따라 그 안에 허점이 많은 온체인 데이터도 있다.

책 표지가 매혹적이라고 해서 그 내용도 반드시 풍부하지는 않으며 표지가 소박해도 안에는 더 깊은 지식이나 감동이 담겨 있을 수 있듯이, 온체인 데이터도 겉모습이 화려해 보인다고 해서 전부 좋은 데이터는 아니다. 온체인 데이터에 어떤 특징이 있는지 알아야 좀 더 좋은 온체인 데이터를 구분할 수 있다.

 더 알아보기

온체인 데이터를 해석하는 원칙

- 온체인 데이터는 기본적인 분석과 같이 해석하라!
- 온체인 데이터는 문과의 관점으로 해석하라!
- 온체인 데이터에 어떤 특성이 있는지 인지하고 접근하라!(사이클 지표, 직접적인 데이터, 노이즈가 많은 데이터 등)

데이터 활용 여부에 따른 승률, 수익률의 변화

암호화폐 시장은 글로벌 금융시장과는 다른 새로운 시장이다. 무수한 투자 기회가 열리는 한편, 높은 변동성과 시장의 새로움으로 인한 정보 부족이 투자자들에게 큰 위험성을 안겨주기 때문이다. 이런 불확실성 속에서 투자 결정을 내리는 것은 마치 암흑 속을 걷는 것과 같다. 그렇기에 직관이나 감정에 기댄 결정보다는 데이터에 기반한 명확한 분석이 절실하게 필요하다는 것이다.

사람은 감정적인 생물체다. 급격한 가격 상승 속 탐욕과 급락 시 공포는 암호화폐 시장 투자자들 사이에서 흔한 감정이다. 예를 들어, 주변에서 많은 사람이 대량으로 암호화폐에 투자할 때 '나도 빨리 참여해야겠다'는 생각이 들기 마련이다. 반대로 가격이 급락할 때는 패닉에 빠져 '지금 팔아야겠다'는 불안감에 휩싸일 수 있다.

그러나 이러한 감정에 기반한 투자 결정은 대부분 비이성적이며 장기적으로 볼 때 효과적인 투자 전략이 아니다. 많은 투자자가 이런 판단으로 큰 손실을 본 사례가 계속 나오고 있다.

지금껏 온체인 데이터의 의미와 그 중요성을 다루었다. 그러나 말로만 설명하는 것보다 구체적인 사례를 들어 설명하는 것이 더욱 명료하게 정보를 전달할 수 있다. 따라서 이번 파트에서는 데이터를 적절히 활용하지 못했을 때 투자자들에게 어떠한 결과가 초래되었는지 사례를 들어 상세히 살펴본다.

2021년 5월 암호화폐 시장은 그 전까지의 광기 어린 상승을 한순간에 잃어버리는 경험을 하게 된다. 그 원인은 바로 중국의 채굴 규제 소식이었다. 소식은 거대한 파도처럼 시장 전반에 충격을 주었고, 암호화폐의 근간을 흔들어놓았다.

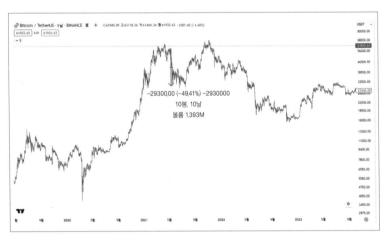

비트코인 로그차트 2021년 5월 가격 하락 기간과 하락률
(출처: 트레이딩뷰)

중국은 암호화폐 채굴의 중심지로, 전 세계 채굴의 상당 부분을 차지하고 있었다. 그런 중국의 채굴 규제는 거듭된 경고와 함께 이루어졌다. 중국 정부는 환경문제와 금융 시스템의 안정성을 이유로 채굴 활동에 제재를 가하기로 결정했다. 이러한 결정이 암호화폐의 가치와 존재 이유에 대한 의문을 투자자들에게 제기하게 만들었다.

시장은 소식을 접하자마자 충격에 휩싸였다. 비트코인은 물론 이더리움, 리플 등 주요 암호화폐들의 가격이 폭락하였다. 비트코인 기준으로 10일 만에 50% 하락할 만큼 엄청난 폭락이 일어났다. 알트코인들의 상태는 말하지 않아도 최악이라는 것을 알 수 있을 것이다. 많은 투자자가 자산이 순식간에 증발하는 것을 지켜보았다. 급격한 가격 하락으로 거래소들은 시스템 오버로드와 같은 기술적 문제에 직면하게 되었고, 많은 투자자는 거래를 원활히 진행하지 못하는 상황에 놓였다.

투자자들 사이에 패닉이 퍼졌다. 일부는 시장에서 완전히 철수하기로 하였으며, 일부는 이 기회를 포착해 추가 매입을 결정하였다. 소셜미디어와 커뮤니티 포럼들은 투자자들의 불안과 혼란 그리고 희망에 대한 의견으로 북적였다.

이와 같은 사태는 암호화폐의 불안정성과 규제의 중요성 그리고 투자의 위험성을 일깨워주었다. 시장의 변동성은 물론이거니와 정부의 규제 소식 하나로 얼마나 큰 충격을 받을 수 있는지를 명확하게 보여주었다. 이 사건은 암호화폐 투자의 리스크와 기회를 깊이 성찰하는 계기가 되었다.

비트코인의 과열을 구분하는 NUPL 온체인 데이터
(출처: 크립토퀀트)

일반인은 중국이 채굴을 규제할 것이라는 소식을 미리 알 수 없다. 이런 일이 일어날 거라고 예상하는 것은 불가능에 가깝지만, 암호화폐 시장의 데이터를 보았다면 대비할 수 있었을까?

위 데이터는 뒤에서도 언급하는 NUPL 차트다. 비트코인의 마지막 가격 움직임을 매수 시점이라고 가정해서 현재 얼마나 많은 비트코인 홀더가 수익, 손실을 보고 있는지 구분하는 데이터다. 많은 사람이 수익을 보고 있으면 고점일 가능성이 점점 높아지고, 많은 사람이 손실을 보고 있으면 바닥일 가능성이 높아진다는 해석을 할 수 있는 데이터다. 중국의 채굴 규제가 있기 전에 이미 시장은 과열이었다. 주변 사람들도 혹은 갑자기 암호화폐 시장에 뛰어든 사람들도 모두 수익을 보는 상황이었다. 분명 이 데이터를 보고 중국 규제가 갑자기 터지면서 하락할 것을 예측할 수는 없었다. 하지만 우리는 이미 몇 달 전부터 지금 시장은 조심해야 한다는 것을 미리 알고 남들이 파티장에서 신나게 춤출 때 조용히 파티장을 빠져

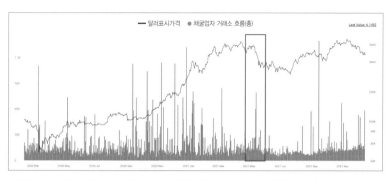

채굴자들이 현물거래소로 보내는 비트코인의 양을 나타내는 온체인 데이터
(출처: 크립토퀀트)

나올 수 있었다. 단, 이런 데이터들을 보고 판단했을 경우에 한해서다. 하지만 여기서 끝이 아니다. 만약 데이터를 보고 판단했다면 중국의 채굴 규제에 따른 하락이 끝이 아니라 한 번 더 상승이 남아 있을 수 있음을 알아챌 수 있었다면 믿을 수 있겠는가?

위의 온체인 데이터는 채굴자들이 거래소로 비트코인을 입금하는 물량을 나타내는 데이터 중 파생상품 거래소가 아닌 현물거래소로 입금하는 물량을 나타낸 것이다. 중국의 채굴 규제 이후 채굴자들이 패닉셀로 순간 비트코인을 팔긴 했지만, 이전 강세장에서 수익을 실현했던 물량에 비하면 너무 적은 수치라는 것을 확인할 수 있다. 이 당시 암호화폐 시장의 뉴스를 보면 중국의 채굴 규제로 비트코인의 가치는 없어질 것이라는 말이 너무 많았다. 하지만 이 데이터를 보면 채굴자들은 눈 하나 깜짝하지 않고 비트코인을 팔지 않았다는 것을 알 수 있다.

데이터를 보지 않고 뉴스만 보았다면 이를 비트코인이 없어질 정

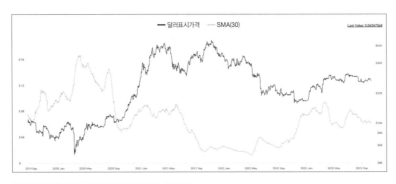

펀드 플로우 비율 30일 평균치 연산 데이터
(출처: 크립토퀀트)

도로 큰 악재로 받아들였을 가능성이 크다. 데이터가 많지만, 이 데이터 하나만 보았어도 결국 심리적 요소로 가격이 하락하고 있고, 이는 곧 일단락될 확률이 높다는 것을 알 수 있었다. 이것이 데이터의 힘이다. 앞에 보이는 것만 믿으면 안 된다. 더 깊숙이 숨어 있는 것을 볼 줄 알아야 하는데, 그것은 데이터와 분석으로만 볼 수 있다.

또 하나는 펀드 플로우 비율 데이터다. 나는 2021년 11월이 아니라 2021년 4월이 비트코인의 고점이라고 생각한다. 11월 가격이 더 높았는데 어떻게 4월이 고점일 수 있을까? 자산시장의 고점은 보통 투자자들의 광기로 고점을 한 번 더 높이고 떨어지는 경우가 많다. 그리고 2021년 비트코인의 최고점은 이러한 움직임으로 나왔다고 본다.

그 이유는 위 데이터를 보며 설명할 수 있는데, 펀드 플로우 데이터는 쉽게 말해 거래소에서 거래가 많이 일어나는지 아니면 거래소를 제외한 OTC 마켓에서 거래가 많이 일어나는지를 알 수 있는 데이터다.

이 데이터가 위로 올라갈수록 거래소에서 거래가 활발하게 일어난다는 뜻이고, 아래로 내려올수록 거래소를 제외한 곳에서 거래가 많이 일어난다는 의미다. 이를 보통 OTC 마켓에서 거래가 많이 일어난다고 해석한다. 중국 채굴 규제가 일어나기 전 강세장의 움직임을 보면 OTC 마켓에서 거래가 활발히 일어났다는 것을 볼 수 있다. 이는 즉 기관들에 강한 매집이 일어났다고 해석할 수 있다.

중국 채굴 규제가 일어나기 몇 달 전 모습을 보면 기관들의 움직임이 거의 없었던 것을 알 수 있다. 이로 미뤄보아 기관들이 미처 시장에서 빠져나가지 못했다는 것을 알 수 있다. 그러고 나서 비트코인 가격은 횡보하고 다시 한번 상승을 시도한다. 물론 유동성이 들어왔던 것도 이유가 되지만, 미처 탈출하지 못한 기관들이 다시 시장을 끌어올리며 탈출을 시도하려고 했을 가능성도 매우 크다. 실제 다시 비트코인 가격이 반등하고 OTC 마켓에 거래가 활발하게 일어나면서 기관들이 빠져나간 모습을 볼 수 있다. 더 나아가 기관들도 다시 빠져나가고 억지로 만들어진 상승하는 비트코인 파티장에서 오래 머물러 있으면 안 된다는 관점까지 가질 수 있었다.

이렇듯 데이터는 우리에게 많은 것을 말해준다. 암호화폐 시장에서 온체인 데이터의 중요성을 알고 배워야 할 필요성을 느꼈을 텐데, 온체인 데이터에 대한 여러 가지 팁과 인사이트를 본격적으로 알아본다.

더 알아보기

OTC 마켓이란?

암호화폐 시장에는 다양한 거래방식이 있는데 그중에서도 특히 주목하면 좋은 시장이 OTC^Over The Counter 마켓이다. OTC 마켓은 전통적인 거래소를 통하지 않고 매수자와 매도자가 직접 거래하는 시장을 말한다. 이는 주식시장에서도 흔히 볼 수 있는 거래방식이다. 암호화폐의 경우 대규모 거래나 특정 조건을 만족시키기 위해 OTC 마켓을 활용하는 경우가 많다.

암호화폐 OTC 마켓은 특정한 상황과 조건에서 대규모 거래를 원활하게 진행하려는 투자자들에게 적합한 거래방식이다. 그렇기에 보통 OTC 마켓 거래가 활발할수록 기관, 고래, 세력들이 힘차게 움직인다는 추측을 할 수 있다.

온체인 데이터 서비스별 장단점

자주 접하게 되는 온체인 데이터 제공 사이트들은 대개 가공된 정보를 중심으로 한다. 그 결과 동일한 온체인 데이터라 해도 제공하는 플랫폼에 따라 추정치나 연산값에 미세한 차이가 나타날 수 있다. 플랫폼마다 공개하는 데이터의 종류와 범위 또한 다르다. 무엇보다 무료로 이용할 수 있는 데이터의 범위나 품질, 접근성이 각각의 플랫폼마다 다르다. 따라서 여러 온체인 데이터 제공 플랫폼의 특성과 장단점을 깊이 있게 살펴보겠다. 이를 이해하면 앞으로 온체인 데이터를 활용할 때 인사이트를 얻고, 그렇게 함으로써 더욱 신중하고 현명한 결정을 할 수 있다.

크립토퀀트

크립토퀀트Cryptoquant는 "정확한 데이터를 토대로 자산의 가치를 평가하는 기준을 설정하는 것이 가능하다는 점을 입증하고, 일반인도 쉽게 온체인 데이터를 접할 수 있게 하자"라는 철학 아래 2019년에 창립된 온체인 데이터 플랫폼이다.

크립토퀀트는 다양한 암호화폐에 대한 온체인 데이터를 포괄적으로 제공하려는 특징이 있다. 특히 암호화폐의 트랜잭션, 주소 활동, 대형 트랜잭션, 거래소 등의 데이터가 특화·발달되어 있다. 온체인 데이터 플랫폼의 양대산맥이라고도 하는 글래스노드가 비트코인과 이더리움을 중점으로 두고 비트코인의 UTXO 관련 데이터 등 특정 분석에 특화된 지표를 중심으로 좀 더 깊은 분석을 제공한다면 크립토퀀트는 다양한 데이터를 폭넓게 제공한다고 할 수 있다.

• 장점

첫째, 한국어 특화 및 대시보드의 구성: 크립토퀀트의 가장 큰 장점은 한국에서 만든 플랫폼답게 한국어 지원이 어떤 온체인 데이터 플랫폼보다 잘되어 있다는 것이다. 사용자는 직관적인 대시보드로 다양한 온체인 지표를 한눈에 파악할 수 있다.

둘째, 프로차트의 도구 제공: 온체인 데이터 경험이 풍부한 투자자와 연구자들을 위해 프로차트를 직접 만들어 사용자에게 오픈한다. 다만 프로차트는 유료버전 사용자만 이용할 수 있다.

셋째, 다양한 암호화폐 지원: 비트코인과 이더리움뿐 아니라 스테이블코인 개별 알트코인 등 다양한 암호화폐 데이터를 제공한다. 아직 비트코인과 이더리움 데이터에 비하면 미흡하지만, 크립토퀀트가

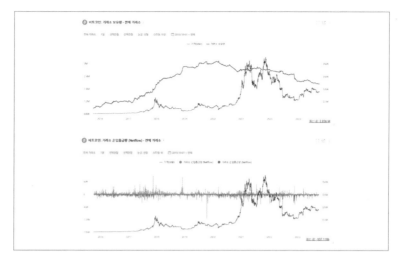

크립토퀀트 대시보드와 한국어 설명
(출처: Cryptoquant)

계속 발전해나간다면 매우 다양한 암호화폐 온체인 데이터도 분석
이 가능할 것이다.

넷째, 계속되는 투자와 기술발전: 크립토퀀트의 발전은 현재 진행형
이다. 크립토퀀트는 85억 규모의 시리즈A 투자를 유치할 정도로 유
망한 블록체인 관련 스타트업으로 꼽힌다. 2023년에는 오픈소스를

다양한 암호화폐를 지원하는 크립토퀀트
(출처: Cryptoquant)

통해 사용자들이 직접 데이터를 추출해서 온체인 데이터를 커스텀하는 '쿼리'라는 베타 서비스를 출시하면서 디테일한 데이터 공급이 많이 일어나고 있다. 기술발전에 많이 투자하는 만큼 미래가 더 기대되는 플랫폼이다.

- 단점

첫째, 유료 서비스: 가장 큰 단점은 정보의 오픈성이다. 무료 서비스와 유료 서비스가 있지만, 특정 온체인 지표 또는 프로차트 등 고급 기능에 접근하려면 유료 플랜 구독이 필요하다. 가장 낮은 플랜이 매월 5만 원 정도여서 전문적으로 자주 사용하지 않는 한 부담스러운 가격이다. 하지만 일반 투자자는 무료 서비스로도 충분히 암호화폐 시장의 기본을 파악할 수 있다.

둘째, 학습의 어려움: 아무리 UI를 쉽게 만들었다고 하지만 초보자들에게는 UI의 복잡성과 다양한 지표를 이해하고 사용하며 학습하는 데 어려움이 있을 수 있다. 유용한 데이터를 사용하는 데는 많은 어려움과 시행착오가 따를 수밖에 없다지만 진입장벽이 상대적으로 높다는 것은 가장 큰 단점이다.

글래스노드

글래스노드Glassnode는 2017년 스위스에서 설립된 것으로 알려진 온체인 데이터 플랫폼이다. 크립토퀀트와 다르게 깊이 있는 온체인 데이터를 제공하는 플랫폼으로 잘 알려져 있다. 매우 정교한 데이

글래스노드 메인 페이지
(출처: Glassnode)

터를 제공하고 UTXO 기반의 지표와 같이 글래스노드만의 독특한 지표들을 제공한다. 크립토퀀트가 대중적인 데이터 같다면 글래스노드는 약간 마니아틱한 전문성을 보여준다.

• 장점

첫째, 대시보드 구성: 온체인 데이터 플랫폼 안에서 깔끔하게 정리된 대시보드를 제공한다. 직관적이고 다양한 그래프와 차트로 데이터를 좀 더 시각적으로 잘 표현한다.

둘째, 정확성: UTXO와 같은 원시 온체인 데이터를 직접 처리하여 독자적인 분석 도구와 지표를 생성한다. 이로써 가공된 온체인 데이터보다 좀 더 정확성이 높다.

셋째, 깊이 있는 온체인 데이터: 비트코인과 이더리움에 대한 깊은 분석과 데이터로 전문가나 연구자에게 선호도가 높은 플랫폼이다.

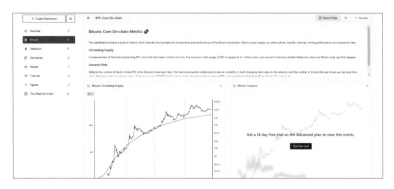

글래스노드 대시보드
(출처: Glassnode)

 더 알아보기

UTXO란?

'Unspent Transaction Output'의 약자로 '아직 쓰이지 않은 거래의 출력'을 의미한다. 즉 UTXO는 디지털 지갑에 있는 아직 쓰이지 않은 돈과 같다. 예를 들어, 우리가 지갑에 10,000원 지폐를 가지고 있으면, 그건 아직 쓰이지 않은 10,000원이라고 볼 수 있다. 이 돈을 사용하려면 UTXO를 소비하고, 그 거래의 결과로 새로운 UTXO를 생성하는데, 이렇게 UTXO는 디지털 화폐 거래에서 중요한 역할을 하는 구성요소다.

• 단점

첫째, 한국어 지원: 한국어를 지원하지 않아서 온체인 데이터를 처음 접하는 투자자가 플랫폼을 참고하고 공부하기 어려울 수 있다.

둘째, 난도가 높은 데이터: 지식수준이 높은 투자자라고 할지라도 특유의 원시적인 데이터에 기반한 온체인 데이터가 많아서 온체인 데이터를 해석하는 과정의 난도가 매우 높다.

셋째, 유료 서비스: 무료 서비스와 유료 서비스에 차이가 있다. 하지만 크립토퀀트보다 무료 서비스의 정보 제한성이 더 커서 무료 버전을 사용할 거면 단순한 데이터를 보는 것을 추천하지 않고, 주간 보고서 정보를 적극 활용할 것을 권장한다.

 더 알아보기

글래스노드 주간보고서

글래스노드에서는 매주 지난주에 있었던 온체인 데이터의 움직임과 특정한 이슈로 온체인 데이터를 만들어 주간보고서, 리서치 자료로 공유한다. 일반 암호화폐 투자자에게 글래스노드 플랫폼 유료 결제는 권하지 않지만 매주 올라오는 글래스노드 주간보고서를 해석해서 최대한 이해하는 것은 권장한다. 한국어 번역이 매끄럽지 않고 아무리 잘 번역한다고 해도 데이터 관련 설명이니 이해하는 데 한계가 있을 수 있다. 그래도 꾸준히 글래스노드 주간보고서를 보고 해석하다 보면 자연스레 온체인 데이터 관련 지식이 발전한다는 것을 느낄 수 있다.

글래스노드 주간보고서 메인 페이지
(출처: Glassnode)

듄

듄Dune Analytics은 이더리움 네트워크에 대한 데이터 분석을 제공하는 플랫폼으로 사용자가 직접 SQL 쿼리를 이용해 원하는 데이터를 추출해서 분석할 수 있는 기능을 제공한다. 듄은 이더리움 기반 디앱DApp들의 활동과 거래 데이터를 실시간으로 모니터링하고 분석할 수 있는 툴로 알려져 있다.

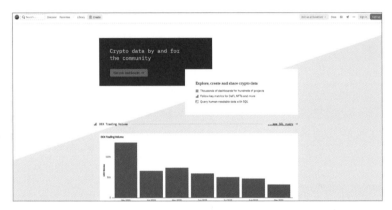

듄 메인 페이지
(출처: Dune Analytics)

(B) 더 알아보기

SQL 쿼리는?

SQLStructured Query Language은 관계형 데이터베이스 관리 시스템RDBMS에서 데이터를 관리하려고 사용하는 표준 프로그래밍 언어이고 SQL 쿼리는 데이터베이스에 저장된 정보를 찾거나 조작하려고 사용하는 '명령문' 같은 것이다. 우리가 식당에 가서 메뉴판을 보고 음식을 주문하듯이 SQL 쿼리를 통해 데이터베이스 '메뉴판'에서 원하는 정보를 '주문'하는 것이다. 이렇게 쿼리를 받은 데이터베이스는 해당 정보를 가져와서 이용자에게 제공한다.

- 특징

첫째, 직접적인 데이터 접근: 사용자는 SQL 쿼리를 사용해서 직접 원하는 데이터를 추출하고 분석할 수 있다.

둘째, 템플릿 및 대시보드: 다양한 템플릿과 대시보드를 제공해 다른 온체인 데이터와 마찬가지로 쉽게 데이터를 시각화하고 공유할 수 있다.

셋째, 커뮤니티 중심: 다른 온체인 데이터 플랫폼과 달리 사용자들이 만든 다양한 분석과 쿼리가 플랫폼에서 공유되어 그들과 정보를 공유하는 커뮤니티의 특징이 있다.

넷째, 디파이의 특화된 데이터: 암호화폐의 '심장'이라고 불리는 디파이 프로젝트에 특화된 데이터 분석 기능을 제공한다.

- 장점

첫째, 유연성: 사용자 정의 쿼리에서 필요한 데이터를 정확하게 추출할 수 있어 유연성 있는 데이터 생산이 가능하다.

둘째, 커뮤니티 지원: 다른 온체인 데이터 플랫폼과 달리 사용자들이 만든 다양한 분석과 쿼리가 플랫폼에서 공유되어 다른 사용자들과 정보를 공유하는 커뮤니티의 특징이 있다.

셋째, 무료 지원: 기본 기능은 모두 무료로 제공되므로 비용 측면에서 진입장벽이 낮다.

- 단점

첫째, 사용하기 어려움: SQL 쿼리에 익숙하지 않은 사용자들에게는 복잡하게 느껴질 수 있다.

둘째, 데이터 제한: 어떤 온체인 데이터 플랫폼도 마찬가지지만 고급 기능이나 특정 데이터에 접근하려면 유료 플랜을 구독해야 한다.

듄은 플랫폼 내에 커뮤니티를 통해 유용한 대시보드를 추가하는 방법과 텔레그램과 트위터에서 유용한 듄 데이터를 찾았으면 듄 플랫폼에서 같은 데이터를 찾아 대시보드에 추가하면서 하나씩 데이터를 축적하는 것을 권장한다.

난센

2022년 FTX 사태가 일어난 뒤 암호화폐 중앙화거래소들은 거래소의 준비금 상황을 증명하기 시작했다. 원래도 유명한 플랫폼이었지만 거래소 준비금을 실시간으로 조회할 수 있게 만들면서 대중에게 더 알려진 플랫폼이다. 난센Nansen은 이더리움 기반의 온체인 데이터를 분석해 사용자에게 인사이트를 제공하는데, 블록체인의 트랜잭션과 주소를 분석해 다양한 정보를 추출하는 기능이 특화된 플랫폼이다.

- 특징

첫째, 스마트 라벨링 시스템: 난센은 이더리움 주소들을 '스마트 라

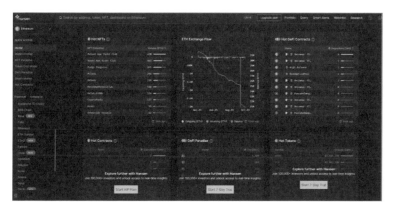

난센 메인 페이지
(출처: 난센)

벨링'하여 사용자가 특정 주소의 활동을 빠르게 이해하도록 한다. 예를 들면 주소가 거래소, 유명한 투자자, DeFi(탈중앙화 금융) 프로젝트 등으로 라벨링된다. 이 기능은 난센에서 무척 유용한 데이터 중 하나다. 암호화폐 핵심 지갑들의 움직임을 살피면서 전반적인 암호화폐 시장의 흐름을 파악할 수 있기 때문이다. 단, 유료 플랜이라야 사용할 수 있다.

둘째, DeFi 대시보드: 사용자는 DeFi 토큰의 유입과 유출 그리고 주요 홀더의 활동 등을 모니터링할 수 있는 전용 대시보드를 만들 수 있다.

• 장점

첫째, 정확성: 스마트 라벨링은 가공되지 않은 온체인 데이터, 즉 원시 데이터다. 원시 데이터의 추적하기 힘든 단점을 플랫폼에서 극복했기에 정확한 데이터와 직접적인 인사이트를 제공해준다.

둘째, 사용자 친화적: 난센의 UI와 대시보드는 다른 플랫폼에 비해 쉽고 직관적이다.

셋째, 빠른 업데이트: 난센은 현재 시장이 무엇을 중요하게 생각하는지, 무엇에 관심이 있는지 파악하는 능력이 뛰어나다. 그리고 트렌드에 맞는 새로운 기능을 발 빠르게 업데이트한다. 대표적으로 FTX 사태 때 거래소 준비금 지갑을 추적해서 만든 보유금 증명 포트폴리오가 있다.

• 단점

첫째, 비용: 다른 플랫폼에 비해 유료 플랜의 가격이 높다. 한 달에 13만 원 정도 해서 일반 투자자가 사용하기 힘들다.

둘째, 무료 오픈 정보: 난센에서 무료 플랜을 사용하는 사람들이 사용할 수 있는 영역은 크지 않다.

셋째, 이더리움 데이터 중심: 난센은 이더리움과 관련된 정보를 제공하므로, 다른 블록체인의 데이터나 트렌드 반영에는 한계가 있을 수 있다.

센티멘트

센티멘트Santiment는 우리나라에서 익숙한 데이터 플랫폼이다. 커뮤니티에 센티멘트 자료들이 많이 올라오기 때문이다. 센티멘트는 온체인 데이터, 소셜 미디어 데이터 등 다양한 지표를 활용해 암호

센티멘트 메인 페이지
(출처: 센티멘트)

화폐 시장의 감정을 분석하는 플랫폼이다. 투자는 결국 심리이고 암호화폐 시장에서는 '인간지표'라는 말이 많이 사용되듯이 변동성에 따라 투자자들의 감정도 요동친다. 센티멘트는 그런 심리나 감정 분석과 온체인 데이터 분석에 특화된 플랫폼이다.

공식 트위터 계정을 운영하므로 이 트위터 계정을 팔로우해놓으면 센티멘트에서 올려주는 자료들을 보고 참고할 수 있다. 일반 투자자들은 이 정도만 해도 충분히 많은 정보를 보는 것이다.

• 특징

데이터의 차별화: 센티멘트는 온체인 데이터뿐만 아니라 GitHub의 코드 활동, 소셜 미디어의 토론 양과 감정, 토큰 가격, 거래량 등 다양한 데이터를 제공한다.

- 장점

첫째, 감정 데이터: 센티멘트의 가장 큰 특징이자 장점은 감정 데이터다. 커뮤니티에서 언급된 단어 수를 보고 감정을 파악하는 것이 가장 큰 장점이다.

둘째, 교육자료: 센티멘트는 사용자들에게 데이터를 어떻게 해석해야 하는지 교육자료와 앱세미나 등 상대적으로 많은 교육자료를 제공한다.

- 단점

첫째, 유료 플랜: 다른 플랫폼과 마찬가지로 유료 플랜이 있다. 월 사용료는 5만 원에서 6만 원 정도다.

둘째, 데이터의 제한성: 센티멘트는 주로 큰 암호화폐에 대한 데이터를 제공하므로, 소규모 코인이나 토큰 정보는 제한적일 수 있다.

룩인투비트코인

데이터 접근성이 높은 무료 플랫폼이다. 무료 플랜이라서 폭넓은 온체인 데이터는 볼 수 없지만, 일반 투자자가 확인하기에는 충분히 도움이 되므로 적극적으로 사용하는 것을 권장한다.

- 특징

첫째, 비트코인 데이터 중심: 대부분 데이터가 비트코인에 집중되어 있다.

lookintobitcoin 메인 페이지
(출처: lookintobitcoin)

둘째, 데이터의 범위: 표준적인 지표부터 독특한 지표까지 다양한 비트코인 관련 데이터를 제공한다.

• **장점**

첫째, 무료 플랜: 대부분 지표와 도구는 무료로 제공되므로 비용 부담 없이 데이터를 확인할 수 있다.

둘째, 데이터 설명: 각 지표와 관련된 설명과 자료도 함께 제공되므로 해당 지표의 의미와 사용법을 이해하기 쉽다.

• **단점**

첫째, 한정적인 암호화폐 지원: 비트코인 중심의 정보를 제공하므로 다른 암호화폐에 관한 상세한 데이터나 지표는 부족할 수 있다.

둘째, 심층 분석: 유료 플랜으로 사용이 가능한 다른 플랫폼처럼 전문가나 연구자들이 심층적으로 분석을 원할 때 제공하는 데이터의 범위나 깊이가 한정적일 수 있다.

룩로드

룩로드looknode도 비트코인과 관련된 데이터들이 공개되어 있는 웹사이트 온체인 데이터 플랫폼이다. 무료로 볼 수 있는 데이터가 많이 공개되어 있고 중요도가 높은 데이터도 많아서 참고하기에 유용한 사이트다.

• 장점

첫째, 무료 플랜: 가장 큰 장점으로 무료 플랜으로 볼 수 있는 데이터의 수가 많고 퀄리티가 높다.

둘째, 데이터의 다양성: 데이터의 범위가 넓다. 심지어 특정 유료 플랜에서 제공하지 않는 데이터도 몇 가지 제공할 정도로 데이터가

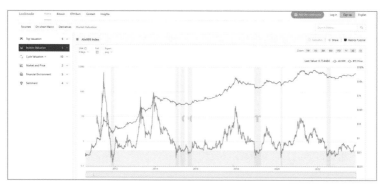

looknode 메인 페이지
(출처: looknode)

다양해서 유용하게 사용할 수 있다.

• 단점

데이터 제한성: 대부분 데이터가 비트코인에 집중되어 있어 다른 디테일하고 직접적인 데이터를 볼 수 없다.

룩로드 온체인 데이터 플랫폼은 일반 투자자들이 참고하기에 매우 좋은 웹사이트이다. 유료화 전환을 하지 않는 이상 이 웹사이트는 저장해두고 온체인 데이터를 볼 때 참고하면 좋다.

'이 지표'
반드시 체크하고 가자

　　　　　　　　　　　15년간 계속되고 있는 비트코인
의 사이클에 대한 해석은 다양하다. 나는 비트코인이 아직 경제위
기를 직접 경험하지 않았으므로 사이클 안정성에 의문을 제기하는
쪽이다. 하지만 이러한 비판적 관점과 별개로 온체인 데이터는 암호
화폐 시장의 많은 것을 알려주는 유용한 데이터다.

　사이클 데이터라 하더라도 비트코인 네트워크상에서 일어나는 모
든 활동을 기록하기 때문에 투자자들은 이로써 시장의 현 상황, 거
래 흐름을 분석할 수 있다. 이러한 사이클 데이터를 보면 현재 암호
화폐 시장이 매수에 유리한지 판매에 유리한지까지 알 수 있으므로
무조건 배제해서는 안 되는 데이터다.

　즉, 비록 비트코인의 사이클에 비판적 의견이 있지만, 온체인 데이
터의 가치는 명확히 증명되어 있으며, 이로써 투자자들은 시장의 전

반적 동향을 파악하고 안정된 투자 결정을 내릴 수 있다. 그러므로 다양한 의견 속에서도 사이클 온체인 데이터의 중요성을 반드시 인식하길 바란다.

이번에는 비트코인 사이클에 기반한 온체인 데이터로 미래를 예측하는 데는 부정적이지만 현재 암호화폐 시장이 어떤 국면에 있는지 인지하면서 전체 시장의 흐름을 파악하는 방법을 알아본다.

MVRV

비트코인 사이클 데이터 중 대표적 데이터는 암호화폐에 투자하면서 한 번쯤 들어봤을 MVRV 데이터다. 다음 그림에서 빨간색 선은 이 지표가 빨간색 영역에 들어갔을 경우, 초록색 선은 이 지표가 초록색 영역에 있었을 때를 표시한 것이다. 이제까지 비트코인 사이클상 MVRV 지표는 비트코인의 고점과 저점을 전부 잡아낸 데이터다.

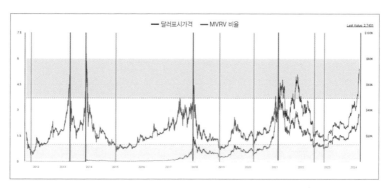

MVRV 온체인 데이터
(출처: 크립토퀀트)

MVRV 데이터는 코인의 시가총액을 실현 시가총액Realized Cap 으로 나눈 값으로, 현재 코인 가격이 고평가 혹은 저평가되어 있는지를 나타내는 지표다. 이 지표가 1 이하(초록색 영역)로 들어오면 저점 부근이라는 뜻이고, 3.7 이상(빨간색 영역)이면 고점 부근이라는 뜻이다.

MVRV는 실제 거래가 일어났던 가격을 기준으로 현재 시장이 고평가되었는지 저평가되었는지를 판단하는 지표다. 예를 들어 현재 문구점에서 연필이 150원에 판매되지만 친구에게 연필 한 개를 100원에 팔았다고 해보자. 이러면 실현가격은 100원이 된다. 그리고 실제 문구점에서 파는 연필의 가격보다 낮으므로 저평가되어 있다. 반대로 문구점에서 150원인 연필을 친구에게 200원에 팔았다고 해보자. 그럼 당연히 고평가되어 있다는 뜻이다. 이렇듯 현재 시장에서 거래된 암호화폐가 암호화폐 시가총액보다 낮은지 높은지를 기준으로 저평가와 고평가를 나타내는 지표가 MVRV이다. 그리고 MVRV가 1 이하, 즉 시장의 가격보다 낮게 거래될 때 이제까지 암호화폐는 저점을 찍었다는 뜻이다.

MVRV는 고점은 점점 낮아지는 모습을 보여주면서 가격의 고점을 정확하게 알려주진 않지만, 바닥은 정확하게 예측하는 것을 볼 수 있다. 고점도 정확하게 잡아내지 못할 뿐이지 현재 시장이 공격적으로 투자해야 하는 시기인지 보수적으로 투자해야 하는 시기인지는 알려주기 때문에 투자자들이 시장에서 투자할 때 든든한 지원군 역할을 해주는 사이클 데이터라고 볼 수 있다.

현재 어떤 것이 유리한 시장인지 모를 땐 MVRV 데이터를 확인해라. 데이터에 입각하지 못한 애매한 주장보다는 투자에 훨씬 더 많은 도움을 줄 것이다.

NUPL

두 번째 비트코인의 대표적인 사이클 데이터는 NUPL^{Net Unrealized} ^{Profit/Loss} 차트다. 전체 코인이 마지막 거래된 시점에서 전체 수익의 양과 손실량의 차이로 현재 시장의 고평가와 저평가를 판단하는 데이터다.(NUPL 차트는 마지막 거래 시점을 매수 시점이라고 가정하고 계산하는 데이터다.) 0 이상의 값일 때는 수익을 보는 코인이 많다는 뜻이고, 높아질수록 수익을 보는 사람들이 더 많기 때문에 매도 압력이 강해질 수 있고 시장은 하락할 확률이 높아진다. 반대로 0 아래일 경우에는 손실을 보는 투자자들이 많아진다는 뜻으로 많은 사람이 손실을 보기 때문에 이 정도로 빠지면 이제까지 시장은 바닥인 경

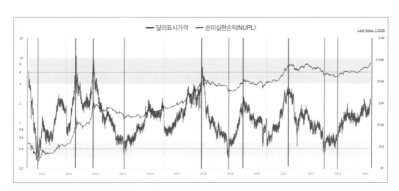

NUPL 온체인 데이터
(출처: 크립토퀀트)

우가 많았고, 매수세가 발생할 확률이 올라간다. 이렇게 현재 마지막 거래 시점을 기준으로 수익을 보는 사람이 많은지 손실을 보는 사람들이 많은지로 시장 분위기를 파악하는 것이 NUPL 지표다.

데이터값에 따라 아래부터 파랑, 초록, 노랑, 주황, 빨강 영역으로 나뉜다. 일반적으로 시장에서는 순서대로 극단적 공포, 공포, 중립, 탐욕, 극단적 과열 구간으로 나눈다. 극단적 공포 구간이면 바닥을 만들었고, 탐욕 혹은 극단적 탐욕 구간으로 들어갈 경우 시장은 고점을 찍었다. 한 가지 주의할 점은 비트코인이 자산시장에서 점차 자리를 잡아가면서 시장이 성숙해지고, NUPL 지표의 고점과 저점은 진폭을 줄이고 있다는 사실에 주목할 필요가 있다는 것이다. 변동성이 줄어들면서 투자자들은 수익을 보는 시간을 줄이고 손실을 보는 시간도 줄어들면서 진폭이 점점 좁아지는 것이다. 암호화폐 대표 사이클 차트인 NUPL 지표를 보면 현재 투자자들의 손익 구조에서 투자자들의 심리를 알 수 있다. 이로써 내가 현재 암호화폐 시장에서 욕심을 부려야 하는 상황인지 내려놓아야 하는 상황인지 알려주는 신호등 역할을 한다.

퓨엘 멀티플

퓨엘 멀티플 온체인 데이터는 암호화폐 3대 사이클 지표 중 마지막 지표다. 앞서 온체인 데이터에서도 소개했지만 암호화폐에서 중요한 역할을 하는 채굴자를 추종하는 온체인 데이터다. 하루에 채굴된 코인의 가치를 지난 1년 동안의 일 평균 채굴량으로 나눈 값

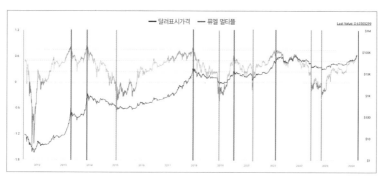

퓨엘 멀티플 데이터
(출처: 크립토퀀트)

으로, 1년 대비 채굴자들의 수익성이 얼마나 높은지를 나타낸다. 이 데이터가 초록색 구간으로 들어왔던 시점에는 바닥을 찍고 반등하는 모습을 볼 수 있고, 빨간색 영역으로 들어가면 고점을 찍는 모습을 볼 수 있다. 다만, 최근에는 채굴자들의 경쟁이 심해지면서 수익성이 낮아졌기 때문에 빨간색 영역까지 도달하지 않고도 고점을 찍는 모습을 많이 볼 수 있다. 채굴자들의 수익 구조를 보면서 시장 분위기를 파악한다면 현재 시장 흐름을 읽을 수 있다.

실현가격

마지막 데이터는 비트코인 사이클을 설명하면서 언급한 실현가격 온체인 데이터다. 실현가격은 전체 비트코인 홀더들의 매수 평단이라고 생각하면 된다. 일반적으로 이 데이터는 세부적으로 장기투자자(비트코인을 6개월 이상, 즉 155일 이상 보유한 사람)의 실현가격과 단기투자자(비트코인을 6개월 미만, 즉 155일 미만 보유한 사람)의 실현가

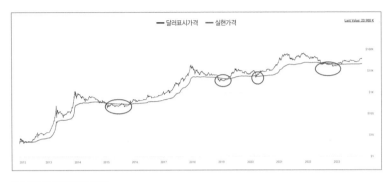

비트코인 실현가격 차트
(출처: 크립토퀀트)

격으로 나뉘는데, 전체 시장의 흐름을 파악하려면 구분 없이 모든 투자자의 실현가격을 보면 더 유리하다. 실현가격은 고점을 정확히 알려주진 않지만, 현재가 시장이 매수에 유리한 구간인지는 충분히 알 수 있다. 위 차트를 보면 비트코인 가격이 실현가격 아래로 하락할 경우 바닥을 형성한 후 다시 상승하는 모습을 보여주었다.

학교에서 장난감을 파는 시장이 열렸다고 해보자. 모든 학생이 장난감을 팔거나 사려고 모였을 것이다. 이때 학생들이 장난감을 얼마에 샀는지 기록하는 공책이 있는데 여기에는 각 장난감의 '실현가격'(=거래된 가격)을 기록했다. 만약 코인 장난감을 10명이 다양한 가격으로 구매했다면, 그들이 지불한 모든 가격을 합한 뒤 10으로 나눈 가격이 그 코인 장난감의 '실현가격'이 된다.

그런데 시간이 지나면서 코인 장난감의 가격이 실현가격보다 더 낮아진다고 해보자. 그러면 많은 학생이 코인 장난감을 원래보다 더 싸게 살 수 있다고 생각하게 되고, 이런 생각을 하는 학생들이 많아지면 자연스레 코인 장난감 수요가 늘면서 가격이 다시 상승할 확률이 높아진다. 이렇듯 비트코인도 가격이 실현가격보다 낮은 상태에서 거래되면 투자자들은 매수 기회로 생각할 테고 비트코인을 구매하려는 수요 욕구가 강해지는 것이다. 그래서 실현가격보다 낮은 가격은 매수하기 적절하다고 보는 것이다.

다만, 앞서 살펴본 사이클 데이터와 마찬가지로 주의가 필요하다. 실현가격 아래에서 거래될 경우 시장은 분명 매수하기 좋은 시기가 왔다는 신호이지만, 이 기간이 얼마나 길어질지는 모른다. 또 반드시 강세장으로 이어지는 것은 아니라는 점은 꼭 알아두어야 한다.

이렇듯 사이클 지표들은 전반적인 시장 흐름을 파악하는 데 많은 도움이 되므로 남들이 현재가 시장의 고점인지 바닥인지로 논쟁할 때 거기에 참여할 필요가 없다. 이 지표를 보면 시장의 고점과 저점을 알 수 있다는 건 거짓말이지만 적어도 내가 투자 비중을 공격적으로 늘려야 할 때인지 점점 줄여가며 수익을 실현해야 할 때인지는 알 수 있다. 또 남들 말에 흔들리지 않고 내 눈으로 직접 확인하면서 암호화폐 시장이 현재 어느 구간에 도달했는지 볼 수 있다. 다만 비트코인의 사이클이 영원히 지속될 것이라고 확신하기보다는 사이클 데이터를 통해 시장의 현재 흐름을 파악하는 도구로 사용하길 바란다.

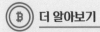 **더 알아보기**

공포는 한정적이지만 광기는 한계가 없다

투자 시장에서 배운 것 가운데 하나가 공포에는 항상 한계가 있지만 광기에는 한계가 없다는 것이다. 특히 차트에 사용하는 보조지표와 데이터들에서 이런 현상을 쉽게 발견할 수 있다.

각종 보조지표와 데이터들은 항상 시장의 바닥은 근사치로 잘 맞추는 경향이 있다. 하지만 고점을 파악할 때는 바닥에 비해 부정확한 것을 흔히 볼 수 있는데, 이는 투자 시장에서 공포는 언제나 한계가 있지만 광기는 그 끝을 알 수 없다는 점에서 비롯한다.

쉽게 예를 들어보자. 많은 투자자가 싸게 사고 비싸게 팔기 위해 투자 시장에 들어와 소중한 시드로 투자에 참여한다. 즉, 투자자 대부분이 투자하는 자산이 상승할 거라는 기대감을 가지고 들어온다. 반면 상승은 수없이 많은 개인투자자의 투기심리가 합쳐지기 때문에 해당 시점을 정확히 알 수 없다. 그렇기에 투자자산의 차트를 보면 하락은 짧고 굵게 그리고 상승은 길고 그 끝을 알 수 없는 구간까지 일어나는 것이다.

이러한 특징은 투자 시장을 분석하고 매매하는 데 많은 가르침을 준다. 보조지표, 데이터를 통해 시장을 판단할 때 바닥을 알려주는 신호는 신뢰도를 높게, 고점을 알려주는 신호는 신뢰도를 좀 더 낮게 보는 것이 좋고 매매할 때도 공매도보다는 상승하는 데 베팅하는 것이 훨씬 더 유리하다는 것을 말해준다.

₿ 승률을 더 높여주는 5개의 고급 지표

이제까지 온체인 데이터의 중요성부터 그 한계 그리고 중요한 온체인 데이터들까지 살펴보았다. 그러나 암호화폐 시장은 지속적으로 변화하므로 한 가지 지표가 아닌 여러 도구를 적재적소에 잘 사용해야 살아남을 수 있다. 따라서 시장의 흐름을 읽는 데 전문적이고 정확하게 접근할 수 있는 지표 다섯 가지를 살펴본다.

바다를 항해하는 선장이 해류나 바람의 방향을 세밀하게 파악함으로써 안전하고 빠르게 목적지에 도착하는 것과 유사하다. 지금까지 나아가야 하는 방향을 배웠다면 이제는 그 방향으로 더 빠르고 안전하게 가는 방법을 배우는 것이다. 지금까지 배운 지식 위에 여기서 다루는 세부 지표를 더하면, 암호화폐 시장에서 전략을 좀 더 체계적·효과적으로 구축하는 데 큰 도움이 될 것이다.

프리미엄 지표

암호화폐 시장에는 다양한 프리미엄이 존재한다. 프리미엄 현상은 특정 거래소나 국가에서 암호화폐 가격이 다른 곳에 비해 상대적으로 높게 형성될 때 발생한다. 예를 들어 A와 B라는 두 섬이 있는데, A섬에는 사과가 넘쳐나고, B섬에는 사과가 거의 없다. 사과한 개 가격이 A섬은 1,000원인 반면 B섬은 3,000원이다.(단, A섬과 B섬 사이에는 다리가 없어서 사과를 A섬에서 B섬으로 가지고 오려면 특정한 조건을 만족시켜야 한다고 가정한다.) 이런 상황에서 B섬의 사과가 A섬의 사과보다 비싸게 거래되는 것을 '사과 프리미엄'이라고 할 수 있다. 이렇듯 프리미엄은 국가 간의 규제와 제한이 다르거나 거래소의 유동성에서 차이가 발생하거나 특정 국가로 자금 이동이 제한될 때 발생한다.

 더 알아보기

왜 암호화폐 시장은 주식시장보다 프리미엄이 심할까?

주식시장과 암호화폐 시장은 구조적·규제적·기능적 차이가 있어 암호화폐 시장에만 프리미엄 현상이 발생하는데, 대표적인 이유는 다음과 같다.

① 주식시장은 국가별로 잘 정립된 규제 체계와 감독 기구에 의해 관리되므로 특정 국가에서 주식 가격이 크게 벗어나면 즉각 개입이나 규제가 이뤄진다. 암호화폐는 국경을 넘나들며 다양한 국가의 거래소에서 거래되기 때문에 국가별로 규제에 차이가 있어 프리미엄이 발생한다.

② 주식시장의 자금 이동은 상대적으로 느리고 국제적인 자금 이동에는 여러 규제와 제한이 있다. 암호화폐는 국경을 가리지 않고 빠르게 이동할 수 있어 특정 지역에서 수요가 증가할 경우 프리미엄 현상이 빠르게 발생할 수 있다.

③ 암호화폐는 모든 국가에서 똑같은 자산으로 거래가 일어나기 때문에 특정 국가에서 암호화폐에 대한 환전이 제한되거나, 해외로 자금을 이동하는 데 제한이 생기면 해당 국가의 거래소에는 프리미엄이 발생하게 된다.

이러한 이유로 주식시장에는 흔치 않은 프리미엄이 암호화폐 시장에서는 자주 발생한다.

암호화폐에는 여러 가지 프리미엄이 존재하지만, 투자할 때 도움이 되는 대표적인 프리미엄 지표가 두 가지 있다. 이 프리미엄 지표를 살펴보면서 시장을 분석할 때 어떻게 활용할 수 있는지 알아본다.

첫 번째는 한국 프리미엄 인덱스다. 흔히 암호화폐 시장에서는 '김치 프리미엄'이라는 말로 통용된다. 김치 프리미엄은 우리나라의 암호화폐 가격이 다른 국가보다 상대적으로 높을 때 발생하는 현상이다. 김치 프리미엄이 특정한 움직임을 보일 때 규칙적인 움직임이 일어나는데, 우리는 이것으로 디테일한 시장을 전반적으로 분석할 수 있다. 그러려면 한국 시장의 특징을 알 필요가 있다.

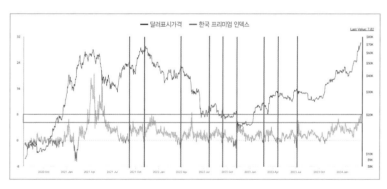

한국 프리미엄 인덱스
(빨간선: 김치 프리미엄이 역프리미엄이었을 때 시장이 고점을 찍은 경우, 파란 박스: 김치 프리미엄 미들탑 구간)
(출처: 크립토퀀트)

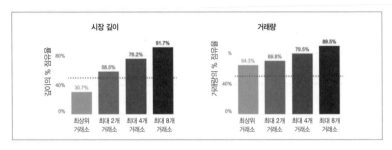

시장 깊이 | 거래량

상위 8개 거래소가 차지하는 유동성, 거래량 비율
(출처: 카이코)

	시장 깊이							
2021	Binance	Coinbase	Huobi	OKX	CoinEX	KuCoin	ZB (shut down)	Binance.US
2023	Binance	Coinbase	Kraken	OKX	KuCoin	Bybit	Binance.US	Bitfinex
	현물거래량							
2021	Binance	OKX	Huobi	Bitfinex	Upbit	Coinbase	ZB	FTX
2023	Binance	OKX	Coinbase	Upbit	Bybit	KuCoin	Huobi	Kraken

유동성, 현물거래 상위 8개 거래소
(출처: 카이코)

현재 전 세계 수많은 중앙화거래소 중 거래량의 89.5%는 8개 중앙화거래소로 모여 있다. 그 거래소 안에는 우리나라의 대표 거래소인 업비트가 속해 있다. 업비트의 현물거래량은 전 세계에서 인정받을 정도의 규모라는 것이다.

대한민국의 암호화폐 거래소 중 가장 대표 거래소는 '업비트'다. 따라서 미국을 대표하는 거래소와 대한민국을 대표하는 업비트의 거래량 비중으로 우리나라 암호화폐 시장의 특징을 살펴본다. 코인

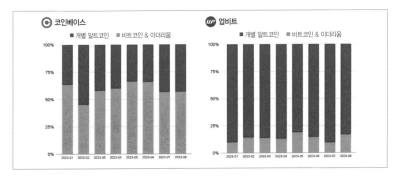

코인베이스와 비교한 업비트의 거래량 비중
(출처: CryptoCompare)

베이스는 비트코인과 이더리움의 거래량이 평균 50% 이상인 것을 볼 수 있다. 대부분 글로벌 거래소들이 마찬가지로 비트코인과 이더리움의 거래 비중이 50% 정도를 육박한다. 암호화폐 시장 안에서 변동성이 상대적으로 작은 자산들의 비중이 높다는 것을 의미한다. 하지만 업비트는 비트코인과 이더리움의 거래 비중은 20% 정도밖에 되지 않고, 80%는 개별 알트코인이 차지하는 것을 알 수 있다. 이러한 데이터에서 우리나라 암호화폐 시장의 몇 가지 특징을 알 수 있다.

 더 알아보기

우리나라 암호화폐 시장의 특징
• 다른 국가에 비해 상대적으로 유동성에 대단히 민감하다.
암호화폐 시장의 유동성을 보는 방법은 여러 가지가 있지만, 알트코인 거래가 얼마나 활발한지를 보면 알 수 있다. 큰 도시 중앙에 거대한 시장이 하나 있다고 해보자. 도시

주민들이 소비를 활발하게 할 때 중앙시장뿐 아니라 주변의 작은 상점과 바자회에서도 거래가 활발할 수 있다. 즉, 주민들의 충분한 구매력이 소비 확장을 일으킨다는 뜻이다. 마찬가지로 이 시장에 충분히 많은 구매력이 들어올 때 개별 알트코인들의 상승세가 나올 수 있다. 이런 알트코인들의 거래를 대변하는 우리나라의 유동성은 다른 국가보다 더 민감할 수밖에 없다.

• **투기적 성향이 강하다.**

비트코인, 이더리움을 제외한 개별 알트코인은 전체 시가총액이 작아서 적은 금액으로도 가격에 변동성을 줄 수 있다. 그래서 알트코인은 시가총액이 상대적으로 많은 비트코인과 이더리움에 비해 변동성이 크며, 이러한 큰 수익률로 거래를 많이 하는 우리나라의 거래 특징은 투기적 성향이 강하다고 볼 수 있다.

그렇다면 김치 프리미엄은 비트코인 가격과 어떤 상관관계가 있을까? 김치 프리미엄이 역프리미엄(특정 지역 가격이 상대적으로 낮아지는 현상)을 보이게 되면 시장은 단기·중기적으로 고점을 찍는 경우가 매우 많다. 왜 이런 현상이 나타나는지를 아는 것이 중요한데, 우리나라는 유동성에 무척 민감하다. 그렇기에 우리나라의 거래가 활발하지 않다는 것은 알트코인 쪽으로 자금이 몰리지 않아 관심도가 떨어진다는 뜻이고, 알트코인 쪽으로 자금이 몰리지 않는다는 의미는 이 시장에 유동성이 풍부하지 않다는 뜻이다. 이러한 이유로 김치 프리미엄이 역프리미엄을 보일 때 비트코인 가격이 상승한다면 이는 경고 신호라고 생각하면 된다.

다만, 여기서 주의할 점이 있다. 데이터에서 강세장에는 김치 프리미엄이 아주 높게 상승하는 것을 볼 수 있다. 이때는 우리나라 개인 투자자들의 관심도가 매우 높아지면서 투기적 성향이 나오게 된다.

그리고 개인투자자들의 관심도가 필요 이상으로 높아지면서 과열을 보일 경우 강세장의 끝을 알려주는 데이터로도 사용할 수 있다.

보통 김치 프리미엄이 6~8% 구간에 도달했을 때를 미들탑 구간(데이터상 고점은 아니지만 많은 저항을 받거나 주의가 필요한 구간)으로 보는데 이를 넘어갔을 때는 개인투자자들이 시장에 많이 뛰어드는 강세장이라고 보고 이를 넘지 못하면 과열신호로 파악한다.

정리하면 김치 프리미엄은 다양한 고점 신호로 작용할 수 있는데, 일정 수준을 넘어섰을 때는 오히려 상승장의 모습을 보여줄 수 있다는 사실을 염두에 두고 봐야 하는 데이터다.

두 번째로 주목할 프리미엄 지표는 코인베이스 프리미엄이다. 흔히 오해하는 부분이 김치 프리미엄에서 한국 거래소와 그 외 해외거래소를 비교했듯이 코인베이스와 그 외 해외거래소를 비교했다는 것이다. 코인베이스 프리미엄은 코인베이스와 해외지역의 가격 차이를 비교한 데이터가 아니라 코인베이스와 바이낸스의 가격 차이를

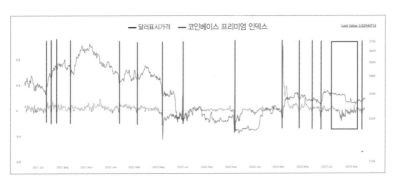

코인베이스 프리미엄 온체인 데이터
(출처: 크립토퀀트)

비교한 데이터다.

보통 암호화폐 시장에 많은 영향을 주는 지역이 두 곳 있다. 서양에서는 미국이고 아시아에서는 중국이다. 중국이 채굴을 금지하면서 암호화폐 거래를 금지했기 때문에 중국이 암호화폐 시장에 미치는 영향력이 없다고 보는 사람들이 많은데, 이미 중국은 글로벌 거래소를 통해 이 시장에 많은 영향력을 미치고 있다. 아시아인의 비중이 많은 글로벌 거래소가 대표적으로 바이낸스, OKX인데, 아시아인 중에서는 중국 사람들의 비중이 높은 편이다. 그렇기에 코인베이스 프리미엄은 단순히 코인베이스의 프리미엄을 보여주는 데이터가 아니라 미국의 대표적 거래소인 코인베이스와 중국인이 가장 많이 사용하는 대표적 글로벌 거래소인 바이낸스의 매수세 차이를 보여주는 데이터라고 보는 것이 맞다.

코인베이스 프리미엄이 역프리미엄을 보이면 비트코인은 단기·중기적으로 바닥을 찍거나 큰 하락세를 멈춰 세우는 경우가 많다. 경제규모가 가장 큰 미국에서 거래소 움직임이 둔해질 때 가격이 조정 또는 하락세를 보인다면, 미국 거래소에서 매수세가 붙으면서 시장이 상승할 가능성이 높아진다는 뜻이다.

이렇듯 프리미엄 지표만 알고 이해해도 암호화폐 시장의 디테일을 잡는 데 도움이 많이 되지만 어떠한 데이터도 자로 잰 듯 맞아떨어지고 100% 맞는다는 보장은 없다. 따라서 프리미엄 지표는 암호화폐 시장을 분석할 때 여러 데이터와 섞어서 사용하는 것이 좋다.

거래량 도미넌스

암호화폐에 투자하다 보면 "비트코인 도미넌스가 50%를 넘으면서 시장이 상승했다"처럼 도미넌스라는 말을 많이 듣는다. 도미넌스는 암호화폐 시장에서 특정 암호화폐가 시장 전체의 가치 중 얼마나 차지하는지를 나타내는 지표다. 우리가 흔히 사용하는 비트코인, 이더리움 도미넌스는 암호화폐 전체 시가총액에서 비트코인과 이더리움의 시가총액이 얼마나 차지하는지를 의미한다. 조금 낯설지 모르겠지만, 거래량 도미넌스라는 것도 있다. 암호화폐 시장에서 일어나는 거래량에서 비트코인, 이더리움, 개별 알트코인의 거래량이 어느 정도 비중을 차지하는지를 알려주는 데이터인데, 이 데이터로도 여러 가지 인사이트를 얻고 디테일한 분석 또한 가능하다.

이는 암호화폐의 거래량 비율을 보여주는 거래량 도미넌스 데이

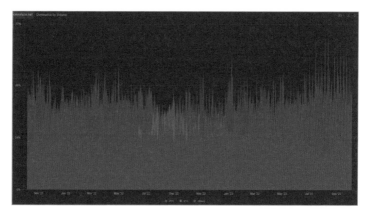

암호화폐 거래량 도미넌스
(파란색: 비트코인 거래량 도미넌스, 초록색: 이더리움 거래량 도미넌스, 주황색: 알트코인 거래량 도미넌스)
(출처: coinalyze)

터다. 현재 거래량이 어디에 몰려 있는지에 따라 암호화폐 시장의 분위기를 파악하는 데 도움이 된다. 투자 시장에서 관심과 유동성이 한쪽으로 쏠리면 시장의 불안정성을 초래하면서 부정적으로 작용할 확률이 높다. 이는 유동성이 풍부한 시장일 때도 유동성이 부족한 시장일 때도 나타나는 현상이다.

유동성이 풍부한 시장에서 관심이 한쪽으로 쏠리면 그쪽은 더 많은 관심을 받게 되고 더 많은 유동성이 공급되면서 투기적 거품이 형성된다. '탈출은 지능 순'은 자산시장에 투기적 거품이 형성될 때 매우 적절한 말이다. 이러한 투기적 거품은 무너질 개연성이 높으며, 거품이 무너지면 여기서 자금 손실이 많이 발생해 시장의 불안정성으로 이어진다. 다만 유동성이 풍부한 시장은 쉽사리 전체 자산의 상승세가 무너지지는 않는다. 한마디로 정의하면 유동성이 풍부한 시장에서 자금의 쏠림현상은 돈을 벌 기회를 제공하지만, 낭떠러지를 향해 달려가는 자동차처럼 적절한 때에 탈출해야 한다는 사실을 알고 시장에 공격적으로 참여해야 하는 시기라고 생각하면 된다.

유동성이 부족한 시장에서 관심이 쏠리는 현상은 더 비극적이다. 유동성이 부족하다는 건 자금 흐름이 제한적일 수밖에 없다는 뜻이다. 이런 상황에서 특정 자산으로 관심이 집중되면 해당 자산은 급격히 상승하게 된다. 수요에 비해 제한된 공급 때문이다. 한정판으로 발매된 신발과 제한이 없는 물량으로 발매된 신발의 차이를 생각하면 당연한 이치라는 생각이 들 것이다. 이런 관심에 따른 상승은 더 빠른 붕괴현상을 만들어내고 이 경우 고점에서 잘못 매수한 사람들은 유동성 부족으로 자산을 팔기도 어려운 상황이 올 수 있어 큰 손실을 볼 개연성이 크다.

이렇듯 자산시장에서 유동성이 부족한 상황에 관심이 한쪽으로 쏠리는 것은 좋은 현상이 아니다. 암호화폐의 경우 다른 자산시장과 다르게 비트코인 쪽으로 자금이 몰리면서 돈의 흐름이 퍼져나가기 때문에 이 현상은 나쁜 것은 아니지만 이더리움과 개별 알트코인 쪽으로 몰리는 것은 말이 다르다. 자금이 알트코인 쪽으로 몰리면서 거래가 활발해질 때 암호화폐 시장에는 어떤 일이 있는지 살펴보자.

알트코인 거래량 도미넌스 데이터에서 알트코인 거래량이 50%를 넘어 올라왔을 때만 따로 표시해두었다. 이렇게 알트코인 쪽으로 거래량이 과하게 몰렸을 때 암호화폐 시장은 어떤 모습을 보였을까?

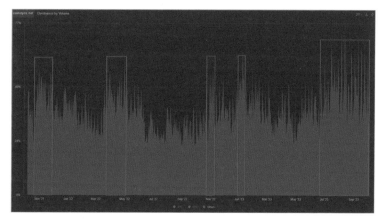

알트코인 거래량 도미넌스가 50% 이상 과하게 거래가 쏠렸던 구간
(출처: coinalyze)

암호화폐 시가총액 차트에 알트코인 거래량 도미넌스 과열 구간을 표시한 차트
(출처: 트레이딩뷰)

전체 암호화폐 시가총액을 나타내는 차트에 위에서 말한 알트코인 거래량 도미넌스가 과열을 보인 기간을 표시해보면 시장이 고점을 찍고 하락한 경우 세 번, 2023년 시장이 바닥을 찍고 반등한 이후 우상향 횡보 한 번 그리고 현재를 볼 수 있다. 시장이 바닥에서 강한 매수세를 보이면서 상승한 경우를 제외하면 대부분 알트코인 쪽으로 거래량이 몰리면서 투기적 성향이 강해질 때 시장은 어김없이 하락하는 모습을 보였다. 그리고 현재는 지속적으로 알트코인의 높은 거래량이 변동하며 높은 수준을 보인다. 이렇게 알트코인 쪽으로 강하게 관심이 몰리면서 많은 거래량이 일어난 후 적어도 큰 상승을 보인 적은 없다. 그리고 지금은 유동성이 부족한 상태에서도 알트코인 거래가 많이 발생하는 상황이다.

물론 이 데이터를 참고할 때는 반드시 주의해야 하는 점이 있다. 위에서 말한 논리는 시장의 유동성에 따라 다른 상관관계를 보인다는 것이다. 유동성이 부족한 시장에서는 상관관계가 높아지고, 특히 전체 추세가 하락할 때는 더욱 신뢰도가 높아진다. 하지만 유동성이 풍부하고 전반적 추세가 상승세를 탈 때는 신뢰도가 낮아지는 경향이 있다. 그래서 거래량 도미넌스를 볼 때는 시장의 유동성과 전반적 추세를 참고해야 한다.

알트코인 인덱스

암호화폐 시장은 항상 크게 비트코인, 이더리움, 알트코인 3가지 영역으로 나뉜다. 우리나라 사람들은 늘 알트코인에 열광한다. 수익률을 많이 주기 때문이다. 앞서 알트코인의 거래량 점유율로 시장의

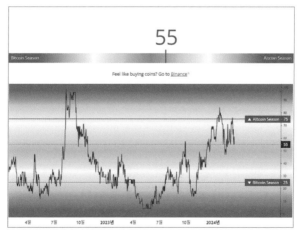

알트코인 시즌 인덱스 차트
(출처: blockchaincenter.net)

전반적 과열 수준을 판단했다면, 이번에는 알트코인의 변동성으로 현재가 알트코인에 투자하기 좋은 시장인지 아니면 알트코인을 정리하는 것이 좋은 시장인지 알아본다. 아무리 많은 스킬을 가졌다 해도 현시점이 무엇에 투자하는 것이 유리한 시장인지 알 수 없다면 모든 것은 무의미하다. 암호화폐 시장에 열광하고 공부하고 노력하는 최종목적은 수익을 발생시켜 내 자산을 증식하는 데 있기 때문이다.

나는 모든 데이터를 볼 때 데이터의 정확한 결괏값이 나오는 방법을 알고 가라고 말하곤 한다. 이 데이터값을 도출하기 위해 어떤 연산작업이 이뤄졌는지에 따라 정확한 해석이 가능하기 때문이다. 알트코인 시즌 인덱스 데이터는 지난 90일 동안 상위 50개 알트코인 중 몇 개 알트코인이 비트코인보다 더 높은 상승을 보였는지로 알트코인의 시즌을 판단하는 것이다. 보통 25% 이하의 알트코인이 비

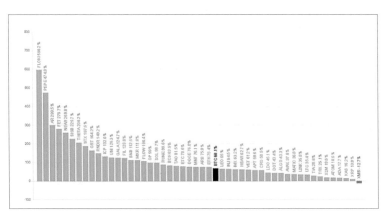

상위 50개 알트코인의 비트코인 대비 등락률(90일간)
(출처: blockchaincenter.net)

트코인보다 좋은 상승을 보였다면 비트코인 시즌, 75% 이상의 알트
코인이 비트코인보다 좋은 상승을 보였다면 알트코인 시즌이라고
한다.

위 자료는 비트코인 대비 상위 50개 알트코인의 90일 동안 평균
등락폭을 보여준다. 알트코인은 비트코인보다 변동성이 크기 때문
에 상승률이 높은 게 당연하다고 생각할 수 있다. 일부 알트코인이
비트코인보다 상승률이 높은 건 얼마든지 가능하지만, 많은 알트코
인이 비트코인보다 상승률을 높이려면 반드시 알트코인 쪽으로 자
금이 많이 몰려야 한다. 그렇기에 이 데이터로 지금 어디에 투자하
는 것이 유리한지 인사이트를 얻고 투자에 적용이 가능한 것이다.

하지만 이렇게 쉬운 데이터였다면 여기 소개하지도 않았을 것이
다. 앞으로도 많은 데이터를 보겠지만, 유동성 여부에 따라 데이터

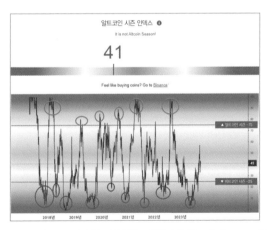

알트코인 시즌 인덱스가 25% 이하를 기록했을 때(빨간색 동그라미), 75% 이상을 기록했을
때(파란색 동그라미)
(출처: blockchaincenter.net)

해석은 완전히 달라진다. 그래서 유동성과 같이 비교해서 어떻게 해석해야 하는지 살펴본다.

알트코인 시즌 인덱스 데이터가 극단적인 모습을 보였을 때를 위 그림에서 빨간색과 파란색으로 표시했다. 이를 비트코인을 제외한 알트코인 시가총액 차트를 통해 비교해보자.

다음은 이더리움과 알트코인의 시가총액을 합쳐놓은 TOTAL 2 티커를 가지고 있는 차트다. 보기 편하게 로그 차트로 표기했다. 빨간색 동그라미는 비트코인 시즌, 파란색 동그라미는 알트코인 시즌의 시기를 표시한 것이다.

이 데이터를 통한 매매전략은 비트코인 시즌이 오면 이더리움과 알트코인의 비중을 늘리고 전체적인 시장은 공격적으로 매도에 집중하기보다는 천천히 매수에 집중한다고 가정한다. 그리고 알트코

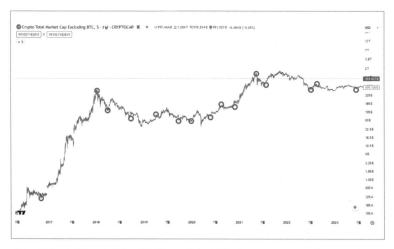

비트코인을 제외한 이더리움+개별 알트코인의 시가총액(TOTAL 2차트) 주봉 로그 차트
(출처: 트레이딩뷰)

인 시즌이 오면 이더리움과 알트코인의 비중을 줄이고 전체 시장은 모아가는 매수방식이 아닌 공격적인 비중 줄이기에 집중한다고 가정한다. 계산해보면 중장기적으로 승률은 80% 이상이다. 압도적으로 성공확률이 높은 것이다. 또 차트의 기준으로 봤을 때 기간이 아주 짧아 보일 수 있지만, 주봉 차트임을 감안하면 단기(1~3달) 기준으로 봤을 때는 승률이 거의 100%인 것을 알 수 있다.

이 데이터는 아주 간단하고 볼품없는 것처럼 보일지 모르겠지만, 투자자들의 심리상태, 유동성, 관심도를 한번에 알 수 있는 매우 유용한 데이터다. 데이터가 겉모습이 화려하고 엄청 전문적인 것처럼 보인다고 해서 무조건 유용한 것은 아니다. 데이터의 성격을 이해하고 적절한 데이터를 조합해서 사용하는 것만큼 값어치 있는 데이터는 없다.

 더 알아보기

유동성과 알트코인 인덱스의 상관관계

- **유동성이 풍부한 시장**
  - 비트코인 시즌에 있다면, 이더리움과 알트코인에 관심을 가지면 아주 높은 수익률을 얻을 수 있다.
  - 알트코인 시즌에 있다면, 단기간에는 조정이 올 가능성이 크지만, 유동성이 유지되는 한 일정 기간의 조정을 겪고 나서 재차 상승할 가능성도 크다.
- **유동성이 부족한 시장**
  - 비트코인 시즌에 있다면, 이더리움과 알트코인에 큰 관심을 가지지 않는 것이 좋다. 가지더라도 비중을 많이 낮추는 것이 좋다. 보통 이 경우 전체 시장이 하락하면서 알트코인이 덜 빠질 가능성이 있으며, 오르더라도 긴 기간에 높은 수익률을

보이기는 어렵다.
- 알트코인 시즌에 있다면, 매우 높은 확률로 위험 신호를 알려주는 데이터다. 부족한 유동성 시장에 알트코인 쪽으로 자금이 몰렸다는 것은 시장이 급격한 하락을 겪을 여지가 매우 강하다는 신호다.

알트코인 인덱스 데이터를 볼 때는 개별 알트코인의 시가총액 점유율을 참고하는 것이 좋다. 상위 50개 알트코인과 비트코인만 비교했기에 흔히 우리에게 알려진 메이저 코인들의 통계라고 본다면, 알트코인 도미넌스는 대부분 알트코인이 포함되므로 이 둘을 같이 보면 알트코인 인덱스 데이터의 신뢰도를 좀 더 높일 수 있다. 추세적으로 알트코인 인덱스 데이터가 높은 수치를 보일 때 그리고 알트코인 도미넌스가 상승 추세를 보이는, 즉 같은 방향을 보면서 움직일 때 신뢰도가 더 높아진다는 뜻이다.

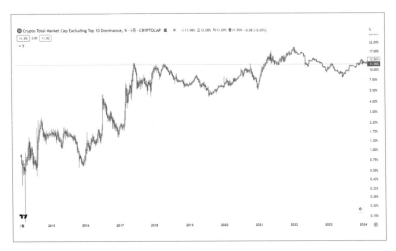

개별 알트코인 도미넌스 주봉 로그 차트
(출처: 트레이딩 뷰)

트레이딩 볼륨

지금까지 유동성에 관련된 이야기를 많이 했지만 모든 유동성이 전부 같은 유동성은 아니다. 이 지표는 여러분이 유동성을 판단할 때, 유동성의 자세한 상황을 파악하는 용도로 매우 유용한 데이터다.

투자 시장은 크게 현물시장과 파생상품 시장으로 나뉜다. 현물시장은 실제 자산을 즉시 거래하는 시장이고, 파생상품 시장은 기초자산의 가격 변동에 기반하여 만들어진 계약을 거래하는 시장이다. 이러한 특성으로 현물시장은 실제 자산을 거래하며 실제 인도와 결제가 짧은 시간에 이뤄지고, 레버리지의 사용 범위나 정도가 제한적으로 사용된다. 반대로 파생상품 시장은 기초자산의 가격 변동에 기반하여 만들어진 계약을 거래하는 시장이다. 기초자산 자체를 거래하는 것이 아니라 그 가격의 변동에 따른 이익 또는 손실이 발생하는 거래이므로 성격이 현물시장과는 다르게 투기성과 헤지용으로 사용되곤 한다. 다만, 암호화폐 시장의 특성상 무기한 선물시장은 투기성으로 사용되는 경우가 다반사다.

물을 담을 수 있는 큰 그릇과 작은 그릇이 있다고 할 때 큰 그릇에 물이 가득 차면 주변의 작은 그릇으로도 물이 넘친다. 하지만 작은 그릇은 물이 가득 차도 큰 그릇에 영향을 미치지 못한다. 넘치는 물은 결국 그릇이 아닌 다른 곳으로 흘러가버린다. 여기서 큰 그릇이 현물시장, 작은 그릇이 파생상품 시장이라고 생각하면 된다. 현물시장이 활성화되면 이 유동성은 여러 자산으로 흘러 들어가면서

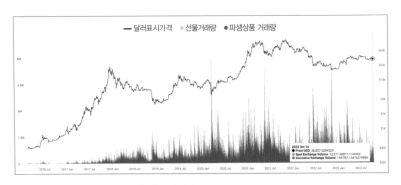

현물, 선물거래량을 보여주는 온체인 데이터
(출처: 크립토퀀트)

더 많은 유동성을 만들어내고 더 큰 가격 상승을 불러온다. 하지만 현물시장의 유동성 없이 파생상품 쪽으로만 유동성이 흘러들어오면 다른 유동성을 만들어내기보다 암호화폐 파생상품의 특성상 투기과열 신호로 볼 수 있다.

암호화폐 시장은 현물거래량보다 파생상품 거래량이 더 많은 자산시장이다. 하지만 현물거래량에 비해 파생상품 시장이 얼마나 과열된 상태인지를 판단할 수 있다. 이로써 현재 암호화폐 시장이 현물거래 중심으로 돌아가는지 파생상품 거래 중심으로 돌아가는지 인지하고, 그에 맞게 계획을 세워 시장에 대응할 수 있다.

암호화폐 시장에서 파생상품은 2010년 중반 등장하기 시작했고, 2017년부터 본격적으로 거래가 활발해져 2018년 이후로는 다양한 암호화폐 파생상품이 시장에 등장하며 시장이 본격적으로 성숙해졌다. 그래서 2018년 이후 데이터를 이용하여 현물거래량과 파생상품 거래량의 비율을 통계를 바탕으로 알아보려고 한다.

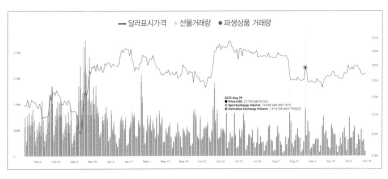

2023년 10월 암호화폐 시장 거래량 비율

(출처: 크립토퀀트)

　통계를 토대로 보면 암호화폐 거래량의 비율은 현물거래량에 비해 파생상품 거래량이 4~5배 많은 것이 이상적인 시장이다. 보통이 정도 비율이 있으면 현물 중심 거래가 일어난다고 봐도 무방하다. 이 비율 이하는 현물거래 비중이 비이상적으로 높다는 것이고, 이 비율 이상은 선물거래 과열 상태를 의미한다. 거래량을 아무리 많이 가지고 있다 해도 현물거래량이 동반되지 않는 거래량은 소용없다. 현물거래량이 받쳐주지 않는 파생상품 거래량은 과열을 의미하며, 그 끝도 좋지 않은 결과를 도출할 때가 많다.

　2023년 11월 현재 암호화폐 거래량의 비율은 평균 15~20배다. 선물거래량은 압도적으로 줄어들어 있고, 파생상품 거래량의 비중이 증가한 상태다.

　현재 암호화폐 시장의 상태는 현물거래 중심이 아닌 단순히 기초자산의 가격 변동에 기반하여 만들어진 계약을 거래하는 시장이다. 변동성이 심한 암호화폐 시장의 특징을 보면 지금 시장은 탄탄

한 기반으로 만들어진 거래량이 아니라 투기적 거래량으로 만들어져 기둥이 약한 거래량 상태를 보여주고 있다.

이렇듯 전반적인 암호화폐 시장의 유동성을 확인할 때는 전체 유동성을 먼저 파악하고, 세부적으로 가장 많은 거래 비중을 차지하는 중앙화거래소의 거래 비율을 같이 판단하는 것이 적절하다. 이제까지 다룬 내용을 정리하면 다음과 같다.

첫째, 유동성이 풍부할 때 현물거래 중심=가장 이상적인 시장이다. 이런 상태일 때는 공격적으로 투자해야 한다.

둘째, 유동성이 풍부할 때 선물거래 중심=보통 강세장 초입 부분이나 과열의 끝을 알릴 때 많이 나타나는 시장의 모습이다. 이 경우 이제까지 가격이 많이 올랐으면 시장의 끝을 고려하면서 투자 비중을 점점 줄여나가야 한다.

셋째, 유동성이 부족할 때 현물거래 중심=이런 경우는 보통 바닥을 다질 때 많이 일어나는 시장의 모습이다. 이 경우 시장의 가격이 아래까지 심하게 하락했다면 바닥에서 점점 투자를 준비하면서 자산을 모아가야 한다.

넷째, 유동성이 부족할 때 선물거래 중심=가장 조심해야 한다. 언뜻 시장이 크게 상승할 것처럼 보이기도 하고, 주가의 움직임만 보면 매우 긍정적으로 보이는 경우가 많다. 그러므로 투자해야 하는 시기가 아니라 관망해야 하는 시기다.

투자 시장이 왜 어려울까? 사람들은 투자 시장에서 1+1=2라는 답을 원한다. 하지만 투자 시장에서는 그 어떠한 변수도 존재할 수 있으며 수없이 많은 변수의 총합으로 결과가 도출되므로 1+1=2라는 딱 떨어지는 답을 원하면 오히려 이 시장이 어렵게 느껴질 수 있다. 하지만 1+1=2가 될지 1+1=0이 될 개연성이 높을지는 충분히 분석하면 확인할 수 있다.

앞서 말한 유동성도 100% 그렇게 흘러간다고 장담할 순 없다. 하지만 아무런 분석 없이 감으로 시장 분위기를 파악하고 투자하는 것보다는 장담컨대 훨씬 더 높은 확률로, 정확한 시각으로 투자의 질을 높여줄 것이다.

중소형 선물거래소의 움직임

암호화폐 시장에서 무기한 선물계약을 지원하는 파생상품 거래

#	이름	Trading volume(24h)	메이커 수수료	테이커 수수료	Open interest	시장 점유율	게시
1	Binance	₩49,939,052,181,776	0.02%	0.04%	₩12,981,918,915,418	282	Jul 2017
2	Bybit	₩14,871,299,247,343	0.02%	0.055%	₩7,459,330,187,511	272	Mar 2018
3	OKX	₩17,149,245,694,691	0.02%	0.05%	₩4,997,224,017,366	220	Jan 2017
4	KuCoin	₩2,009,029,598,372	0.02%	0.06%	₩1,766,027,273,841	184	Aug 2017
5	Deribit	₩675,581,681,678	0%	0.05%	₩2,636,774,809,766	29	Jun 2016
6	Bitget	₩6,039,071,643,339	0.02%	0.06%	₩3,705,934,970,096	208	Apr 2018
7	Kraken	₩62,539,832,132	0.02%	0.05%	₩205,482,396,566	109	Jul 2011
8	Bitfinex	₩57,590,544,866	0.02%	0.065%	₩473,308,487,367	51	Oct 2012
9	HTX	₩2,273,869,488,229	0.02%	0.04%	₩264,082,785,121	97	Sep 2013
10	BitMEX	₩471,571,022,638	0.01%	0.075%	₩605,721,141,128	124	Apr 2014
11	Gate.io	₩1,835,167,726,769	0.015%	0.05%	₩1,696,497,411,083	280	Jan 2013
12	Deepcoin	₩6,303,275,677,395	0.04%	0.06%	₩1,957,260,769,642	53	Nov 2018
13	Bitrue	₩10,190,452,251,008	0%	0%	₩860,936,527,938	148	Jul 2018

파생상품 거래소 순위
(출처: 코인마켓캡)

소들 가운데 중소형 거래소들의 움직임을 살펴보면 암호화폐 시장이 어떻게 움직이는지 예측이 가능하다고 한다면 믿을 수 있겠는가? 실제 파생상품을 지원하는 중소형 거래소들에서 특정 움직임이 발생할 때마다 암호화폐 시장은 높은 확률로 상승하는 모습을 보였다. 그래서 마지막 지표로 이 지표를 말하려고 한다.

OKX 선물시장, 시장가 매수세와 비트코인 가격의 관계
(출처: 크립토퀀트)

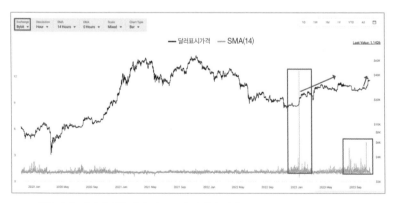

Bybit 선물시장, 시장가 매수세와 비트코인 가격의 관계
(출처: 크립토퀀트)

Deribit 선물시장, 시장가 매수세와 비트코인 가격의 관계
(출처: 크립토퀀트)

현재 코인마켓캡 기준 파생상품 거래소 2, 3, 5, 8위 거래소의 데이터를 보면 특정한 움직임이 관찰된다. 위 데이터는 암호화폐 시장에만 있는 파생상품 시장인 무기한 선물시장에서 시장가 매수세가 강하게 증가했을 때 가격이 상승하는 경우가 많았다는 것을 말해주고 있다.

왜 이런 현상이 발생할까? 물론 어떤 이유라고 특정해서 설명할수는 없다. 매우 복잡한 관계와 여러 가지 변수가 작용하기 때문이다. 하지만 몇 가지 이유를 들어 설명할 수는 있다. 이를 좀 더 쉽게 설명하려고 우리나라 동대문에서 유행하는 패션이나 문화가 전국에 영향을 미치는 상황을 예로 들어 본다.

만약 동대문에서 특정 옷이나 액세서리가 만들어지면 우리나라에서 옷 장사를 하는 사람들이 그 옷이나 액세서리에 관심을 두게되고, 이렇게 동대문에서만 유행하던 것이 전국으로 퍼지는 것처럼

BitMEX 선물시장, 시장가 매수세와 비트코인 가격의 관계
(출처: 크립토퀀트)

중소형 거래소에서 매수세가 발생하면 그 거래소의 다른 투자자들도 비트코인에 큰 관심을 보일 수 있다.

이와 마찬가지로 선물시장은 시장을 주도하는 세력들이 아주 많이 이용하고 중소형 거래소 중 몇몇은 오래전부터 운영되었기 때문에 사용자 비중에서 대중에게 알려지기 전부터 낮은 가격에 비트코인을 가지고 있는 고래들의 비중이 다소 높은 편이다. 그렇기에 동대문시장에서 전국으로 유행이 퍼져나가듯이 중소형 파생상품 거래소에서 움직임이 큰 비트코인을 움직일 가능성은 충분히 일리 있는 논리로 볼 수 있다.

물론 이 데이터의 확률이 100%라고 할 수는 없다. 통계에서 표본으로 삼은 기간도 길지 않고 실제 발생한 사례도 많지 않기 때문이다. 하지만 이러한 움직임을 알고 정확하게 이해한다면 암호화폐를 분석하고 전망하는 데 매우 유용하게 참고할 만한 데이터다.

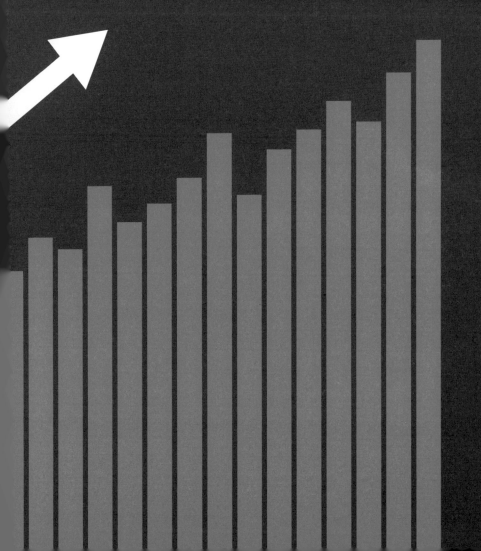

4장

암호화폐 시장에 숨겨진 7가지 보물

 **디파이**

디파이가 무엇일까

암호화폐에 투자하는 사람이라면 "디파이는 세상을 바꿀 만한 혁신적인 기술이다"라는 말을 들어보았을 것이다. 하지만 정작 디파이를 명쾌하게 설명할 수 있는 사람은 드물다.

디파이DeFi는 분산형 금융Decentralized Finance의 줄임말로 중앙기관이나 중개인 없이 블록체인 기술을 기반으로 금융 서비스를 제공하는 새로운 개념이다. 금융 서비스 하면 가장 먼저 떠오르는 것이 은행이다. 은행은 많은 인력이 중심이 되어 만들어진 시스템에 내 돈을 맡기는 전형적인 중앙집중형 금융이다. 하지만 디파이는 이런 중앙집중형 금융 시스템과 달리 개인이 자유롭게 자산을 관리하고 금융 거래를 할 수 있는 환경을 만들어놓은 시스템이다. 대표적으로 스마트 계약smart contract(블록체인을 기반으로 작동하며, 계약자와 당

사자 간에 디지털적 계약을 체결하고 계약 조건에 따라 자동으로 실행되는 프로그램) 기술을 사용해 자동화된 금융 서비스를 구현하는데, 중개인이나 중앙기관에 의존하지 않고 자산을 보호하고, 금융 거래를 투명하게 처리할 수 있다.

디파이 시스템은 암호화폐 투자자뿐 아니라 금융 시스템의 혁신적 변화를 이끌어내 전통 금융시장 자리를 위협할 정도로 많은 관심을 받고 있다. 디파이 시장은 암호화폐 시장과 떼려야 뗄 수 없는 관계가 있는데, 이는 뒤에서 다시 설명한다.

디파이는 암호화폐에서 어떤 역할을 할까

암호화폐에서 디파이가 하는 주요 역할은 분산거래소DEX, 예금과 스테이킹 프로토콜protocol(컴퓨터와 컴퓨터 사이 또는 한 장치와 다른 장치 사이에서 데이터를 원활히 주고받기 위하여 약속한 여러 가지 규약), 대출 프로토콜, 유동성 공급 프로토콜로 나눌 수 있다.

• 분산거래소

암호화폐 시장에는 중앙화거래소CEX와 분산거래소DEX가 있다. 중앙화거래소에는 우리가 아는 대부분 거래소가 포함된다(업비트, 빗썸, 바이낸스, OKX 등). 이들은 사용자들의 자금과 거래를 중앙에서 관리하는데, 사용하기가 쉽고 중앙 서버에서 거래가 되므로 거래처리속도가 빠르며, 유동성이 높아 큰 거래도 아무 탈 없이 진행된다는 장점이 있어 암호화폐 투자자가 많이 사용하는 거래소다.

분산거래소는 중앙 서버 없이 사용자들 간에 직접 거래하고, 스마트 계약과 블록체인 기술에 기반하여 작동하며 사용자들의 자금을 거래소에서 직접 관리하지 않는 거래소다. 사용자들이 쉽게 사용하기 어렵고 유동성이 부족하며 중앙화거래소의 장점이 단점으로 작용하는 거래소라서 상대적으로 대중화되지 않았다. 그렇지만 모든 것이 그렇듯 처음에는 불편해도 일단 익숙해지면 여러 장점이 있어 앞으로 발전 가능성이 큰 거래소다. 2022년 FTX 사태가 일어나고 나서 그 필요성이 점점 더 각인되고 있다.

 더 알아보기

중앙화거래소와 탈중앙화거래소의 장단점

중앙화거래소의 장점
- 사용자 친화적: 사용자 인터페이스가 직관적이어서 초보자들도 사용하기 쉽다.
- 거래처리속도: 중앙 서버에서 거래되기 때문에 거래처리속도가 빠르다.
- 지원서비스: 문제가 발생하면 고객 지원서비스를 받을 수 있다.
- 유동성: 거래소 규모에 따라 높은 유동성을 제공하므로 큰 거래도 쉽게 처리된다.

중앙화거래소의 단점
- 해킹위험: 해커들의 주요 타깃으로 과거에 해킹을 많이 당했다.
- 자금의 집중형: 자금이 중앙에 집중되어 거래소 해킹 등의 문제가 발생하거나 파산하면 큰 피해가 발생할 수 있다.
- 제한된 자유: 규제·정책 변경에 따라 활동을 제한당할 수 있다.
- 출금 지연: 시스템 문제로 사용자의 자금 출금이 지연될 수 있다.

탈중앙화거래소의 장점
- 보안: 중앙 서버가 없어 전통적인 해킹위험에서 상대적으로 안전하다.
- 자금 분산형: 사용자가 본인의 개인 키와 자금을 통제하므로 자금이 중앙집중화되지

않았다.
- 사용의 자유: 계정을 생성할 때 복잡한 신원 확인 과정이 필요 없으므로 누구나 거래를 시작할 수 있다.
- 개인정보 보호: 개인정보를 거래소에 제공하지 않아도 되므로 개인정보 유출 위험이 줄어든다.

탈중앙화거래소의 단점
- 사용성: 대부분 DEX는 중앙화거래소보다 사용하기 어려워 접근성이 높지 않다.
- 유동성: 초기 거래소는 중앙화거래소보다 낮은 거래량과 유동성을 보이는 경우가 많다.
- 높은 수수료: 이더리움 같은 인기 많은 블록체인에서는 거래할 때 발생하는 수수료 비용이 높을 수 있다.
- 거래속도: 블록체인 승인 시간에 의존하므로 거래속도가 느려지는 상황도 때때로 발생한다.
- 지원제한: 문제 발생 시 중앙화된 고객 서비스가 없어 문제해결에 어려움이 있을 수 있다.

• 예금과 스테이킹 프로토콜

디파이 시장에도 전통 은행의 저축 서비스와 비슷한 방식이 존재하는데 바로 예금 프로토콜이다. 은행에는 돈을 맡기고 이자를 받지만 디파이에서는 암호화폐 또는 스테이블코인을 맡기고 이자를 받는다. 이 이자는 전통 금융시장보다 평균적으로 높은 편인데, 그 이유는 앞서 언급했듯이 디파이가 인력이 필요 없는 탈중앙화 시스템이라 중앙에서 컨트롤하는 데 필요한 비용이 들어가지 않기 때문이다. 다만 규제 프레임 안에 완벽히 들어가 있지 못하고 책임질 대상이 명확하지 않다는 특성 때문에 안정성 측면에서는 아직 부족한 부분이 있다.

스테이킹 프로토콜은 예금 프로토콜과 다르다. 예금 프로토콜이 은행의 저축 시스템과 비슷하다고 한다면, 스테이킹 프로토콜은 주식에 투자하고 배당금을 받는 것과 유사한 개념이다. 스테이킹은 암호화폐를 특정 네트워크에 고정하고 해당 네트워크의 보안과 안정성을 유지하는 데 도움을 주는 것이다. 이렇게 네트워크 보완과 안정성에 기여하면 그 대가로 스테이킹한 사용자는 보상을 받는데, 이런 스테이킹이 바로 이더리움의 '합의 메커니즘' 전환으로 많이 알려진 POS^{Proof of Stake} 방식(블록체인의 합의 메커니즘으로 참여자가 보유한 암호화폐의 양에 따라 블록 생성과 검증의 권한을 받아 보상을 얻는 방식)과 관련이 깊다.

• 대출 프로토콜

'오병이어의 기적'은 예수가 빵 5개와 물고기 2마리로 5천 명을 먹였다는 것으로 불가능을 가능하게 만드는 놀라운 행위를 상징한다. 이 놀라운 기적을 암호화폐 시장에서도 볼 수 있는데, 그것이 바로 '대출 프로토콜'이다.

모든 자산시장에는 자금의 힘, 즉 '레버리지'가 존재한다. 이 레버리지의 무대가 디파이 시장이다. 디파이의 대출 프로토콜은 기술적 힘을 이용하여 스마트 계약으로 자동화된 시스템을 제공한다. 이런 시스템에서 대출을 받으려는 사용자는 토큰이나 스테이블코인 같은 자산을 담보로 제공하며, 이 담보는 대체로 높은 비율로 설정되어 리스크를 최소화한다.

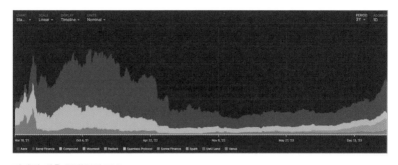

디파이 대출 플랫폼의 TVL
(출처: Artemis Terminal)

이 대출 시스템에서 빠질 수 없는 것이 유동성 공급자다. 그들은 대출 풀에 자금을 제공함으로써 다른 사용자들에게 필요한 자금을 보장해주며, 이로써 합당한 이자를 받는다. 스마트 계약의 또 다른 중요한 특징은 담보 가치가 일정 수준까지 하락하면 자동으로 청산을 실시한다는 것이다. 이렇게 공급자와 사용자만의 간단한 구조로 디파이 시장은 암호화폐의 유동성을 확대하며 그 진정한 힘을 발휘한다.

따라서 '오병이어의 기적'처럼 디파이의 대출 프로토콜은 불가능해 보이는 것을 가능하게 함으로써 암호화폐 시장에 새로운 유동성을 제공하는 매우 중요한 부분을 담당한다.

• 유동성 공급 프로토콜

복잡한 디파이 세계에서 핵심 요소로 자리매김한 유동성 공급 프로토콜은 사용자들에게 자신의 자산을 일정 시간 제공하게 하며, 그 대가로 이자를 지급하는 정교한 체계를 갖추고 있다. 원래 디파이의 본질이 중앙에서 유동성을 공급하는 것이 아니라 사용자들의 자발적 참여를 통한 유동성 확보에 중점을 두었음을 고려할 때, 이 프로토콜의 중요성은 더욱 부각된다. 따라서 디파이 플랫폼은 사용자들에게 자신의 암호화폐나 토큰을 특정 프로토콜의 유동성 풀에 기여하도록 격려한다. 그리고 이러한 기여에 대한 보상으로 거래 수수료, 이자 또는 토큰 보상을 제공한다. 이처럼 모든 디파이의 플랫폼이 유동성 위에 그 기반이 있음을 감안하면 유동성 공급 프로토콜은 디파이 생태계에서 빠질 수 없는 핵심 구성요소임을 잊으면 안 된다.

이렇듯 디파이 시장은 전통 금융시장에 대적할 혁신적 기술이자 암호화폐 시장에서는 심장 역할을 하는 매우 중요한 섹터다. 물론 해킹, 규제, 유동성 등 일부 리스크가 존재하는 것도 사실이지만, 디파이 시장은 전체 암호화폐 시장과 존폐를 같이하는 섹터이기에 무조건 주목해야 하는 보물이다.

디파이 시장의 TVL^{Total Value Locked}(디파이 프로토콜에 잠겨 있는 자

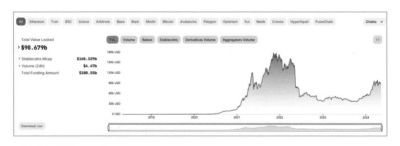

디파이 플랫폼 TVL 차트
(출처: 디파이라마)

산의 총계를 나타내는 지표)은 앞서 말했던 디파이 시장의 주요 기능이 얼마나 활발하게 일어나는지 알려주는 지표다. 미국의 기관들이 본격적으로 암호화폐 시장에 들어오면서 활성화된 디파이는 암호화폐의 강세장과 함께한다는 것을 알 수 있다. 암호화폐 시장을 우리 몸에 비유한다면, '스테이블코인'은 피이고 '디파이'는 심장이다. 암호화폐 시장에 들어오는 유동성을 체크하려면 디파이 시장을 주목해보는 것이 좋다.

암호화폐 투자를 할 때 디파이를 제외한다는 건 우리나라 축구 감독이 손흥민 같은 선수를 빼놓고 대표팀을 꾸리는 것과 같다. 이 분야를 제외하고 투자한다는 건 큰 성과를 기대하기 어렵다는 뜻이다.

 **NFT**

　　　　　　　　디지털 시대의 도래는 정보와 자
산의 교환 방식에 혁명을 가져왔다. 그중 블록체인 기술의 등장은
금융 소유권에 관한 전통적 관념을 뒤흔들었고, 전통시장과 새로운
혁신적 기술의 싸움은 계속되고 있다. 특히 NFT는 이러한 변화 속
에서 가장 최전선에 있는 기술이라고 볼 수 있다.

　NFT는 '비교환성 토큰Non-Fungible Token'이라는 용어에서 파생되
었다. '비교환성'은 고유하게 구별되는, 그 자체로 특별한 가치를 지
닌 것을 의미한다. 따라서 NFT는 그 자체로 독특하고 어떤 것과도
교환할 수 없는 디지털 자산을 뜻한다. 기존 암호화폐는 대부분 교
환성을 지녔다. 예를 들어 한 비트코인은 다른 한 비트코인과 동일
한 가치와 특성을 지녔다. NFT는 이와 대조적으로 각각의 토큰이
고유한 정보나 가치를 지녔으며, 다른 NFT와는 교환할 수 없는 고

유의 가치를 가진다.

NFT는 블록체인 기술 위에 구축된다. 블록체인은 거래내역이 연속적인 '블록'에 기록되는 분산형 원장 기술로, 이로써 NFT는 그 존재와 소유권이 불변하게 보장받게 된다. 그래서 블록체인은 NFT가 진정한 디지털 소유권을 지니게 해주는 것이고, NFT와 블록체인 그리고 암호화폐는 떼려야 뗄 수 없는 관계로 이루어진 혁신적 기술이다.

NFT는 디지털 소유권에 대한 새로운 패러다임을 제시하는 기술이다. 고유한 가치와 불변하는 소유권으로 디지털 세계에서 진정한 '소유' 개념을 구현하게 해준다. 다만 초기의 어떤 혁신적 기술이라도 대중화되기 전에는 많은 역경과 고난을 넘어서야 한다. 이번에는 NFT가 왜 암호화폐 시장에 숨겨진 보물인지, 우리가 왜 주목해야 하는 테마인지 그리고 아직은 불안정한 NFT의 문제점까지 NFT 이야기를 해본다.

NFT는 앞서 말한 여러 가지 특징 덕분에 다양한 산업에서 많은 지각 변동을 일으키고 있다. 특히 NFT 시장은 2021년 시작해 급격한 성장을 이루며 목적과 용도에 따라 다양한 형태로 발전했는데, 오늘날 NFT가 실생활에서 어떻게 사용될 수 있는지 다섯 가지 예시를 들어 알아본다.

예술작품

예술은 시대별로 표현 방식과 전달 방식이 끊임없이 진화하고 있다. 21세기에 접어들며 디지털화가 예술의 새로운 트렌드로 자리 잡았고, 이러한 디지털 예술의 세계에서 NFT는 중요한 역할을 하게 되었다.

과거 예술작품은 전문가의 감정을 받거나 출처·기록을 추적하거나 과학적인 검증으로 인증했다. 그러다 보니 전문가의 감정을 받는 데는 비용이 많이 들고 기록을 추적하는 과정에서는 시간이 많이 소모되며 객관성이 없는 데다가 문서나 증명할 수 있는 기록 등이 위조될 가능성도 존재하면서 예술작품의 가치는 항상 불확실성을 안고 있었다.

하지만 아날로그 방식이 디지털화하면서 예술의 영역에서 디지털 기술이 점점 번지기 시작했다. NFT는 블록체인 기술을 바탕으로 작품의 유일성과 소유권을 디지털적으로 인증한다. 이로써 위에서 언급한 과거 방식들의 불편함과 한계가 크게 줄어들었다. 블록체인의 투명성과 불변성 덕분에 작품의 진위와 소유권을 신속하고 안전

BAYC NFT 작품
(출처: OpenSea)

하게 인증하게 된 것이다.

NFT에서 대표 예술작품은 BAYC의 'Bored Ape Yacht Club' 이다. 대표적인 이더리움 블록체인 기반의 NFT 프로젝트로 현재 NFT 중 거래가 많이 일어나며 높은 시장점유율을 자랑한다. 이 NFT를 소유하는 것은 원숭이 캐릭터를 소유하는 것을 의미하며, 동시에 'Bored Ape Yacht Club'의 멤버십 자격을 받는다. 이 프로 젝트는 유니크한 아이디어와 커뮤니티 중심의 활동으로 인기를 끌 었으며, 고가의 거래와 여러 연예인, 유명인사들의 참여로 큰 주목 을 받았다.

이렇듯 디지털 작품을 수집하는 이유는 아름다움, 희소성, 과시 욕, 사회적 지위와 신분의 표출 등 실물 작품을 수집하는 이유와 매 우 동일하며, 아날로그에서 디지털화로 변화하는 예술작품에서도 NFT는 아주 중요한 역할을 담당하고 있다.

PFP(프로필 사진)

NFT가 2021년부터 이름을 알리기 시작한 중요한 요인 중 하나 는 PFP다. PFP는 'Profile Picture'의 약자로 NFT 생태계에서는 인 기 있는 프로필 사진 형태의 NFT를 가리키는 말로도 사용된다. PFP NFT는 NFT 시장의 열기를 타고 동반상승을 했다. PFP NFT 는 사용자의 디지털 정체성을 표현하는 이미지 형식의 NFT로, 고 유한 디자인과 특성이 있다. 이는 소유자의 개성, 취향, 가치를 반영 하는 동시에 그 자체로 예술적 가치를 지닌다.

크립토펑크 NFT 작품
(출처: OpenSea)

PEP는 크립토펑크^{CryptoPunks}, BAYC^{Bored Ape Yacht Club} 같은 대표적인 프로젝트로 NFT의 대중화를 주도하였으며, 이들의 화제성이 NFT를 전 세계에 널리 알리는 데 크게 기여했다.

2021년부터 암호화폐에 투자했던 사람들은 위와 같은 이미지의 NFT를 본 적이 있을 것이다. 2017년 라바랩스에서 디자인한 24×24 픽셀로 이뤄진 크립토펑크다. 총 1만 개의 NFT로 구성된 크립토펑크가 당시 대중들에게 무료로 공개됐으나 NFT 시장이 활성화된 2021년 당시 수천만 달러에 판매되기도 했다.

2021년 인플루언서들은 자신들의 디지털 아이덴티티를 표현하고 독특한 소속감을 부여하기 위해 크립토펑크를 소유하고자 했다. 이 당시 미국의 유명 래퍼이자 사업가인 제이지, 배우이자 코미디언인 지미 팰런 등 많은 인플루언서가 크립토펑크로 트위터 프로필 사진을 바꾸면서 이를 자신들의 프로필 사진으로 설정하는 것이 유행했다.

2021년도 제이지. 지미 팰런 트위터 메인화면
(출처: 쟁글)

이 유행은 NFT의 인지도를 크게 향상했다. 인플루언서들의 큰 관심으로, 많은 사람이 NFT와 크립토펑크에 관심을 두게 되었고, 이는 NFT 시장 전체의 활성화로 이어졌다. 크립토펑크 가치는 급등하였고, 다양한 NFT 프로젝트들도 이를 따라 하면서 등장하기 시작하였다.

이런 유행은 NFT라는 새로운 기술을 세상에 알렸고, NFT 시장의 다양성과 복잡성을 증가시켰다. 많은 창작자와 투자자가 NFT 시장에 뛰어들었으며, 이는 NFT 기술의 발전과 함께 다양한 혁신적인 프로젝트의 등장을 촉진했다.

결론적으로 PEP는 NFT 시장의 방향성과 가치를 재정립하는 중요한 계기가 되었다. 이로써 우리는 디지털 세계에서 존재감과 표현의 중요성을 다시 한번 인식하게 되었고 NFT가 영향력 있는 형태로 자리매김하고 있음을 확인했다.

멤버십, 티켓

콘서트나 스포츠경기를 관람하려면 티켓을 구매해서 입장해야 한다. 수많은 사람이 한 가수의 공연이나 이벤트 이슈가 큰 스포츠 경기를 관람하고자 치열한 경쟁을 뚫고 티켓을 구매하려고 시도한다. 이러한 문화 때문에 공연 문화에는 아직도 완벽히 해결되지 않은 문제가 있다. 바로 '암표'다. 특정 가수의 16만 원짜리 티켓은 2장에 180만 원이라는 금액에 판매될 만큼 공연 문화의 본질이 상업적 수단으로 변하고 있다.

한 대형 커피 프랜차이즈에서 고객들에게 리워드 포인트를 적립해주는 멤버십 카드를 발급한 적이 있다. 이 카드가 큰 인기를 끌자 위조 카드가 시장에 등장했다. 위조 카드 소지자들은 불법적인 경로로 얻은 고객 데이터를 바탕으로 위조된 멤버십 카드를 사용해 무료로 커피를 구매했다. 이로써 프랜차이즈는 금전적 손실을 입었고, 실제 멤버십 카드를 소유한 고객들의 신뢰도도 크게 떨어졌다. 또 일부 소비자들은 멤버십 카드를 잃어버리거나 도난당한 경우 그 카드에 적립되어 있던 포인트까지 잃는 상황도 벌어졌다.

이렇듯 전통적인 시스템에는 한계가 있다. 어떤 방법을 사용하더라도 기존의 시스템 안에서는 완벽하게 개선하지 못한다. 하지만 여기에 NFT가 사용된다면 어떤 일이 일어날까?

2012년 시작된 싸이의 '흠뻑쇼'는 많은 사람에게 사랑받는 인기 공연이다. 2023년 싸이 소속사 피네이션은 흠뻑쇼에 NFT 선예매를 도입했다. '싸이거pSYger' NFT를 보유하고 티켓 사이트에 인증하면 일반 예매보다 8시간 정도 빠르게 예매할 수 있게 만든 것이다. 최근 공연계에서는 위조·사기 티켓을 막고 암표를 근절할 수 있는 티켓형 NFT를 적극 도입하고 있다. 종이나 다른 디지털 티켓과 달리 NFT 티켓은 거래 내역이 고스란히 남고 인식값이 별도로 부여되어 양도 같은 행위도 투명하게 관리되기에 주최 측에서 암표 관리가 용이해진다.

게다가 기존의 멤버십 카드가 유실, 도난 또는 위조로 많은 불편을 주었지만 NFT 기반 멤버십은 블록체인에 기록되므로 유실, 도난의 우려가 없다. 위조도 기술적으로 불가능에 가까워 더욱 안전한 멤버십 시스템을 제공할 수 있다. 또 디지털 형태이므로 추가 제작과 배포 비용 없이 즉시 발급과 전송이 가능하다.

이렇듯 NFT는 기존에 해결하지 못한 시스템 문제를 해결하는 방안으로 떠오르고 있다. 2023년 현재 NFT 투자심리는 얼어붙었지만 실제 서비스로 활용 가능한 '유틸리티 NFT' 수요는 늘고 있다.

음악

음악은 '세상이 허락한 유일한 마약'이라는 말이 있을 정도로 음악을 싫어하는 사람은 드물다. 음악은 이제 인간의 삶과 감정, 사회와 문화를 연결하는 끈이고, 언제나 우리 곁에서 위로와 힘을 주는 존재라고 할 수 있다. 이런 음악도 NFT와 만난다면 엄청난 시너지 효과를 볼 수 있다. 아티스트는 앨범을 낸 뒤 홍보를 해서 노래를 알리고, 콘서트를 열어 팬층을 확보하는 것이 목표다.

NFT는 아티스트가 자기 곡을 NFT 형태로 판매해 팬들에게 한정된 수량의 디지털 음악을 제공함으로써 전통적인 음악 스트리밍 플랫폼이나 디지털 다운로드를 통한 판매 수익보다 더 큰 수익을 얻을 수 있다. 게다가 아티스트는 NFT를 통해 VIP 콘서트 티켓, 백스테이지 접근, 팬미팅으로 특별한 경험을 팬에게 제공할 수 있을 뿐 아니라 음악 저작권을 판매하거나 음악이 사용될 때마다 아티스트에게 로열티를 지불하는 구조를 설정할 수 있다. 마지막으로 NFT를 통해 멤버십을 만들어 확고한 팬층을 활용할 수 있다는 것도 장점 중 하나다.

방탄소년단BTS의 소속사 하이브도 국내 암호화폐 거래소 업비트를 운영하는 두나무와 손잡고 NFT 사업에 진출했다. 아직 대한민국에서 NFT로 앨범을 내는 사례는 많지 않지만, 가수들의 기념품을 만들고, 가수들 이미지를 NFT화하는 등 NFT는 음악뿐 아니라 엔터테인먼트 사업에 새로운 트렌드를 보여주며 앞으로 발전 가능성이 무궁무진한 기술이다.

게임

과거에 게임은 단순한 엔터테인먼트 수단이었지만 지금은 기술, 예술 그리고 사회적 상호작용의 결합으로 진화했다. 이런 변화는 게임이 단순한 취미에서 벗어나 다양한 사람들의 일상에 깊숙이 자리잡게 만들어주었다.

NFT는 그 자체로 가치가 있으며 교환이 불가능한 토큰이다. 이 특성은 게임 아이템, 캐릭터, 지역 등과 같은 디지털 자산의 소유권을 표현하는 데 아주 적합하다. 예를 들어, 한정판 무기나 특정 캐릭터 또는 게임 내 땅의 소유권을 NFT로 표현해 거래하거나 이 자산을 다른 게임으로 옮기는 것이 가능해진다.

기존 게임 내 아이템 시스템에서는 아이템의 소유와 거래가 게임회사의 중앙 서버로 관리되었다. 이러한 중앙화된 시스템에서는 아이템의 유무나 거래 내역, 소유권 등을 외부에서는 확인하기 어렵고, 게임회사의 정책 변경이나 서버 문제 등에 취약했다.

그러나 NFT를 도입하면 게임 내 아이템의 소유권이 블록체인에 영구적으로 기록된다. 이로써 게임 사용자는 아이템의 진정한 소유자가 되며, 이 아이템을 자유롭게 거래하거나 다른 게임으로 이동시킬 수 있다. 또한 NFT 기반의 게임 아이템은 실제 가치를 지니게 되어 전 세계 다른 사용자들과 거래가 가능하다. 게임 내 경제가 실

게임에 사용되는 캐릭터를 판매하는 엑시인피니티 거래소
(출처: Axie Infinity)

제 경제와 연동되면서 게임을 통한 수익 창출 가능성이 더욱 확대된 것이다.

NFT는 게임산업에 혁명적 변화를 가져왔다. 중앙화된 시스템의 한계를 넘어 사용자 중심의 분산화된 시스템을 구축함으로써 게임 내 디지털 자산의 진정한 가치와 소유권을 보장한다. 이는 게임산업의 경제적 기회를 확대하고, 사용자 경험을 더욱 풍부하게 만드는 중요한 발전이라고 볼 수 있다.

우리는 지금 디지털 혁명의 시대를 살고 있다. 그중에서도 NFT는 이 디지털 변화에 가장 앞선 물결로 우리 삶에 통찰과 혁신을 불러일으킨다. 우리는 앞서 다룬 예술작품, 프로필 사진, 멤버십·티켓, 음악, 게임 5가지 사례에서 NFT가 단순한 디지털 자산이 아니라 우리 일상에서 실질적인 가치와 변화를 만들어내는 중요한 요소임을 확인하였다.

지금 우리가 경험하는 이러한 디지털 혁신은 과거의 어떠한 기술 혁신과도 비교하기 어려운 규모와 속도로 전 세계에 퍼져나가고 있다. 이렇듯 블록체인 기술을 바탕으로 만들어진 NFT에 주목하고 관심을 둘 필요가 있다.

NFT의 약점: 워시 트레이딩

혁신적인 기술에는 그림자같이 따라오는 약점이 있다. 워시 트레이딩이라는 말은 암호화폐 투자자라면 들어본 적이 있을 것이다. 특정 자산의 가치나 중요성을 인위적으로 높이려고 사용되는 전략적인 거래방식을 의미하며, 자전거래라고도 한다. 불과 몇 년 전만 해도 이러한 워시 트레딩은 전통적인 금융시장에서만 주로 발견되었지만, 이제는 디지털 자산 세계에서도 흔히 볼 수 있는 거래방식이 되었다. NFT 세계에서 워시 트레이딩은 특정 토큰이나 작품의 가치를 인위적으로 부풀려 시장에서 더 높은 가격으로 팔려는 행위다. 이런 방식은 진정한 가치와 수요를 왜곡하고, 무심코 이러한 가격 조작에 끌려든 투자자들은 위험에 빠질 수 있는 만큼 NFT 시장의 약점으로 잘 알려져 있다.

쉬운 예를 들어보자. 두 친구가 같은 물건을 여러 번 서로 주고받는 것을 생각해보면, 이렇게 할 경우 그 물건이 인기 있는 것처럼 보일 수 있다. NFT 시장에서는 이런 행위가 일어나는데, 이를 워시 트레이딩이라고 부르는 것이다. 즉, 본인이 물건을 올리고 본인이 사는 행위라고 생각하면 쉽다. 전통적인 주식시장에서는 이런 행위가 금지되어 있다. 하지만 NFT 시장은 아직 초기 단계라 워시 트레이

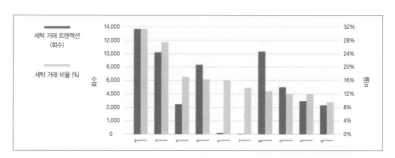

워시 트레이딩과 관련된 상위 10개 프로젝트
(출처: NFTGO.io)

딩을 많이 볼 수 있다. NFTGo라는 기관에 따르면, 1,075개 다양한 NFT 컬렉션에서 이런 워시 트레이딩이 발견되었다.

워시 트레이딩을 하는 이유는 다양하므로 그 이유와 방법을 한 가지로 정의하기는 힘들지만, 이 중에는 마케팅 수단도 있다. 그리고 워시 트레이딩의 특징 중 하나는 거래가 빠르게 진행된다는 것이다. 많은 거래가 5분 안에 이어지는데, 이는 길게 가지고 가면 다른 사람들이 NFT를 구매해 이득을 취할 수 있기 때문이다. 결국, NFT 시장에서 워시 트레이딩은 여러 방법과 목적으로 하고 있다. 이러한 워시 트레이딩은 사람들에게 NFT의 이미지를 떨어뜨리므로 NFT 시장을 이해할 때 워시 트레이딩도 알고 조심할 필요가 있다.

워시 트레이딩이 어떻게 일어나는지 좀 더 자세히 알아보자. 일단 지갑을 많이 만든다. 메인 지갑과 다른 서브 지갑을 여러 개 만드는데, 이는 모두 한 사람의 지갑이다. 그리고 서브 지갑들에서 거래가 이루어진다. 즉, 한 사람의 오른쪽 주머니에서 왼쪽 주머니로 돈을

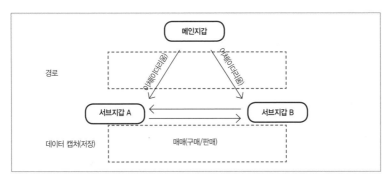

서브 지갑을 통한 워시 트레이딩 구조 예시
(출처: NFTGO.io)

옮기는 것이다. 이렇게만 해도 NFT의 가치는 상승한다. 결국 돈은 다른 사람이 아닌 나에게 있고, NFT의 가치는 상승하는 창조경제가 일어나는 것이다. 보통 두 개 이상의 지갑이 지속적으로 높은 빈도로 거래하고 있고, 다른 지갑과 상호작용을 하지 않고 특정 지갑과만 거래한다면 그 지갑은 수상한 지갑으로 볼 수 있다.

이런 워시 트레이딩이 최고조로 달했던 적이 있는데, 룩스레어 LooksRare 거래소 때문이다. 이 당시 룩스레어는 거래 수수료 제로 정책으로 거래소에서 일어나는 90% 이상이 워시 트레이딩 거래일 정도로 많은 워시 트레이딩을 만들어냈다. 결국 워시 트레이딩은 한 사람이 여러 지갑을 이용해 거래하는 것이고, 결국 한 사람의 이익을 위해 가격이 조작되는 것이다.

현재 워시 트레이딩을 완전히 차단하는 확실한 방법은 없다. 만약 NFT 거래에 사용되는 지갑과 거래 플랫폼에서 고객확인제도KYC를 도입한다면 개인이 사용하는 다양한 지갑을 알아낼 수는 있다. 하지만 이렇게 되면 개인정보를 중요시하는 거래자들이 시장에서 떠날 수도 있고, 탈중앙화라는 특징과는 다른 길을 걷게 되기도 한다. 만약 물건을 사러 갈 때 이름과 주소를 매번 밝혀야 한다면 몇몇 사람은 그 가게를 가지 않는 것과 똑같다.

향후 NFT 시장은 계속 성장할 것이며, 이에 따라 워시 트레이딩처럼 교묘한 거래방식들이 다양하게 생겨날 것이다. 예를 들면, 똑똑한 사기꾼이 새로운 수법으로 사람들을 현혹하려 할 때처럼, 일부 프로젝트들이 이런 거래방식을 채택해 시장의 질서를 깨뜨릴 수도 있다. 하지만 모든 혁신적 자산은 비관적인 전망과 극복해야 하는 문제가 있는 것처럼 NFT 시장도 앞으로 이런 약점들을 하나씩 보완해나가면서 성장할 필요가 있다.

현재 NFT는 어떤 모습일까

"디지털 자산 미래라더니… NFT 95% 2년 만에 '휴지 조각'"(서울와이어, 2023. 9. 23)

"저스틴 비버의 '따분한 원숭이' NFT 가격 95% 폭락"(파이낸셜뉴스, 2023. 7. 9)

"NFT 열기 식었다… 95% 가치 없어"(포커스온경제, 2023. 9. 23)

NFT 시장은 참담한 상황을 맞았다. 대부분 NFT 가격이 크게 폭락해 NFT가 휴지 조각이 되어버렸다. 2021년 유행과 더불어 시장에서 뜨거운 관심사였던 NFT는 이제 아무도 관심을 가지지 않는 밈 취급을 받는 경우도 있다. 뜨거운 과열은 차갑게 식기 마련이다. 여기에 암호화폐의 전반적인 유동성 약세로 2023년 중반까지 NFT 시장은 이전의 영광을 찾아볼 수 없을 정도로 처참한 상황이었다.

 더 알아보기

밈 코인이란?

밈 코인은 디지털 통화의 한 분류로, 주로 인터넷의 유행이나 농담에서 시작되어 가치를 지닌 암호화폐를 지칭하는 코인이다. 대표 밈 코인으로 도지코인, 시바코인, 플로키 등이 있다.

"NFT, 최근 3개월간 거래량 증가세… 12월 1조 원 넘겨"(이투데이, 2024.
1. 29)

2023년 하반기 들어 NFT 시장은 개인투자자들의 낙관론이 되살아나면서 주목할 만한 시장 활성화를 경험했다. 이러한 새로운 관심은 2023년 10월 비트코인 현물 ETF의 승인을 둘러싼 기대감이 높아지면서 촉발된 암호화폐 영역 내의 광범위한 활성화와 같이 일어났다.

NFT 시장의 활성도는 개인투자자의 정서와 복잡하게 연결되어 있다. 이들의 참여가 없으면 시장은 침체되는 경향이 있지만, 더 넓은 암호화폐 시장에 대한 투자자들의 관심이 다시 불붙으면 NFT 부문에서도 비슷한 상승세가 관찰된다. 이러한 관계는 상관관계가 높아 실제 NFT 거래량이 더 넓은 암호화폐 시장에 대한 개인 참여 수준을 측정하는 척도로 사용되는 경우가 많다.

2023년 말까지 암호화폐에 대한 개인투자자의 시장 참여도가 살아나면서 NFT 시장은 이러한 정서를 반영하여 디지털 자산 공간

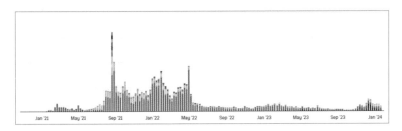

NFT 거래량
(출처: THE BLOCK)

내에서 새로운 활력을 반영하려는 길목에 서 있다.

NFT 거래량을 보면 2021년부터 줄어들면서 1년이 넘는 동안 암흑기를 보내다가 2023년 하반기부터 다시 활성화되었다. 암호화폐 시장 침체에 따라 투자자들이 시장을 이탈하면서 NFT 시장도 동반 하락을 겪었고, NFT 95%는 사실상 가치가 없다는 말도 나왔다. NFT는 마치 양은냄비와 같았다. 초기에 NFT는 고유한 가치와 희소성으로 많은 투자자와 창작자의 관심을 받았다. 시장은 급속도로 가격이 급등하면서 너무 가파르게 과열된 모습을 보였다. 하지만 과열된 양은냄비는 언제 그랬냐는 듯 빠르게 식으면서 투자자들은 많은 손실을 보았고, 전반적인 암호화폐 약세장과 더불어 관심도 많이 없어진 상태였다.

하지만 개인투자자들이 다시금 암호화폐 시장에 관심을 가지면서 NFT 시장도 반등 시도를 하고 있다. 이전 시장 관심도에 비하면 부족한 수준이지만, 아직 NFT 시장이 사람들의 관심 속에서 완전히 사라지지 않았다는 것을 증명하는 의미 있는 거래량이다.

NFT는 실질적 가치가 매우 주관적이고, 그 가치를 정확하게 평가하기가 어렵다. 이로써 많은 사람이 NFT 투자의 위험성을 인식하기 시작했고, 빠르게 식어간 관심도에 영향을 주었다. NFT를 구매하고 판매하려면 블록체인 관련 몇몇 기술적 지식이 필요하다. 예를 들면 지갑이 있어야 하고, 보통 많이 거래되는 이더리움을 보유해야 한다. 게다가 구매 방식과 절차가 기존에 경험해본 방식이 아니므로 이런 부분에 진입장벽이 강하게 작용한다. NFT 시장은 초기 시장이었기에 스캠과 사기도 많이 발생하면서 투자자들에게 투자처가 아닌 투기처라는 인식이 강하게 작용하기도 했다. 이에 해킹사건까지 겹치면서 NFT의 이미지는 혁신적 기술이라기보다는 부정적 인식이 강하게 남았다.

그럼에도 NFT 시장을 긍정적으로 바라보는 이유

혁신적인 기술이나 아이디어가 처음에는 스캠이나 사기로 인식되는 사례는 역사적으로 다양하다. 이는 새로운 기술이나 접근법이 기존의 관습이나 틀을 깨트리며 시장에 도입될 때, 사람들의 불안과 불신으로 나타나는 현상이다. 대표적인 것이 지금은 없는 것이 상상이 안 되는 인터넷이다.

초기 인터넷은 과학과 기술이 결합되어 만들어낸 혁신적인 장치였으나, 그 존재와 기능에 대한 대중의 인식은 냉소와 의구심으로 가득 차 있었다. 그 시절, 인터넷은 학계와 군사 분야에서만 사용하는 복잡하고 이해하기 어려운 도구로 여겨졌다. 수많은 사람이 이 새로운 기술이 일상생활에 미치는 영향을 제대로 인지하지 못했으며, 일부는 "이것이 우리 삶을 어떻게 더 나아지게 만들 수 있을까?"에 물음표를 던졌다.

과거 대다수 혁신처럼, 인터넷 역시 초기에는 그 가치와 잠재력을 제대로 파악하지 못한 대중에게 의심의 눈초리를 받았다. 그러나 시간이 지나면서 인터넷은 전 세계적으로 모든 산업과 사회의 핵심 요소로 자리 잡았다. 오늘날 우리는 초기 인터넷에 대한 의심과 냉소가 얼마나 편협하고 잘못된 것이었는지 알 뿐 아니라 혁신과 변화 앞에서 개방적·수용적 자세가 얼마나 중요한지 다시 한번 깨달았다.

디지털 자산의 독특한 속성을 표현하는 블록체인 기반 기술인 NFT는 미술품부터 음악, 영상, 심지어 부동산까지 다양한 형태의 자산을 표현하고 거래할 수 있는 무한한 가능성을 제시한다. 이 기술은 디지털 세계에서 소유권에 새로운 정의를 제시했으며, 온라인 공간에서 창조와 거래를 더욱 민주화했다.

그러나 현재 NFT의 미래는 불확실하다. 많은 투자자가 단순히 수익 창출 도구로만 NFT를 바라보며, 이에 따른 부정적 반응과 스캠 라벨링이 이어지고 있다. 이러한 투자 광풍은 불과 몇 년 전까지만 해도 상상조차 하지 못했던 높은 거래량을 만들어냈지만, 지금은 거래량이 급격히 감소하면서 그 가치에 대한 의심을 증폭하고 있다.

그럼에도 여러 기업과 창작자들은 NFT의 잠재력을 인식하고 활용 방안을 모색하고 있다. 이들은 NFT가 단순한 투자 도구가 아니라 새로운 창작과 거래의 플랫폼이 될 수 있다는 확신을 가지고 있다.

항상 어떤 분야에 문제가 발생했을 때 혹은 내 종목에 문제가 생겼을 때는 가장 먼저 표면적 문제에서 나온 악재인지, 본질적 문제에서 나온 악재인지 검토해야 한다.

Ⓑ 더 알아보기

악재의 진짜 성격을 파악하라

악재라는 정보는 자산가격 또는 한 산업 분야의 변동성을 가지고 올 수 있다. 투자자로서 악재의 본질을 깊이 이해하고, 그것이 '표면적 문제'인지 아니면 '본질적 문제'인지 구분하는 능력은 매우 중요하다.

• 표면적 문제

이 문제는 대개 일시적이며 자산의 본질적 가치에는 큰 영향을 미치지 않는다. 예를 들어 전반적인 자산시장의 유동성 감소와 같은 이유로 비트코인 가격이 잠시 하락했다면, 이는 표면적 문제로 볼 수 있다. 이런 문제는 시간이 지나면 자연스럽게 해결되기도 한다.

• 본질적 문제

이 문제는 자산의 근본적 가치에 영향을 미치는 사항이다. 예를 들어 탈중앙화의 강점이 있는 비트코인이 확실히 중앙화되었다는 증거가 나오면서 자산의 기본 철학 또는 가치에 영향을 미치는 문제가 발생했다면, 이는 본질적 문제로 볼 수 있다. 본질적 문제는 해결하기가 어렵고 때로는 그 자산의 가치 자체를 재평가해야 할 수도 있다.

NFT는 세상에 등장한 후 수많은 비평과 찬사를 받으며 대대적인 투자 대상이 되었다. 최근 NFT 시장에서 관측된 문제점은 많은 사람에게 그 가치에 의문을 제기하게 했다. 그렇다면 현시점에서 NFT 시장은 과연 표면적 문제에만 머물러 있을까, 아니면 본질적 문제가 있을까?

본질적으로 NFT는 디지털 자산의 소유권을 투명하게, 그리고 변경 불가능하게 증명하는 혁신적인 기술로 예술, 음악, 게임, 부동산 등 다양한 분야에서 현실적인 활용 가능성을 보여준다. 따라서 아직 NFT의 기본 철학과 기능은 확고하게 자리 잡고 있으며, 본질적 문제는 발생하지 않았다.

결국 NFT 시장의 현재 상황은 표면적 문제들로 왜곡되어 보일 수 있으나 그 본질적 가치와 잠재력은 여전히 크다. 투자자와 관심 있는 이들은 이러한 표면적 문제들을 잘 분별하고, NFT의 근본적 가치와 그 미래에 꾸준히 관심을 가져야 한다. NFT는 여전히 투자 가치를 지닌 분야임을 잊지 말아야 한다.

 게임

어린 시절 처음 접한 게임은 게임기에 팩을 꽂아서 사용하는 레트로 게임이었다. 컴퓨터가 나오면서 포켓몬스터 게임을 했고, 인터넷의 발달과 함께 스타크래프트처럼 한국에 피시방 문화를 만든 게임부터 각종 RPG, 오버워치, 리그오브레전드 같은 게임은 내게 많은 영향을 주었다. 2024년 현재 학창 시절을 보내는 청소년들은 밖에서 노는 것보다 게임이 더 익숙하다. 이렇듯 게임은 이제 일상생활에서 없어서는 안 되는 존재가 되었고, 지금도 게임산업은 계속 발전하고 있다.

내가 주목하는 암호화폐 테마 중 하나가 바로 게임산업이다. 게임산업은 이제 발전할 수 있는 한계까지 발전했고, 새로운 기술력과 함께 앞으로 나아가야 한다. 이런 상황에 NFT, 블록체인 같은 기술이 주목받기 시작했고, 이 기술들은 앞으로 게임산업의 한계를 극복할 중요한 요인으로 자리 잡고 있다.

이렇게 게임의 세계는 그 시작점에서 현재까지 많은 여정을 거쳤다. 게임은 오래전 깜빡이는 픽셀 한 점과 두 점 그리고 그것을 움직이는 간단한 코드에서 시작되었다. '퐁Pong'이라는 게임은 전 세계의 수많은 사람 앞에 게임이라는 새로운 형태의 엔터테인먼트를 선보였다. 그 후 게임은 매우 빠른 속도로 발전되었다. 8비트, 16비트의 콘솔 게임기는 가정의 거실로 들어와 가족이 즐겨 하는 아케이드 게임이 되었다. 여기에는 '슈퍼 마리오', '젤다의 전설' 같은 하나의 문화적 아이콘으로 거듭난 게임이 있다. 그리고 3D 그래픽의 등장으로 화려한 그래픽과 현실감 넘치는 사운드는 게임을 한층 더 몰입감 있게 만들었다. 온라인 멀티플레이어 게임의 출현은 전 세계 게이머들을 하나의 가상세계로 연결했고, MMORPG라는 장르의 게임은 수많은 사람에게 새로운 삶의 일부 또는 새로운 삶 자체를 선사했다.

이제 게임은 단순한 엔터테인먼트를 넘어 경제, 교육, 사회적 연결망 등 다양한 분야에서 그 중요성을 알리기 시작했다. 메타버스의 등장과 함께 게임은 우리의 일상과 더욱 밀접해져 가상세계와 현실 사이의 경계가 계속 허물어지고 있다. 오늘날 게임은 이제 더는 단순한 취미나 여가 활동이 아니다. 우리 삶, 문화, 사회에 깊숙이 뿌리내려 거듭나고 있고, 이런 변화 속에서 게임의 미래는 점점 달라지고 있을 뿐 아니라 이 세상의 상상력과 창의력으로 발전하고 있다.

게임산업이 블록체인을 원하는 이유

게임산업은 앞으로도 사람들의 즐거움을 위해 계속될 것이다. 게임산업이 VR, AR과 만날수록 몰입도가 높아지고 게임 내 시스템에 블록체인 시스템이 탑재되어 게이머들이 직접 게임을 만들어간다. AI 기술이 NPC에 탑재되어 몰입감이 더욱 높아지며, 게임 내에서 벌어들인 재화는 암호화폐가 되어 이 암호화폐가 현실의 현금가치로 인정받고(지금도 아이템매니아 같은 데서 실제 현금으로 교환 가능하며 이것이 발전된 형태) 게임 아이템 또한 NFT 시스템이 탑재되어 고유의 자산으로 인정받음으로써 결국 탈중앙화한 게임프로젝트들이 대세가 될 확률이 높아졌다. 영화 〈레디 플레이어 원〉과 같은 우리가 전에는 상상만 했던 미래가 점점 현실이 되며, 여기서 NFT 그리고 블록체인은 떼려야 뗄 수 없는 기술이다.

2008년에 등장한 비트코인은 디지털 자산의 P2P 거래의 문을 열었으며, 2014년에 등장한 이더리움은 블록체인 네트워크의 확장성

국내 게임사 집중도 MAP
(출처: 상상인증권)

을 제공했다. 많은 창업가가 이 탈중앙화된 이더리움 네트워크를 바탕으로 ICO, DeFi, NFT, P2E, DAO와 같은 혁신적인 아이디어를 적용하였고, 결과적으로 더 많은 유저와 개발자가 블록체인 생태계에 참여하게 되었다. 그럼에도 단순히 성장하는 블록체인 생태계를 관찰하는 것을 넘어 선도 기업들은 자신들의 비즈니스에 블록체인 요소를 적극 도입하기 시작했다. 이로써 기업들은 고객과 관계를 전통적인 소비자 관계에서 커뮤니티 중심의 관계로 재정의하였고, 디지털 자산에 가치를 부여했다. 또 일부 결정 권한을 커뮤니티에 이전하여 서비스의 글로벌 확장을 추구했다. 이와 같은 새로운 형태의 비즈니스는 Web3 비즈니스라는 명칭으로 일컬어진다.

많은 산업의 기업들이 Web3 비즈니스를 진행하는데, 게임사들의 접근 방식은 다소 독특하다. 게임사들은 단순히 NFT의 활용에 그치지 않고 메인넷, 메타버스 등을 통해 자체 생태계를 구축하는 데 주력하고 있다. 이러한 움직임은 다른 산업들과 상이하게 게임사들이 Web3 비즈니스를 그들의 핵심 비즈니스 모델로 채택할 준비를 하고 있음을 보여준다. 위메이드의 WEMIX, 컴투스의 XPLA, 넷마블의 MBX, 네오위즈의 네오핀과 인텔라X, 넥슨의 메이플유니버스, 크래프톤의 미글루 등은 그런 노력의 구체적인 예로 들 수 있다. 이와 함께 게임사들은 자체적인 생태계 구축에 더해 DeFi나 마켓플레이스 같은 인프라 제품을 개발하려고 풍부한 인력과 대규모 자본을 적극 투자하고 있다.

게임 회사들은 블록체인 기술에 특별한 관심을 보이는데 그 이유

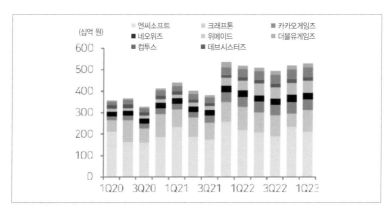

국내 주요 게임사 인건비 추이
(출처: 다올투자증권)

가 무엇일까? 블록체인은 게임 회사들에 새로운 기회의 창을 열어
준다. 우리나라 게임산업은 1990년대 PC 게임 초기부터 2000년대
인기 PC 온라인 게임 시기 그리고 2010년부터 현재까지 스마트폰
게임 시기로 발전해왔다. 게임의 주요 플랫폼은 대략 10년마다 변화
해왔다. 현시점에서 게임산업은 여러 어려움에 직면하고 있다. 모바
일 게임의 경쟁이 치열해진 것, 코로나에 따른 호황이 끝난 것, 높아
진 IT 인력 비용 그리고 해외 게임들이 국내 시장에 진출하여 경쟁
이 더욱 격화된 것 등이 그 예다.

　이렇게 힘든 시기에 게임 회사들은 크게 ① 대형 게임 개발, ②
콘솔 게임으로 글로벌 시장 공략, ③ 블록체인을 활용한 새로운 게
임 생태계 구축 세 가지 전략을 선택할 수 있다. 하지만 대부분 게
임 회사에 대형 게임 개발은 너무 큰 자본과 인력이 필요하다. 따라
서 현재 모바일 게임 시장에서 강점을 더욱 확실히 하면서 동시에

콘솔과 블록체인 시장을 탐색하는 전략이 필요하다.

과거에도 PC, 인터넷, 스마트폰이 등장할 때 게임산업이 크게 변화했고, 그 변화를 빨리 인식한 회사들이 큰 성공을 거두었다. 그러므로 블록체인이 게임산업의 다음 큰 트렌드가 될 가능성을 염두에 두고 그 가능성에 투자하는 것은 합리적 선택이라 볼 수 있다.

비탈릭 부테린은 블록체인 기술에 입문하기 전에 '월드 오브 워크래프트'라는 게임을 4년 동안 열심히 하였다. 그런데 어느 날, 게임회사 블리자드의 결정으로 그의 캐릭터 능력이 갑자기 줄어들었다. 이런 중앙집중적 결정에 대한 불만이 부테린에게 탈중앙화 서비스의 필요성을 깨닫게 했다. 그리하여 그는 비트코인과 블록체인에 흥미를 느끼게 되었고, 그 결과 '이더리움'이라는 블록체인을 창조하게 되었다.

블록체인은 단순히 게임 운영의 중앙집중성을 해소하는 것 이상의 장점이 있다. 이 기술은 게임 내에서 얻은 아이템이나 캐릭터 같은 디지털 자산에 진정한 가치를 부여한다. 이를테면, 게임에서 획득한 특별한 아이템을 단순히 게임사 서버에 저장하는 것이 아니라 블록체인상에서 안전하게 보관하고, 필요하면 다른 사용자와 자유롭게 거래할 수 있다. 이러한 점은 우리가 실제로 물건을 사고팔듯이 자신의 디지털 자산을 관리하게 해준다.

블록체인 기술이 게임과 결합되면 게임 플레이어에게 큰 혜택을 가져다준다. 블록체인은 유저의 권리를 굳건히 지키며, 게임 내의 아이템이나 자산을 다른 게임이나 플랫폼으로 자유롭게 가져갈 수 있게 한다. 이로써 게임 플레이어는 단순한 게임의 소비자에서 게임 세계의 참여자로 더 큰 의미를 가지게 된다. 이런 변화가 게임산업의 새로운 방향을 제시하며, 미래의 게임 트렌드를 선도할 것으로 보인다.

게임과 NFT의 관계

게임은 앞서 설명했던 NFT와도 밀접한 관련이 있다. '포트나이트 Fortnite'와 'CS:GO'(카운터스트라이크2)가 대표적인 예다. Fortnite는 초기 2년 동안 디지털 액세서리를 90억 달러(약 12조 원)어치 판매했고, 'CS:GO'의 특정 총기 스킨은 40만 달러(약 5억 원)에 거래된 사례도 있다.

그러나 이런 게임 아이템에 큰돈을 지불하는 유저들은 사실상 아이템을 '진정으로' 소유하지 않는다. 이 아이템들은 회사 서버에 저장되어 있으므로 게임 서비스가 종료되면 소멸될 수 있다. 이와 유사한 문제로, 어린 자녀를 위한 게임 계정을 부모가 생성한 후 그 아이템을 자녀 계정으로 이전하는 것이 불가능한 경우도 있다.

또한 유저들은 자신의 게임 아이템을 자유롭게 판매할 수 없다. 예를 들어 '스팀'과 같은 플랫폼은 일부 아이템만 거래할 수 있게 허용하며, 1,800달러를 초과하여 아이템을 판매하는 것은 금지되어 있다. 따라서 40만 달러의 'CS:GO' 스킨처럼 가치가 높은 아이템은 스트리머와 같은 중개인의 도움 없이는 거래하기 어렵다.

이런 상황에서 NFT 기반의 게임 아이템은 이 문제를 해결할 가능성을 보여주고 있다. NFT 기술을 이용한 아이템은 블록체인에 저장되므로, 회사의 서버 상태와는 무관하게 유저가 아이템을 소유할 수 있다. 이런 아이템은 블록체인에 기록되기 때문에 거래 내역이 영구적이고 위조도 할 수 없다. 따라서 유저들은 스트리머와 같은 중개인 없이도 아이템을 원하는 가격에 판매하거나 교환할 수 있다.

여기서 한 단계 더 나아가면, 유저가 보유한 NFT 아이템을 다른 게임에서도 활용하는 것이 가능하다. 예를 들면, 한 게임에서 얻은 아이템을 다른 게임에서도 사용할 수 있다면 유저는 그 아이템에 더 큰 가치를 느낄 것이다. 이렇게 게임과 NFT 메타버스는 서로를 빛나게 하는 두 별처럼 밀접하게 얽혀 있다.

돈이 몰리는 곳을 주목하라

2021년 기준 전 세계 게임 시장 규모는 2조 달러에 달했다. 이 숫자는 단순히 큰 수치를 나타내는 것을 넘어 게임산업이 현대사회에서 얼마나 중요한 위치를 차지하고 있는지를 반영한다.

세계적으로 32억 명, 즉 세계 인구의 약 40%가 게임을 즐기는 것을 고려하면 이러한 수치의 상승은 당연하다 할 수 있다. 여러 세대에 걸쳐 게임은 단순한 여가 활동을 넘어 사람들이 서로 소통하고, 협력하며, 경쟁하는 중요한 플랫폼으로 자리 잡았다. 무엇보다 놀라운 것은 이 2조 달러라는 규모가 음악과 영화 시장을 합친 규모의 3배라는 점이다. 일반적으로 영화나 음악과 같은 엔터테인먼트 산업

구분	2017	2018	2019	2020	2021p	2022	2023	2024	2025	2026
만화	79	83	94	108	126	135	144	152	160	169
음악	464	492	522	355	453	586	638	667	689	703
게임	1,150	1,333	1,559	1,893	2,063	2,281	2,497	2,712	2,928	3,142
영화	394	409	424	118	215	358	437	458	477	496
애니메이션	51	48	82	15	20	24	28	33	39	47

세계 콘텐츠 시장 규모
(출처: 한국콘텐츠진흥원)

은 대중의 문화와 연결되어 있으며, 큰 시장 규모를 자랑한다. 그러나 게임산업은 이들을 합친 것보다 영향력이 훨씬 더 크다는 것을 알 수 있다.

이러한 활발한 게임 시장에서 다양한 게임회사는 경쟁력을 유지하고 더 높은 시장점유율을 위해 끊임없이 혁신하고 있다. 새로운 게임 트렌드를 주도하려 노력하고 NFT 같은 신기술을 활용해 게임 내에서 수익을 창출하며 기존의 게임 플레이 방식을 넘어서는 다양한 비즈니스 전략을 구사하는 것이다.

최근의 기술 트렌드 중 하나인 'Web3'는 디지털 경계를 허물며 전통적인 인터넷 환경을 혁신하고 있다. 이런 흐름에서도 특히 주목받는 분야가 바로 게임산

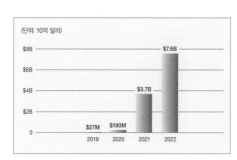

블록체인 게임 투자 추이
(출처: DappRadar.com)

업이다. 2021년, Web3 기반 게임산업의 투자 규모는 이미 37조 달러에 달했다. 그러나 이 투자 흐름은 여기서 멈추지 않고 2022년에는 이 숫자가 76조 달러로 두 배 이상 급증하였다. 이러한 투자 급증은 Web3 기술과 게임산업의 조합이 미래의 빛나는 가능성을 내포하고 있다는 뜻이다.

현재로서는 Web3 산업 전체에서 게임 분야가 가장 큰 투자를 받는 부분으로 떠오르고 있다. 이것은 단순히 숫자로 보는 투자 금액뿐만 아니라, 글로벌 기업들의 전략적 시각에서 블록체인과 게임의 결합이 가져올 혁신에 대한 큰 기대와 관심을 보여준다.

투자라는 영역은 크게 보면 '물이 흐르는 곳'을 찾아 그 방향으로 자금을 이동하는 행위라고 할 수 있다. 그렇다면 이 '물'이 특정한 방향으로 흐르는 이유는 무엇일까? 그 해답은 간단하다. 그곳에는 미래에 큰 보상이 기다리기 때문이다. 새로운 기회나 미래의 가치를 발견하면, 투자자들은 그 기회를 활용하려고 그 방향으로 자금을 몰아넣게 된다.

이렇게 해서 많은 기관이 특정 산업에 투자를 집중하면 그것은 그 산업이 미래에 큰 가치가 있을 것이라는 징후로 해석될 수 있다. 투자자로서는 이러한 흐름을 파악하고 그 중요성을 인지하는 것이 중요하다. 왜냐하면 대다수 투자자나 전문가들이 집중하는 곳에는 그만한 이유가 있기 때문이다.

블록체인과 게임산업

블록체인은 많은 사람에게는 어려운 기술처럼 보인다. DeFi, NFT, P2E 같은 용어들은 복잡해 보이며, 일반인이 무엇인지 잘 모르는 블록체인 기술 위에서 발생하는 활동이다. 그런데 여기서 흥미로운 점은 게임 유저들에게 이러한 블록체인 활동이 생각보다 익숙하다는 것이다. 왜냐하면 게임 유저들은 이미 오랜 시간 가상의 게임 세계에서 디지털 아이템을 사고팔면서 상호작용하는 활동에 익숙해져 왔기 때문이다.

게임은 단순히 놀이가 아니다. 음악이나 영화처럼 감동을 주는 동시에 사용자에게는 높은 몰입감과 재미를 제공한다. 게임을 하면서 플레이어는 자신만의 스토리를 만들어가며, 그 과정에서 다양한 선택과 결정을 하게 된다. 이런 특성 덕분에 게임은 블록체인과 같은 신기술로 더 큰 가치를 제공할 수 있다. 실제로 2022년에 블록체인에서 발생한 거래 중 절반이 게임과 관련되어 있을 정도로 게임과 블록체인은 서로 관계가 매우 밀접하다.

게임을 좋아하는 사람들, 즉 게임 유저들은 전 세계적으로 32억 명에 달한다. 그리고 이들은 자신이 게임에서 얻은 아이템이나 경험을 가치 있게 여긴다. 블록체인은 이러한 가치를 더욱 확장하고, 실제로 거래하고 소유할 가능성을 제시한다. 간단히 말하면, 유저가 게임에서 투자한 시간과 노력을 더 넓은 세상에서 인정받게 하는 것이다.

현재 블록체인 기반 게임산업은 초기 단계에 있으나 기존 게임들보다 더 많은 혜택과 기회를 제공할 준비를 하고 있다. 전 세계의 게임 유저들이 이 새로운 기회를 발견하면, 블록체인 기술은 더 많은 대중에게 알려지게 될 테고 그 안에서 우리는 새로운 기회와 마주하게 될 것이다.

 **밈 코인**

밈^{meme}이라는 말은 영국의 생물학자 토킨스가 자기 책에서 사용한 말로 문화의 전달에도 유전자처럼 복제역할을 하는 중간 매개물이 필요한데 이 역할을 하는 정보의 요소를 뜻한다. 이러한 밈과 코인^{coin}이 합쳐져 만들어진 말이 밈 코인이다.

초기 밈 코인은 사람들의 과열된 투기심리를 알려주는 신호로 사용되면서 많은 암호화폐 투자자에게 변동성이 심한 암호화폐 시장에서도 도박이라고 불릴 정도로 투기성이 큰 부정적 이미지로 인식되었다. 하지만 밈 코인은 점점 암호화폐 테마 중 하나로 자리 잡고 있다. '코인의 가치는 가격이 측정한다'는 말이 있다. 변동성을 즐기는 암호화폐 투자자에게 변동성이 큰 코인은 더 많은 관심을 끌고 좀 더 많은 사람에게 노출되어 높은 가격을 형성하면서 그 가치를 스스로 증명하고 있다.

밈 코인의 탄생

2013년 IBM 소프트웨어 엔지니어 빌리 마커스는 비트코인의 인기와 함께 많은 사람이 암호화폐에 접근하기 어렵다고 생각하여 비트코인과 비슷한 기술을 기반으로 더욱 친근하고 재미있는 암호화폐를 만들었다. 이것이 암호화폐에 투자하지 않는 사람들도 알고 있는 도지코인으로, 암호화폐 시장에서는 밈 코인의 시초로 여겨진다.

초기의 도지코인은 암호화폐 시장의 터무니없는 추측을 조롱하기 위해 농담 삼아 만들어졌지만, 의도치 않게 암호화폐 시장에서 중요한 역할을 커뮤니티에 노출하기 시작한다. 커뮤니티에서 높은 인지도를 자랑하고 전 세계에서 모르는 사람이 없다는 일론 머스크가 도지코인을 언급하면서 3원 정도에 불과했던 도지코인은 2021년 암호화폐 강세장에서 800원대까지 상승하는 엄청난 상승을 보여줬다. 그리고 지금은 한때 유행으로 시작했고 아무런 기술력이 없는 이 코인이 시가총액 9위에 자리 잡고 있다. 그 뒤로도 시바이누, 페페, 플로키, 봉크 등 많은 밈 코인이 나오면서 도지코인의 뒤를 이어가고 있다.

이제 암호화폐 시장에서 밈이라는 유행은 단순히 투기성에 기인한 관심이 아니라 현대사회의 밈이라는 문화를 대변하듯 암호화폐 시장에 하나의 테마로 자리 잡고 있다.

밈 코인의 매력

밈 코인의 매력은 무엇일까? 밈 코인의 장점은 '가벼움'이다. 가벼움이라고 하면 이해가 어려울 수 있는데, 쉽게 말하면 변동성이 무척 심하고 가격의 상승과 하락이 크게 일어난다는 것이다. 밈 코인의 가격 움직임을 보고 있으면 콜로세움 안에 소매투자자, 트레이더, 고래를 모두 넣어두고 가격 전쟁을 하는 듯한 느낌을 받는다.

변동성이 심한 투자 시장인 암호화폐 시장에서도 큰 변동성을 자랑한다는 건 투자자로서는 아주 큰 매력으로 다가온다. 변동성은 기회와 위기를 뜻하지만 대부분 투자자에게는 기회로 보이고 더 많은 투자자와 돈을 끌어모으는 원인을 제공하기 때문이다.

이러한 밈 코인의 변동성은 커뮤니티를 통해 빠르게 퍼진다. 아무리 좋은 기술을 지닌 코인이라도 커뮤니티의 관심을 받지 못하면 가격이 상승하지 못할 만큼 암호화폐 시장에서 커뮤니티의 역할은 엄청나다. 밈 코인은 이런 커뮤니티를 통해 빠르게 퍼져나갔고, 변동성에 매력을 느낀 투자자들이 달려들면서 가벼운 밈 코인은 더 큰 상승을 했다. 이런 순환과정으로 폭발적인 가격 상승이 일어나는 것이 밈 코인의 첫 번째 매력이라고 볼 수 있다.

밈 코인의 또 다른 매력은 밈 코인을 들고 있는 투자자의 비중을 보면 알 수 있다. 보통 암호화폐 시장에서는 큰 물량을 가지고 있는 홀더를 고래라고 부른다. 다음에서 시가총액이 높은 대표적 밈 코인 4개를 보면 고래들이 가지고 있는 점유율이 평균 50%에 육박하는데, 이는 다른 코인들에 비하면 아주 높은 수치다.

이렇게 고래들 비중이 높다는 것이 왜 밈 코인의 매력이 될 수 있을까? 알다시피 상대적으로 변동성이 크고 기업에 비해 시가총액이 낮은 암호화폐는 고래들의 역할이 매우 중요하다. 이러한 고래들은 가격을 움직이며 최대한 손해 보지 않는 싸움을 하려고 한다. 그렇기에 고래들의 비중이 높은 코인이라는 건 쉽게 죽지 않는 코인이 될 수 있다는 역설적 논리가 성립되는 것이다.

고래들은 다양한 세력이 존재한다. 대표적으로 초기에 많은 양의 코인을 축적한 조기투자자나 채굴자가 있고 기관투자자, 커뮤니티의 영향력 있는 인물 등 많은 세력이 있다. 이들이 특정 코인을 많이 들고 있다는 건 가격이 낮은 물량을 축적하고 낮은 유동성과 작은 시가총액의 이점을 이용해서 가격 변동을 초래하면서 물량을 다른 소매투자자들에게 넘기는 행위를 반복한다는 것이다. 그렇기에

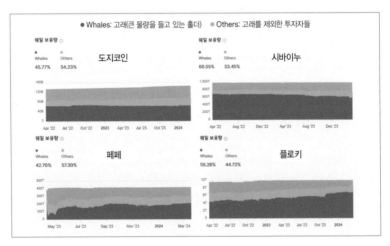

밈 코인에서 고래들이 차지하고 있는 점유율
(출처: 코인마켓캡)

이들의 행동을 잘 따라간다면 밈 코인은 기회를 얻는 코인이 될 수 있다.

밈 코인의 위험성

그렇다면 밈 코인에서 주의할 만한 위험성은 없을까? 아이러니하게도 앞서 말한 2가지 매력은 반대로 밈 코인에 투자할 때 투자자들이 주목해야 하는 위험성이기도 하다. 앞서 처음에 밈 코인을 설명할 때 변동성은 기회이기도 하지만 위기이기도 하다는 말을 했다. 변동성은 잘 이용하면 수익을 크게 볼 기회이지만, 반대로 잘못된 시점과 올바르지 못한 전략을 가지고 접근했을 경우 급격한 변동성

도지코인 홀더 통계 메인넷	
전체 홀더 수	6,915,353
상위 10위 홀더가 차지하는 점유율	45.78%
상위 20위 홀더가 차지하는 점유율	52.26%
상위 50위 홀더가 차지하는 점유율	60.09%
상위 100위 홀더가 차지하는 점유율	66.33%

페페 홀더 통계 이더리움	
전체 홀더 수	189,211
상위 10위 홀더가 차지하는 점유율	45.85%
상위 20위 홀더가 차지하는 점유율	55.69%
상위 50위 홀더가 차지하는 점유율	68.81%
상위 100위 홀더가 차지하는 점유율	74.66%

플로키이누 홀더 통계 이더리움	
전체 홀더 수	77,207
상위 10위 홀더가 차지하는 점유율	70.93%
상위 20위 홀더가 차지하는 점유율	76.85%
상위 50위 홀더가 차지하는 점유율	83.57%
상위 100위 홀더가 차지하는 점유율	87.58%

시바이누 홀더 통계 이더리움	
전체 홀더 수	1,386,250
상위 10위 홀더가 차지하는 점유율	60.06%
상위 20위 홀더가 차지하는 점유율	65.24%
상위 50위 홀더가 차지하는 점유율	71.43%
상위 100위 홀더가 차지하는 점유율	74.70%

밈 코인에서 상위 100위 홀더들이 차지하고 있는 비중
(출처: coincarp)

으로 크게 손실을 볼 수 있는 위기이기도 하다.

고래들의 점유율과 비슷한 데이터인데, 홀더들을 수량으로 쭉 나열했을 때 밈 코인의 상위 100명의 홀더가 차지하는 전체 비중은 평균 70%가 넘는다. 메이저 알트코인으로 분류되는 솔라나가 30%, 아발란체가 5.7%, 카르다노 에이다가 21.1%라는 것을 보면 이 수치가 얼마나 높은 것인지 알 수 있다. 그래서 밈 코인을 부정적으로 보는 사람들은 많은 물량을 들고 있는 홀더들이 대부분 수익을 가져가고 손실은 변동성에 취해버린 소매투자자들에게 넘어간다는 말이 나오는 것이다. 투자 시장에서 많은 물량을 들고 있는 사람들

 더 알아보기

밈 코인의 전략적 투자방법

밈 코인은 몇 가지 원칙만 지키면 전략적으로 접근이 가능하다.

1. 밈 코인은 재미없을 때 담아라

보통 개인투자자들이 밈 코인에 달려드는 시기는 이미 고래들이 축적을 마치고 가격을 미친 듯이 펌핑하는 타이밍이다. 이는 고래들이 축적하는 시기에 접근하면 고래들과 똑같은 포지션을 취할 수 있다는 것을 뜻한다. 기억하자. 밈 코인은 커뮤니티에 도배되고 재미있을 때 들어가는 것이 아니라 재미없을 때 들어가는 것이다.

2. 높은 변동성은 시드 비중으로 대응해라

개인투자자들이 미숙한 것 중 하나가 바로 시드 배분이다. 당연히 개인투자자들은 변동성이 높은 코인을 보면 이러한 상상을 한다. "여기에 얼마를 투자했으면 얼마를 벌었겠지?" 이러한 생각은 매우 위험하다. 변동성이 높은 밈 코인은 자연스레 다른 코인들에 비해 낮은 시드 비중으로 대응하면 수익은 작을지 몰라도 손실은 최소화할 수 있다. 투자 시장에서 한 번 기회를 잃으면 두 번의 기회는 아주 많은 시간이 걸린다. 최대한 적게 잃는 싸움을 하는 것이 투자 시장의 진리다.

이 많은 자산에 투자한다는 건 일반적인 상황에서도 소매투자자들은 불리하게 시작할 수밖에 없는 투자 시장에서 더 불리한 조건으로 싸움에 뛰어든다는 말과 같은 것이다.

투자 시장에는 '세력을 이기려고 하지 말고, 세력들의 뒤를 바짝 쫓아가면 떨어지는 부스러기를 먹을 수 있다'라는 말이 있다. 이는 암호화폐 시장에서 특히 밈 코인에 더 적절한 말이다. 이렇듯 밈 코인은 확실한 전략과 기준을 잡지 않고 접근하면 반대로 암호화폐 변동성의 쓴맛을 제대로 느끼는 위험으로 다가올 수 있다.

포트폴리오에서 밈 코인의 역할

앞서 시드 배분을 강조했듯이 밈 코인에 많은 자금이 들어가면 그만큼 위험성이 커질 수밖에 없다. 그래서 밈 코인은 알트코인들의 포트폴리오 중 일부 개념으로 접근하는 것이 가장 이상적이다. 쉽게 생각해 날씨가 다양한 지역으로 여행을 떠나기 전 짐을 꾸릴 때 비옷만 가지고 가는 것이 아니라 우산, 자외선 차단제, 모자, 튼튼한 부츠 등 다양한 짐을 챙겨야 한다. 암호화폐 시장에서도 마찬가지다. 폭발적인 변동성을 위해 단일 자산에만 의존해서 포트폴리오를 구축한다면, 분명 큰 후폭풍이 집어삼킬 것이다.

알트코인 포트폴리오에서 밈 코인에 집중 투자했을 경우와 게임, NFT, 디파이, AI, 밈 코인 5가지 테마에 투자했을 경우, 밈 코인에 부정적 이슈가 터져 밈 코인이 급락했지만, 전반적인 암호화폐 시장이 받쳐주면서 게임, 디파이 테마는 크게 상승하면 밈 코인에서는 손실을 봐야 하지만, 다양한 포트폴리오의 경우 일부는 손실을 봤지만 다른 쪽에서 수익이 발생하면서 전체적으로 수익권에서 투자를 마무리할 수 있다.

이렇듯 암호화폐 시장에서 포트폴리오는 무척 중요하며, 특히 변동성이 큰 밈 코인은 포트폴리오 구축이 무엇보다 중요하다.

포트폴리오에서 밈 코인의 역할은 이익 극대화다. 포트폴리오의 분산은 위험을 최소화하고 수익률을 안정화하는 것도 있지만, 이런 부분에만 치중한다면 분명 포트폴리오를 중간에 수정하는 나를 발견할 것이다. 나는 '인간의 심리는 나약해서 나를 그런 환경에 가두어놓으면 된다'는 말을 자주 한다. 이렇듯 포트폴리오 구축에서 위험과 수익률을 안정화해도 이익이 극대화되지 못한다면 분명 투자는 흔들리고 망가질 가능성이 크다. 그렇기에 밈 코인은 포트폴리오에서 전체 포트폴리오 수익률을 높일 수 있는 역할을 수행하는 것이다.

대부분 투자자는 밈 코인을 무시하거나 투기성이 짙은 자산으로 여겨 부정적으로 본다. 하지만 밈 코인의 숨어 있는 가치를 알고 전략적으로 잘 이용할 수 있는 투자자가 사용한다면 가치는 빛을 발할 수 있다. 밈 코인은 이제 단순히 농담으로 만들어진 가치 없는 코인이 아니라 점점 암호화폐 시장 안에서 하나의 테마 영역을 만들어가고 있다. 밈 코인을 부정적으로 바라보는 투자자라면 시선을 바꿔보길 바란다. 더 다양하고 다채로운 암호화폐 투자를 할 수 있게 만들어줄 것이다.

Ⓑ 거래소 코인

전쟁이 일어나면 어떤 집단이 가장 많은 돈을 벌 수 있을까? 승전국, 패전국, 그 주변 국가, 전쟁하는 국가와 교역하는 국가 전부 아니다. 바로 무기를 파는 집단이 가장 많은 돈을 끌어모을 수 있다. 투자 시장도 마찬가지다. 투자 시장은 총은 없지만 돈으로 싸우는 전쟁터다. 결국 이러한 시장에서 진정한 승자는 수익을 보는 사람도 당연히 손실을 보는 사람도 아니다. 전쟁할 수 있는 환경을 제공하고, 그들이 전쟁을 하면 할수록 많은 수수료를 받을 수 있는 거래소가 승자인 셈이다. 그중에서도 암호화폐 거래소는 전통 주식시장보다 수수료가 훨씬 많고 투자자들의 거래 빈도도 잦은 편이다.

실제 암호화폐 거래소에서 가장 큰 거래소로 평가받는 바이낸스는 2021년 시장이 엄청난 강세를 보일 때 매출이 200억 달러에 달하면서 엄청난 수익을 창출했다. 이렇게 보면 그 규모를 가늠할 수 없지만 몬테네그로, 피지, 부탄과 같은 국가의 연간 GDP는 40억 달러에서 80억 달러에 불과하며, 2020년 트위터와 스포티파이 같은 유명 기업은 약 37억 달러와 95억 달러의 연간 수익을 기록했다는 사실을 알면 바이낸스가 수수료 하나만으로 발생시킨 매출이 얼마나 큰 규모인지 알 수 있다.

암호화폐 비즈니스는 대부분 기술력에 기반을 두고 있다. 그렇기에 대부분이 투자를 받아서 진행해야 하는 스타트업에 속한다. 하지만 거래소는 암호화폐 산업 분야에서 현금 수익을 압도적으로 많이 내는 비즈니스다.

만약 이런 거래소 산업과 방향성을 같이하는 토큰이 있다면 어떻겠는가? 아마 대부분 투자자가 투자하려고 달려들 것이다. 이번 파트에서는 암호화폐 중앙화거래소들이 만든 토큰인 거래소 토큰에 대해 알아본다.

암호화폐 거래소 특징

어느덧 사기라고 평가받던 디지털 토큰은 하나의 금융 세계를 형성했고, 그 안에서 암호화폐 거래소는 전통적인 증권거래소와 유사한 역할을 하며 디지털 통화가 활발히 활동할 수 있는 허브로 자리 잡고 있다. 거래소 플랫폼은 단순히 거래만 진행하는 것이 아닌 새로운 토큰의 투자금을 모아주는 역할, 암호화폐 자산을 스테이킹해서 생태계를 발전시키는 역할, NFT와 채굴도 가능한 만큼 암호화폐 생태계에서 할 수 있는 모든 것을 종합적으로 제공하는 역할을 한다. 또한 암호화폐 거래소의 가장 큰 특징이라고 하면 인터넷이 가능한 어느 곳에서나 24시간 내내 전 세계적으로 접근 가능한 시장이라는 점이다.

암호화폐 거래소는 크게 두 가지 유형으로 분류되는데, 특정 회사가 운영하면서 중앙화되어 있는 거래소인 중앙집중형 거래소CEX가 있고, 중앙 권한 없이 블록체인 기술 중 하나인 스마트 계약으로 거래되는 탈중앙화거래소DEX가 있다. 이번 파트에서 집중적으로 다룰 거래소는 중앙집중형 거래소다.

초기에 암호화폐 거래소는 밀수업자와 마약을 거래하는 사람들이 블랙자금을 사용하는 창구였던 만큼 여전히 주목받는 건 자금세탁이다. 전통 금융시장에 반하는 기술이 있는 블록체인을 규제하기 위해 규제 환경은 국가마다 다르지만, 고객파악KYC 및 자금세탁방지와 같은 규정이 점점 자리 잡혀가고 있다.

전통 금융시장에 비해 상대적으로 자유로운 암호화폐 거래소는 전통 금융시장에서 쉽게 하지 못할 비즈니스도 과감하게 진행하는 경우가 많은데, 거래소 플랫폼에서 사용되는 토큰이 바로 거래소 토큰이다.

거래소 토큰의 비즈니스 모델

거래소 토큰은 암호화폐 거래소가 자체 발행한 코인을 의미한다. 거래소가 발행한 '주식'이라고 보면 이해가 쉬운데, 해당 거래소에

호재가 발생하면 기대 심리에 힘입어 거래소 토큰 가격도 덩달아 뛰는 모습을 보여준다. 반대로 악재가 발생하면 가격이 떨어지는데 이는 실적발표나 투자 유치 등 이슈가 생기면 기업 주가가 오르고 내리는 현상과 비슷하다. 쉽게 거래소 토큰이란 거래소와 생사를 같이 하는 토큰이라고 보면 된다.

또한 특정거래소는 거래소 토큰 보유자에게 '투표권'을 부여하면서 중요한 결정에 발언권을 부여하기도 한다. 일부는 심지어 에어드랍(암호화폐 시장에서 특정 암호화폐를 보유한 사람에게 투자 비율에 따라 신규 코인이나 코인을 무상으로 지급하는 것) 형태로 '배당금'을 분배하여 투자자에게 보유 자산에 비례하는 무료 코인을 보상하기도 한다.

그러나 거래소 토큰은 생태계 내에서 '통화'로서 유용성 측면에서 전통 주식과 다르다. 단순한 투기 자산을 넘어 거래소에서 세심하게 혜택을 선별하는 '포인트' 시스템 요소를 통합하여 다른 코인의 구매와 판매를 가능하게 한다. 이러한 혜택은 예치된 토큰에 대한 이자가 발생하는 것부터 새로운 코인 목록, NFT에 대한 초기 액세스(원하는 것을 얻기 위해 단순히 다가가는 것을 의미)를 얻는 것까지 다양하다.

또한 특정 거래소들은 거래소 토큰을 활성화하기 위해 '수수료 할인'을 실행하기도 한다. 예를 들면 특정 거래소의 거래소 토큰을 일정 수량 이상 보유하고 그 거래소 토큰으로 수수료를 지불하면 수수료율을 매력적인 퍼센트로 낮춰주는 것이다.

이렇듯 거래소는 발행한 거래소 토큰의 사용처와 이점을 늘려 거래소 이용자들이 자연스레 거래소 토큰을 사용하게 만들고 거래소 토큰을 이용해 생태계를 넓혀나가고 수익까지 창출하는 비즈니스 모델을 가지고 있다. 그렇기에 거래소 토큰은 거래소와 운명을 같이 하고 거래소 상황을 대변하는 코인으로 자리 잡은 것이다.

거래소 토큰의 특징

이제는 거래소 토큰에 투자 관점에서 접근하려고 한다. 거래소 토큰은 몇몇 특징이 있다. 그 특징을 잘 알고 이해하면 좀 더 스마트한 투자가 가능하다.

첫 번째, 거래소 토큰은 다른 암호화폐 테마에 비해 쉽게 상장폐지당하지 않는다. 이건 암호화폐 시장에서 아주 큰 메리트다. 수도 없이 많은 알트코인이 사라지는 곳이 암호화폐 시장이다. 내가 가지고 있는 종목이 어떤 이슈로 갑자기 상장폐지되면서 관심도가 멀어질지 아무도 예상하기 어렵다. 하지만 만약 비트코인처럼 사라지지 않을 것이라는 강한 믿음을 주는 코인이라면 어떨까? 거래소 토큰은 거래소가 망하지 않는 이상 그 쓰임새가 분명 존재하기 때문에 쉽게 없어지기 힘든 코인이다. 다만 FTX 사태와 같은 거래소가 파산하는 일이 일어난다면 말이 달라지지만, 아주 큰 거래소가 갑자기 망하는 일이 암호화폐 시장에서는 흔치 않은 일이다. 이는 반대로 말하면 다른 알트코인에 비해 상대적으로 긴 호흡으로 투자하는 것이 가능하다는 뜻이다. 이건 언제 폭풍우가 몰아칠지 모르는 알트코인 투자에서 아주 큰 이점이다.

두 번째, 거래소 토큰은 거래소 개별악재에 따라 등락이 심하다. 앞서 말한 것과 비슷한 내용이지만, 이번에는 다소 부정적 특징이다. 암호화폐 거래소는 크고 작은 이슈에 많이 노출되어 있다. 예를 들면 갑자기 거래소가 해킹을 당할 수도 있고, 국가마다 다른 규제 정책으로 현지 법률을 준수하지 않아 운영 및 사용자 자산에 영향을 미치는 사건이 발생할 수도 있다. 이러한 개별 이슈들로 거래소 토큰의 가격도 짧은 시간에 크게 왔다 갔다 하는 모습을 보여준다. 그렇기에 거래소 토큰에 투자하기로 마음먹었다면 이러한 변동성이 있을 수 있다는 것을 미리 숙지해야 한다.

세 번째는 암호화폐 시장이 활성화되면 거래소 토큰 테마는 상승할 확률이 매우 높다는 것이다. 보통 암호화폐 시장이 활성화되고 많은 투자자가 들어오면서 너도나도 암호화폐 거래를 하기 시작하고 그로써 더 많은 자금이 암호화폐 시장으로 들어오면서 대부분 코인은 상승하는 모습을 보인다. 하지만 이런 와중에도 관심을 받지 못하는 개별 알트코인 테마들이 수없이 많다. 하지만 거래소 토큰은 이럴 가능성이 매우 적다. 결국 암호화폐 활성화는 암호화폐 거래소의 매출 증가로 이어진다. 암호화폐 거래소 매출의 90%는 수수료이기 때문이다. 그러므로 거래소 토큰은 암호화폐 시장이 활성화되면 높은 확률로 알트코인들 중에서 평균 이상의 수익률을 올려주는 효자 테마가 될 것이다.

거래소 토큰 투자 전략

아무리 재료에 대한 이해도가 높고 재료에 대해 깊게 공부했다고 하더라도 정작 조리를 잘하지 못하면 맛있는 음식이 나오기 힘들 듯이 이제까지는 재료에 대한 이해 및 공부를 진행했다고 한다면 지금부터는 조리 이야기를 하려고 한다.

거래소 토큰은 물론 트레이딩으로도 유용하게 사용될 수 있는 코인이지만, 나는 한 사이클에 저점과 고점에 투자하는 사이클 투자 혹은 그 사이클을 넘어서 투자하는 장기투자를 권유한다. 그 이유는 암호화폐 산업이 발전하면 자연스럽게 암호화폐 거래소 산업은 커질 수밖에 없기 때문이다. 더 많은 투자자가 거래소를 이용하고, 각 국가에서 규제도 확립되면서 암호화폐 시장이 점점 커질 텐데 어떻게 거래소가 망할 수 있겠는가. 그렇다는 건 거래소 토큰은 몇 안 되는 장기투자가 가능한 알트코인이라는 것이다.

다만 거래소 토큰은 시총이 높고 사용자들이 많은 메이저 거래소들의 토큰을 선택하는 것이 좋다. 물론 FTX 사태를 예를 들면 100% 안전하다는 보장을 하긴 어렵다. 하지만 상대적으로 더 많은 위험이 도사리고 있는 중소형 거래소들보다는 메이저 거래소들이 훨씬 더 생태계가 발전하고 이용자가 많아서 망하기 어렵다는 것이다. 이제까지 거래소 토큰의 비즈니스 모델 및 암호화폐 거래소들의 특징에서 살펴보았듯이 결국 거래소라는 플랫폼은 이용자가 많으면 많을수록 더 많은 수익을 내는 구조이니 많은 사람이 사용하는 메이저 거래소의 토큰 혹은 시총이 높은 거래소 토큰을 선택해라. 변동성을 기대하면서 이와는 반대로 투자했다가 땅을 치고 후회하는 일이 발생할지 모른다.

거래소 토큰은 어떤 토큰을 선택하는지에 따라 다른 알트코인들보다 상대적으로 하락을 잘 방어하는 토큰들도 있다. 거래소는 물론 투자자들이 많이 들어오는 상승장에서 수익을 많이 보는 구조이지만, 하락장에서도 파생상품 거래소를 같이 운영하는 거래소는 실제 매출이 기하급수적으로 떨어지는 것을 방어하기도 한다. 그렇기에 거래소 토큰을 포트폴리오에 추가한다면 안정적인 수익률 및 손실 안정화까지 여러 가지 효과를 누릴 수 있다.

거래소 토큰은 가볍지 않고 묵직한 만큼 상승할 때는 시원하게 상승해주는 다양한 매력이 있는 암호화폐 테마다. 암호화폐 시장이 망하지 않는 이상 거래소 토큰이 망할 일은 없다는 말이 있듯이 거래소 토큰은 큰 그림에서는 암호화폐 시장과 운명을 같이하는 코인이다. 그렇기에 암호화폐 시장의 미래 그리고 암호화폐 거래소의 미래를 밝게 전망하는 투자자들은 이를 대변하는 거래소 토큰에 투자하는 것을 추천한다.

인공지능

2023년 5월 엔비디아의 주가가 25% 급등했다. 1분기 실적발표를 하고 2분기 전망을 내놨는데 1분기 실적도 놀라웠지만 2분기 실적 전망치도 아주 놀라웠다. 2023년

엔비디아 주가 일봉 차트
(출처: 트레이딩뷰)

에 들어서 엔비디아 주가의 상승률은 260%까지 달했다. 이렇게 되면서 엔비디아는 애플, 마이크로소프트MS, 아람코, 구글, 아마존에 이어 시총 1조 달러가 넘는 6번째 기업이 되었다. 엔디비아의 주가가 어떻게 이렇게 오를 수 있었을까?

엔비디아의 주가가 수직상승한 건 엔비디아의 주력 제품인 GPU(그래픽 처리 장치)가 인공지능AI 붐을 타고 수요가 크게 늘었고, 앞으로도 계속 늘어날 거란 예상 때문이다. AI 붐을 일으킨 생성형 AI는 AI를 학습시키고 작동하는 데 복잡한 계산을 하는 칩보다는 단순한 작업을 빠르게 반복하는 걸 잘하는 칩이 필요하다. 그 목적에 가장 최적화된 칩이 바로 엔비디아의 GPU이다. 암호화폐에 투자하는 사람들은 비트코인을 채굴하는 것을 모를 수 없는데, 채굴용 컴퓨터도 복잡한 수학문제를 단순 반복으로 계속 풀어야 하므로 엔비디아의 GPU가 많이 사용되었고, 이번 생성형 AI에서도 수요가 폭발하면서 엄청난 상승률을 기록한 것이다. 그러면 다른 기업은 어떤지 궁금할 수 있는데, 엔비디아의 GPU 시장 점유율은 약 80%다.

 더 알아보기

생성형 AI란?

생성형 AIGenerative AI는 인공지능의 한 부분으로, 데이터를 바탕으로 새로운 정보나 콘텐츠를 생성하는 능력을 갖춘 기술을 말한다. 이는 기존에 있던 데이터나 패턴을 단순히 인식하거나 분류하는 것을 넘어서 실제로 새로운 콘텐츠나 데이터를 '생성'하는 능력이 있는 인공지능이다.

세상을 놀라게 한 챗GPT

2022년 11월 30일 세상의 주목을 받은 한 서비스가 발표되었다. 오픈 소스인 이 서비스는 출시 5일 만에 백만 유저가 가입하면서 가장 빠르게 백만 가입자를 모은 서비스가 되었다. 우리가 알고 있는 챗GPT다.

OpenAI에서 연구하고 개발해 생성형 AI의 붐을 일으킨 챗GPT는 현대의 인공지능 대화 시스템에서 선두에 있는 서비스다. 이 독창적인 기술은 수많은 텍스트를 분석하며 언어의 미묘한 뉘앙스까지 파악하는 능력을 키워왔다.

이 시스템은 '트랜스포머Transformer'라고 불리는 아키텍처 위에 구축되었다. 이 아키텍처는 광범위한 언어 데이터를 바탕으로 단어와 문장 사이의 복잡한 관계를 깊이 있게 학습한다. 예를 들어 '하늘'이

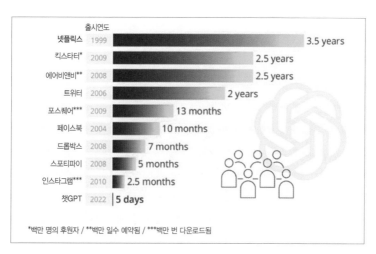

챗GPT가 온라인 플랫폼에서 가입자를 100만 명 모으는 데 걸린 시간
(출처: statista)

라는 단어가 주어지면 그것이 '파란색'이나 '구름'과 어떤 관련이 있는지 쉽게 연관시킨다는 것이다.

챗GPT의 학습 과정은 두 단계로 이루어진다. 첫 단계에서는 방대한 양의 책과 글을 통해 언어의 구조와 패턴을 학습하며, 그다음에는 대화 중심 학습으로 인간처럼 응답하는 능력을 더욱 확장하게 된다.

이러한 관심은 계속 커져 2023년 4월에는 전 세계에서 10명 중 1명이 챗GPT 웹사이트를 방문했으며 그 숫자는 2022년 12월에 비해 6배나 증가했다.

챗GPT는 일시적인 인기에 그치지 않았다. 거대 IT 기업들은 챗GPT의 등장을 계기로 AI 분야에서 경쟁을 가속하고 있다. 미국과 유럽의 기업들은 2023년 1분기에만 AI를 무려 1,597회나 언급했다는 통계가 나왔다.

챗GPT와 같은 혁신적인 AI 기술은 세계 경제에 큰 변화를 가져다준다. 그중에는 긍정적 변화도 있지만 부정적 측면도 있을 수 있다. 예를 들어, 기술 발전이 경제성장을 가져다주는 반면, 일자리 손실 위험도 동반할 수 있다.

챗GPT가 인류의 미래에 어떤 영향을 미칠지 확신할 수는 없지만 인류 역사에서 큰 전환점 중 하나가 될 확률이 높으므로 우리가 앞으로 주목해야 하는 산업임은 분명하다.

AI와 블록체인의 관계성

블록체인과 AI는 미래의 디지털 세계를 주도하는 대표적인 두 가지 기술이다. 이들 각각은 자체적으로도 잠재력이 상당하지만 함께 사용될 때 그 효과는 배가될 수 있다. AI, 특히 심층 학습과 같은 고급 기술은 때때로 복잡하게 느껴질 수 있다. 예를 들어, 이미지나 언어를 인식하는 AI의 작동 원리를 이해하기가 쉽지 않다. 이로써 AI 결정 과정의 투명성과 신뢰성이 부족하다는 비판이 종종 제기되기도 한다. 그림으로 비유하면, 우리는 그림의 결과물만 볼 수 있을 뿐 그림이 어떻게 그려졌는지는 알 수 없다는 것이다.

이런 문제점을 해결하는 방법 가운데 하나가 바로 블록체인 기술이다. 블록체인은 모든 거래나 데이터의 변경을 영구적으로 기록하는 시스템이기 때문에 이를 활용하면 AI의 모든 결정과 그 과정을 명확하게 추적할 수 있다. 예를 들어, 의료 분야에서 환자를 진단하려고 사용된 AI의 결정 과정을 블록체인에 기록한다면, 그 결정이 어떻게 내려졌는지 확실히 알 수 있게 된다. 반대로, AI도 블록체인 발전에 크게 기여한다. 블록체인에 저장된 방대한 데이터를 AI가 빠르게 분석하면, 거래의 유효성을 더 빠르게 확인하거나, 사기 거래를 쉽게 감지할 수 있다.

블록체인과 AI는 다양한 분야에서 혁신적인 변화를 가져올 수 있는 훌륭한 조합이다. 금융, 의료, 물류 등 많은 산업에서 이 두 기술의 결합은 서비스의 투명성과 효율성을 향상하고 있다. 결국, 블록체인과 AI는 각각의 장점을 극대화하며 서로 보완한다. 이들 기술의 유기적인 결합은 미래의 디지털 변화에서 핵심 역할을 하며, 그 결과는 우리의 일상과 비즈니스에 혁신적인 변화를 가져올 것이다.

크립토 시장과 AI붐

2024년 현물 ETF 승인 후 암호화폐 시장은 이전과 분위기가 바뀌었다. 이제까지는 비트코인 위주로 상승이 일어나면서 유동성이 알트코인 쪽으로 유의미하게 흘러들어오지 않았지만, 현물 ETF 승인 이후 많은 자금이 비트코인으로 들어오면서 알트코인도 관심을 받기 시작했다.

2023년과 2024년 주식시장의 테마는 AI다. 이러한 관심도는 암호화폐 시장에는 크게 영향을 주지 못했는데, 2024년부터 알트코인이 조금씩 관심을 받으면서 AI토큰도 관심을 받기 시작했다. AI 관

15	Paradigm Portfolio		-0.5%	2.8%	-11.3%	US$35,452,900,406	US$2,032,738,515	28	
16	거버넌스		-0.3%	3.4%	-5.8%	US$34,867,925,138	US$2,490,784,665	147	
17	DePIN		-0.9%	12.1%	-2.4%	US$29,914,949,388	US$3,044,275,765	70	
18	게임(GameFi)		-0.7%	4.0%	-10.4%	US$28,836,777,195	US$2,362,544,456	339	
19	탈중앙화 거래소(DEX)		-0.4%	3.5%	-2.3%	US$28,613,426,958	US$2,990,177,876	159	
20	Binance Launchpad		-0.7%	4.1%	-9.2%	US$28,474,059,561	US$2,794,597,011	37	
21	레이어 2(L2)		-0.9%	1.7%	-14.2%	US$27,890,739,302	US$2,669,879,094	33	
22	영지식(ZK)		+1.1%	8.5%	0.0%	US$27,476,458,224	US$2,433,948,598	37	
23	인공지능(AI)		-0.9%	16.0%	-5.7%	US$26,146,555,404	US$3,566,861,391	147	
24	Elon Musk-Inspired Coins		+1.1%	5.8%	-11.2%	US$21,918,009,428	US$2,377,426,172	20	
25	Defi Pulse Index (DPI)		-0.2%	4.4%	-8.6%	US$19,672,971,941	US$2,625,149,784	10	

테마별 총거래량으로 순위를 보여주는 자료
(출처: 코인게코)

런 토큰은 올해 평균 257%나 상승하는 모습을 보여주면서 다른 알트코인 테마보다 더 큰 관심을 받고 있다.

암호화폐 정보 플랫폼 코인게코 사이트를 기준으로 불과 몇 달 전만 해도 AI 테마의 시가총액은 31위에 머물렀지만 현재는 23위에 올라왔을 정도로 많은 관심을 받고 있는 테마다. 아직까지도 AI 테마는 2가지 측면에서 기회가 많은 테마라고 본다.

첫 번째는 아직 암호화폐 시장에서 알트코인의 붐은 일어나지 않았다. 2021년에 있었던 NFT 테마와 같은 유동성이 아직은 들어오지 않았다는 것이다. 그런 측면에서 AI 테마는 발전 가능성이 크다고 본다.

두 번째는 전통금융시장에 비해 발전하지 않은 암호화폐 AI토큰들 때문이다. 전통금융시장에서 차지하는 AI의 기술력에 비하면 상대적으로 암호화폐 시장의 AI토큰 기술력은 부족한 편이다. 그렇기에 아직 관심도는 더 크게 증가할 수 있다고 본다.

기억할 것이 있다. 주식시장에서 주목받는 테마가 암호화폐 시장에도 존재한다면 그 테마를 주목하라. 그러면 좋은 자리를 선점할 것이다.

₿ 실물연계자산

클릭 몇 번만으로 해외 부동산에 투자하거나 동네 카페의 소유권 일부를 구매하여 매달 수익을 올리는 세상. 심지어 아프리카의 작은 농장에서 생산되는 커피 원두까지 소유하며, 원두 가격이 상승함에 따라 자신의 투자가 성장하는 것을 실시간으로 체험하는 미래는 곧 우리 앞에 다가오며, 그 핵심에는 실물연계자산RWA, Real World Assets이 있다. 블록체인 기술과 결합된 RWA는 오프라인 세계의 실물자산을 디지털 온라인 세계와 연결해 금융의 경계를 무한히 확장하는 중심 역할을 한다. 앞으로 혁명적 변화를 가져올 RWA의 본질, 미래 금융시장에서 중요성 그리고 도전과 기회를 찾아본다.

빠르게 변화하는 디지털 금융 시대라지만 전통적인 금융 방식이 아직도 우리 일상에서 큰 부분을 차지하고 있다. 블록체인이 중앙집중화 없이도 금융 거래를 가능하게 했지만, 오프라인의 실물자산과 연결고리는 아직 약하다. 이러한 공백을 메우려고 RWA가 등장했다.

블록체인의 주요 장점 중 하나는 투명성과 효율성이다. RWA를 통해 이러한 투명성을 실물자산에 적용한다면 아파트나 땅 같은 물건을 구매할 때 물건의 전체 거래 내역을 명확하게 파악할 수 있다. 이렇게 되면 구매자는 안심하고 투자할 수 있다.

더 나아가 RWA를 통한 디지털화는 자산의 유동성도 크게 향상할 것이다. 예를 들어 어느 투자자가 해외 부동산에 투자하고 싶어 한다고 할 때, 그는 RWA가 적용된 블록체인 시스템을 이용해 해외 부동산의 소유권 일부를 손쉽게 구매할 수 있다. 이렇게 RWA는 글로벌 시장에서 신속한 거래를 도와줄 것이다. 또 디지털 금융, 특히 DeFi(탈중앙화 금융)의 영역을 확장하는 데 크게 기여해서 DeFi 플랫폼에서 실물자산을 기반으로 한 다양한 금융상품과 서비스가 제공될 수 있게 해준다.

RWA는 블록체인과 실물자산 사이에서 다리 역할을 한다. 또 금융시장의 확장성을 넓히며, 실물자산 거래의 투명성과 유동성을 높인다. 따라서 디지털 금융 세계가 계속 발전함에 따라 RWA의 역할은 더욱 중요해질 것이다.

RWA는 주변의 실제 자산을 디지털 세계로 가져와 블록체인에서 손쉽게 거래할 수 있게 해주는 매력적인 기술이다. 이로써 우리가 일상에서 보는 부동산, 주식, 채권 같은 전통적인 금융 자산부터 예술 갤러리에서 볼 수 있는 소중한 예술품까지 다양한 자산을 디

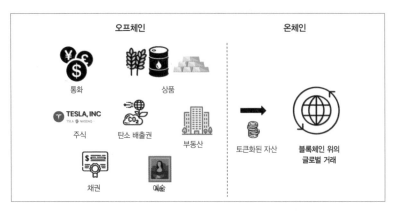

오프체인   온체인

통화   상품

TESLA, INC
주식   탄소 배출권
부동산

채권   예술   토큰화된 자산   블록체인 위의
글로벌 거래

오프체인 자산의 온체인화
(출처: Apollo Crypto)

지털로 변환할 수 있다. 이것은 또한 집 앞 작은 공원을 가상세계의
장소로 바꾸어 전 세계 사람들과 그곳에서 만나거나 그들이 활동하
게 하는 것과 유사하다. 분산원장 기술^{DLT}의 힘을 빌려 예술품이나
주택, 주식을 디지털 토큰 형태로 바꾸어 더욱 쉽게 거래하거나 관
리하게 되는 것이다.

RWA의 등장은 우리에게 새로운 기회를 준다. 기존에는 비효율적
이었던 시장의 문제점, 예를 들어 어떤 자산을 사거나 팔 때의 복잡
함, 높은 비용, 불투명성 등을 해결해준다.

RWA와 STO는 어떻게 다를까

RWA와 STO는 둘 다 디지털 세계에서 우리가 알고 있는 '실제'
세계의 자산을 표현하는 방법이다. 하지만 두 기술은 서로 다른 방
식으로 작동한다. 이를 이해하기 위해 간단한 예시를 떠올려보자.

RWA는 카페에서 음료를 주문하듯이 다양한 옵션을 제공하는 메뉴를 갖고 있다고 상상해보면 된다. 부동산에서 예술품에 이르기까지 거의 모든 것을 선택할 수 있다. 더 나아가 이런 자산들을 디지털로 '토큰화'하여 언제든 거래할 수 있다. 따라서 RWA는 접근성이 높고 일반인도 쉽게 참여할 수 있는 개방된 시스템이다.

반면에 STO는 전문 셰프가 만든 고급 레스토랑의 세트 메뉴와 같다. 메뉴는 미리 정해져 있으며, 전문가의 승인을 받아야만 즐길 수 있다. STO는 특정 증권 상품에만 초점을 맞추므로 그 범위가 RWA보다 한정적이다. 그러나 그 한정성 덕분에 규제의 내용이 명확하고, 투자자들에게는 더 확실한 안정성을 제공할 수 있다.

따라서 RWA가 다양한 자산을 포괄하며 누구나 쉽게 접근할 수 있는 탈중앙화된 방식이라면 STO는 규제와 안정성에 중점을 둔, 좀 더 전문화된 접근 방식을 요구한다.

 더 알아보기

RWA는 어떤 자산을 취급할까?

RWA 덕분에 우리는 블록체인을 통해 부동산 소유권이나 임대권을 쉽게 거래할 수 있다. 해외의 작은 아파트를 여러 사람과 공유해 투자한다거나 자기 집을 일부만 임대하는 것도 가능하며, 복잡했던 부동산 시장이 접근하기가 훨씬 쉬워졌다. 고가의 예술품이나 소장품은 '조각 투자'로 일부를 소유할 수 있다. 비싼 그림을 여러 사람과 나누어 소유하는 것처럼 투자의 문이 더욱 활짝 열린다.

증권이나 금융상품도 마찬가지고 좋아하는 밴드의 음악 제작 프로젝트에 투자해서 그들의 성공을 직접 느낄 수 있다. 지적재산권도 토큰화로 판매하거나 투자받는 시대가 도래했다. 이제 창작자와 팬 그리고 투자자 모두가 함께 이익을 보는 세상이 펼쳐진다.

실물자산 토큰화 방법

실물자산을 디지털로 바꾸려면 '토큰화'라는 절차를 거쳐야 하는데, 토큰화가 어떤 단계로 진행되는지 알아보자.

• 자산 선정과 평가

먼저, 디지털로 전환하려는 실물자산을 선택한다. 예를 들면 부동산이나 예술작품 등이 될 수 있는데, 이 자산의 현재 시장 가치를 정확히 평가한다. 이 가치가 토큰의 값과 발행량을 결정하는 기준이 된다.

• 법적 점검

토큰화에 앞서 법적 문제가 없는지 확인한다. 자산의 소유권 이전, 토큰의 법적 성격, 투자자의 권리와 의무 등을 명확히 하는 과정

CitaDAO에서 거래되는 RWA의 토큰화 메커니즘
(출처: CitaDAO)

을 거친다.

• 토큰 구조 설계

이제 토큰을 얼마나 발행할지, 어떤 네트워크에서 발행할지, 어떻게 운영할지 결정한다. 실물자산과 디지털 토큰 간 연결 방법도 이때 정해진다.

• 토큰 발행

선택된 플랫폼에서 실물자산을 대표하는 토큰이 발행된다. 이 토큰의 가치는 '오라클'이라는 중개자를 통해 실시간으로 업데이트되는데, 오라클은 블록체인 외부의 정보, 예를 들면 자산의 최신 가치를 블록체인 내부로 가져오는 역할을 한다.

• 거래 시작

이제 토큰화된 실물자산은 디지털 거래소에서 거래될 준비가 된다. 토큰 소유자는 원하면 토큰을 다른 사람에게 팔거나 다른 디지털 자산과 교환할 수도 있다. 이 토큰을 담보로 대출도 가능하게 된다.

• 유통과 종료

토큰은 계속 유통되면서 그 가치를 발휘한다. 그런데 특정 자산, 예를 들어 채권 같은 경우에는 토큰의 사용 기한이 정해져 있을 수

있다. 이런 토큰은 사용 기한이 도래하면 소각되며, 그 대가로 소유
자에게는 원금과 이자가 지급된다.

간단히 말해 토큰화는 실물자산을 디지털 세계로 가져와 거래하
기 쉽게 만드는 과정이다. 이 과정에서 다양한 자산이 블록체인상
에서 쉽게 거래되게 만든다.

RWA의 실제 사용 사례

RWA가 무엇이고 앞으로 우리를 어떻게 바꿀지를 이론적으로 알
아보았다. 이번에는 RWA의 실제 사용 사례를 보려고 한다. 어떻게
실물자산을 토큰화하여 블록체인 네트워크 위에서 거래할 수 있도
록 구현함으로써 디지털과 전통 자산의 경계를 허무는지 보자.

CitaDAO는 전 세계 상업용 부동산 투자의 문턱을 혁신적으로

CitaDAO에서 거래 중인 토큰화된 영국 런던의 상업용 부동산
(출처: CitaDAO)

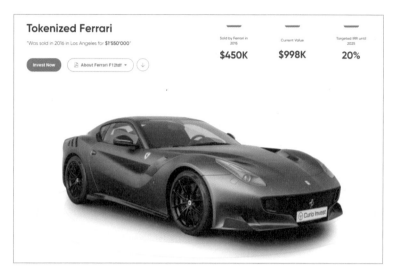

CurioInvest에서 거래 중인 토큰화된 페라리
(출처: CurioInvest)

낮췄다. 40억 가치를 지닌 부동산을 토큰화해 투자자들이 전체 금액을 직접 지불하지 않고도 소액으로 분할 투자를 할 수 있게 만들었다. 이러한 접근방식은 부동산 투자의 진입 장벽을 크게 낮추고 투자자들의 부담감을 줄여준다.

CurioInvest는 투자의 범위를 넓혀 개인투자자들이 고가의 수집품에 쉽게 접근할 수 있도록 수집품을 토큰화하는 방안을 도입했다. 특히 그들은 스포츠카와 같은 명품 자동차를 NFT로 전환하여 CurioDAO를 통해 스포츠카 소유권을 세분화해 관리한다. 프로젝트에서는 CGT라는 자체 스테이블코인을 사용하여 이에 적합한 프로토콜을 개발함으로써 DAO 내에서 거래가 원활하도록 지원한다.

BondbloX의 토큰화된 채권 거래소
(출처: BondbloX)

블록체인 기술은 투자의 세계를 혁신하고 있다. 기업 프로젝트, 회사채 그리고 국채와 같은 전통적 자산이 토큰화의 힘으로 더욱 접근하기 쉽게 바뀌었다. 이러한 변화의 대표적인 예로 'BondbloX'를 볼 수 있다.

BondbloX는 주식 거래의 단순함을 채권시장에 도입했다. 다양한 채권을 토큰화해 애플리케이션을 통한 간편한 거래를 가능하게 했다. 그 결과, 개인투자자들에게 전보다 더 광범위한 투자 옵션을 제공하게 되었다. 특히 BondbloX의 눈에 띄는 특징 중 하나는 그들의 다양한 채권 토큰화 포트폴리오다. 국채만이 아니라 일반적으로 개인투자자가 접근하기 어려웠던 회사채도 포함되어 있다. 이러한 다양성은 사용자들이 자신의 포트폴리오를 다양화해 리스크 분산을 시도할 수 있게 해준다. BondbloX의 UI/UX는 또한 사용자 친화적으로 설계되었다. 각 채권의 수익률과 가격 변동을 명확하게 직관적으로 파악할 수 있게 했으며, 신용등급까지 한눈에 확인하도록 하여 투자자의 판단을 도와준다.

실제 토큰화 국채시장은 지금도 계속 성장하고 있다. 2023년 연초보다 10월에는 7배가량 규모가 커졌다. 가상자산 시장의 약세로 디파이 수익률은 낮아진 반면 국채수익률은 연일 급등하며 관심을 받은 것이 한몫하고 있다. 토큰화 국채는 실물자산을 블록체인에 도입하려는 사업 중 가장 적극적인 모습을 보이는 분야다.

그 외에 다양한 금융상품, 이머징 마켓 주식, 사모펀드, 농업 농지 등이 RWA를 활용해 블록체인상에서 거래되게 지원하고 있다. 대부분 사례에서 DAO가 핵심 역할을 하며 필요에 따라 프로토콜, 거버넌스 토큰, 스테이블코인 등을 도입해 사업을 확장하고 있다. 이러한 변화는 디지털 금융 시대의 도래를 알린다. RWA 활용은 더 많은 사람이 다양한 자산에 투자할 수 있게 해주는 열쇠가 될 것이다.

RWA가 성장할 수 있었던 이유

RWA는 갑자기 왜 주목받기 시작했을까? 2022년 루나사태와 FTX 사태를 겪은 암호화폐 시장은 몰락했다. 암호화폐 시장이 몰락하면서 같이 무너진 곳이 디파이 시장이다. 디파이 시장에서 2021년 유동성이 풍부했던 상승장에 스테이블코인을 맡기면 받는 이자는 10%가 넘는 수준이었다.(디파이 시장에서 스테이블코인의 이자는 수요가 크면 클수록 높아진다.) 그만큼 많은 이용자가 스테이블코인 수요를 원했다는 뜻이다. 하지만 2022년 몰락한 디파이 시장의 스테이블코인 관련 이자는 1~2%에 불과했다.

상승장에서는 높은 관심도를 나타내지만, 하락장에서는 관심도가 급격히 식어버리는 디파이 시장을 보완하고자 나타난 것이 바로 미국 채권이다. 메이커 다오에서 미국 국채를 매입해 디파이 참여자들에게 나누어주기 시작했다. 이것이 바로 RWA가 시작된 계기였다. 이러한 시도로 하락장에서도 스테이블코인 이자는 4~5% 수준으로 상승했다.

현재 RWA는 우리가 생각하는 수많은 실물자산보다는 미국 채권 시장으로만 발달되어 있는 것이 현실이다. 그러다 보니 오히려 상승장에는 다른 테마들에 비해 관심을 덜 받는 경향도 있고, 현실적으로 RWA가 부동산이나 다른 시장 쪽으로 퍼져나가기는 어렵다는 의견도 나오고 있다. 이제부터는 RWA가 직면한 문제를 알아보겠다.

RWA가 직면한 문제

실물자산을 토큰화하는 RWA는 현대 금융의 혁신적인 발전 중 하나로 꼽히지만, 그 뒤에는 여전히 해결해야 할 여러 도전 과제가 있다. 이와 같은 혁신적 시도는 언제나 다양한 기회와 함께 잠재적 위험도 안고 있기 때문이다.

우리가 평소 사용하는 전통적 투자와 다르게 RWA는 디지털 토큰화 과정을 거쳐 다양한 실물자산을 손쉽게 거래 가능한 형태로 전환하는 것이다. 그러나 이런 토큰화된 자산이 정부의 규제, 투자자들 간의 투명성 부재, 기술적 오류 등 다양한 문제에 직면한다면?

투자자들은 자금을 안정적으로 운용할 수 있을지, 상당한 위험을 안고 투자해야 할지 고민하게 된다.

RWA가 성장·발전하려면 단순히 토큰화 기술만이 아니라 그와 관련된 다양한 문제에 대한 해결책이 필요하다. 이러한 문제점들을 해결하지 못하면 투자자들은 RWA에 대한 신뢰를 잃게 되고, 이것이 결국 RWA 생태계의 성장을 방해하게 될 것이다. 따라서 RWA가 직면한 문제와 그에 대한 해결책을 탐구하는 것은 우리 모두에게 중요한 과제로 남아 있다.

· 규제위험

가상자산 세계에는 항상 큰 산처럼 솟아 있는 과제가 있다. 바로 규제다. 만약 바이낸스나 코인베이스 같은 큰 기업이 규제로 문제에 직면한다면 가상자산 세계에 큰 영향을 줄 수밖에 없다. 이와 같이 RWA도 규제의 그림자 아래에 놓여 있다. 사실 현재 가상자산 시장에서는 규제를 완전히 벗어난 분야는 없다고 보는 것이 맞을지도 모른다. 실물자산과 연동된 특성이 있는 RWA는 도대체 상품이야, 증권이야? 하는 논쟁이 활발하게 벌어지고 있기도 하다. 이 결과에 따라 규제의 방향성이 달라질 수 있다. 만약 RWA가 증권으로 분류가 된다면 몇 가지 제약이 생긴다.

· **신분확인:** RWA 사용자는 본인 확인 절차를 거쳐야 한다. 이건 마치 여권 없이 해외여행을 못 가는 것처럼 본인을 증명하지 않으면

사용할 수 없게 되는 것이다.

• **제3기관의 등장**: '네가 정말 그 사람이야?' 하는 검증이 필요해지고, 이를 위해 신뢰할 수 있는 제3의 기관이 필요하게 된다. 온라인 쇼핑을 할 때 집주소를 확인하는 것과 비슷하다고 생각하면 편하다.

• **국가별 규제 차이**: 세계 각국의 규제가 다르므로 RWA를 전 세계적으로 사용하려면 장애가 있다. 한국에서는 허용되지만 해외에서는 안 되는 서비스를 이용할 때의 불편함을 생각하면 된다. 실제 바이낸스 VIP 리서치에서는 RWA 규제가 올바른 방향으로 해결되면 2030년까지 RWA는 16조 달러의 가치가 있을 수 있다고 전망하기도 했다.

• **오프체인 자산의 연동과 관리**

또 하나 문제는 RWA가 실물자산 정보를 정확히 반영하지 못하게 되었을 경우다. 이때 프로젝트의 신뢰성에 큰 문제가 생길 수 있는데, RWA를 이해하려면 먼저 '오프체인'과 '온체인'의 개념을 알아야 한다. 이 둘의 관계를 온라인 쇼핑과 실제 쇼핑의 차이로 생각하면 조금 더 쉽게 이해할 수 있다.

• **정확한 가격 정보의 중요성**: 온라인 쇼핑을 할 때, 실제 상품의 사진과 정보가 정확하게 표시되어야 한다. 만약 온라인에서 본 것과 받은 상품이 다르면 실망하게 된다. RWA에서도 이와 유사하게 실

물자산(예: 부동산, 미술품)의 정보를 온라인(온체인)에서 정확히 보여 줘야 한다. 이때 '오라클'이라는 기술이 그 역할을 한다.

• **전문가 의견**: 상품을 구매할 때 리뷰나 전문가의 평가를 찾아 본다. 실물자산의 토큰화도 비슷하다. 예를 들어, 미술품을 토큰화 하려면 미술 전문가의 의견이 필요하다. 이렇게 각 분야의 전문가가 토큰화에 참여하면 RWA의 신뢰성이 높아진다.

• **토큰화된 자산의 소유**: 온라인 쇼핑몰에서 구매한 상품은 내 것 이 된다. RWA에서도 토큰화된 실물자산의 권리는 어떻게 분배되는 지 명확해야 한다. 투자자들은 자신이 투자한 부분의 권리를 명확 히 알고 싶어 할 것이다.

• **실물자산의 보관과 관리**: 온라인 쇼핑몰에서 물건을 구매했다 면, 그 물건의 보관과 배송이 중요하다. RWA도 비슷한데, 토큰화된 실물자산이 어디에 어떻게 보관되는지가 중요하다. 이때 필요한 것 이 '커스터디' 서비스다.

• **낮은 유동성**

현재 가상자산 시장은 빙하기를 맞이하며 유동성이 전체적으로 얼어붙은 상태다. 아직 초기 단계인 RWA 시장은 특히 사용자가 많 지 않고 유동성이 적으며, 토큰은 가치에 맞지 않는 시장 가격을 형 성하고 있기도 하다. 이는 일상에서 벌어지는 상황을 떠올려 좀 더 쉽게 이해할 수 있다.

- **한정된 상품 수요**: 모두가 좋아하는 인기 상품과 취향이 독특한 사람들만 찾는 제품이 있다고 할 때 RWA는 후자와 같다. 아직 많은 사람이 알지 못하는 초기 단계의 제품이기 때문에 수요가 제한적이다. 그래서 이 제품을 소유한 사람들이 팔려고 할 때 쉽게 구매자를 찾기가 어렵다.

- **냉정한 시장**: 대세 상품이 있으면 잘 팔리지 않는 상품도 있다. 사람들이 경제 상황을 보며 투자하기를 주저하면 그 시장은 빙하기같이 얼어붙는다. 이러한 상황에서는 실물자산, 예컨대 미술품이나 신발 같은 것을 소유하고 있어 팔려고 해도 쉽게 구매자를 찾기 어렵다.

- **상승장의 변덕**: 상승장이라고 모든 상품이 잘 팔리는 것은 아니다. 인기 아이돌의 콘서트 티켓과 지역 가수의 공연 티켓 중 어느 것이 더 빠르게 매진될지는 쉽게 예상할 수 있다. RWA도 마찬가지로 가상자산 투자자들이 높은 수익률을 기대하는 다른 토큰들에 비해 덜 관심을 받을 수 있다.

그렇다면 이 문제를 어떻게 해결할 수 있을까? RWA 생태계를 더 활성화하는 방법을 찾아야 한다. 예를 들어 특정한 취향의 음악을 좋아하는 사람들끼리 모여 음악회를 열면 그 음악이 더 많은 사람에게 알려져 인기를 얻게 될 것이다. RWA도 비슷한 방법으로, RWA에 특화된 DeFi 프로젝트를 만들어 그 가치를 더 높일 수 있다.

- **기술적인 부분**

RWA도 결국 블록체인 위에서 서비스하는 것이다. 그렇기에 블록체인이 갖고 있는 기술적 문제를 가지고 있다. 이런 문제를 쉽게 이해하는 방법으로 고요한 호수에 돌을 던져 생기는 물결을 예로 들어 설명한다.

- **보안 문제**: 호수에 돌을 던지면 물결이 생긴다. 물결은 호수의 안정을 깨뜨리는 요소다. 블록체인도 해킹과 같은 보안 문제로 안정성이 깨질 수 있다. RWA는 이 블록체인 호수에 떠 있는 작은 배와 같다. 물결이 일어나면 배도 흔들릴 수밖에 없다.

- **토큰화의 복잡성**: 호수에 돌을 여러 개 던져서 물결이 여러 방향으로 생긴다고 해보자. 각각의 돌은 크기와 무게가 달라서 그에 따른 물결도 다를 것이다. 토큰화는 이렇게 다양한 '돌'을 던지는 것과 같다. 조각 투자와 같은 자산의 권리를 어떻게 표현할지, 어떤 크기와 무게의 돌을 던질지 결정하기는 쉽지 않다.

- **중앙화와 탈중앙화의 균형**: 호수 한가운데에 작은 섬이 있다고 해보자. 섬은 중앙에 있지만 호수의 물결에는 영향을 받지 않는다. RWA는 이 섬과 같다. 실물자산을 다루는 RWA는 호수(블록체인)와 거리를 얼마나 두어야 하는지, 섬 크기는 얼마나 되어야 하는지 결정해야 한다.

RWA는 블록체인 호수에 떠 있는 섬과 같다. 섬을 안정적으로 유지하려면 물결(기술적 문제)을 잘 관리하고, 적절한 크기와 위치의 섬을 선택해야 한다. 그렇게 해야만 섬에 머무는 사람들(사용자들)이 안전하고 편안하게 생활할 수 있다.

금융의 미래가 달린 RWA

디지털 금융의 세계는 빠르게 진화하고 있다. 그 중심에는 블록체인과 DeFi 그리고 RWA와 같은 혁신적 개념이 있다. RWA는 예술품이나 명품과 같은 비유동 자산을 시작으로 점차 부동산, 증권, 채권 등 다양한 자산으로 확장되며, 이런 변화는 금융시장의 큰 파도로 다가온다.

초기에는 명품이나 예술품 같은 유명한 비유동 자산이 토큰화의 주요 대상이었지만 시간이 지나면서 더 많은 실물자산이 이 시장에 포함되기 시작했다. 예를 들어, 부동산이나 증권 같은 자산이 토큰화되어 사람들이 더 쉽게 거래하거나 투자할 수 있게 된 것이다. 이러한 변화에 따라 규제기관도 관심을 가져 RWA 시장을 더욱 안정적으로 만들려는 법적 절차를 마련하게 될 것이다. 이는 시장의 신뢰도를 높이고, 사용자와 투자자를 더 많이 유치하는 데 큰 역할을 한다.

블록체인 기술은 RWA 시장의 핵심이라고 할 수 있다. 이 기술은 토큰화 과정을 간소화하고, 거래의 투명성과 효율성을 향상하는 역할을 한다. 따라서 더 나은 블록체인 인프라와 함께 RWA가 발전하면 실물경제와 블록체인을 접목한 혁신이 기대되는 기술이다. 특히, 비유동 자산을 유동 자산으로 바꾸는 토큰화는 시장 잠재력이 매우 크다. 성능이 더 좋은 블록체인이 있거나 스마트 계약 기술이 개선되면, RWA의 활용 범위는 훨씬 더 넓어질 것이다.

RWA는 폭넓은 기회를 제공하지만 도전 과제도 있다. 법적 장벽, 토큰화의 복잡성, 실물자산의 평가와 관리 문제 등이 주요 걸림돌이다. 그러나 이 문제들을 해결할 여러 방안이 제시되고 있다. 특히 RWA의 인프라 구축과 다양한 토큰 표준 개발이 필요하다.

결론적으로, 디지털 금융의 미래는 블록체인과 RWA 같은 혁신으로 주도될 확률이 높다. 이러한 변화를 이해하고 준비하는 것이 중요하며 그렇게 함으로써 더 나은 금융 세계를 구축할 수 있다.

참고하면 도움 되는 사이트

이 책을 읽는 분들은 사막을 걷다가 오아시스를 발견한 것처럼, 투자에 관한 유용한 정보들을 얻고도 어디에서 시작해야 할지 갈증을 느꼈을 것이다. 부록은 바로 그러한 갈증을 해소하도록 준비했다. 내가 오랜 시간 투자 시장에서 활동하며 깨달은 것이 있다. 진정으로 내 것이 되지 않는 지식은 내 관점이 될 수 없다는 사실이다. 관점은 마치 나만의 정원을 가꾸는 것과 같다. 여러 정보를 물과 햇빛처럼 스스로 찾고 해석하며, 자기 생각과 느낌을 흙에 섞어가면서 자연스럽게 만들어가는 과정이다. 다른 사람의 설명만 듣고 자라난 식물은 결코 내 정원의 꽃이 될 수 없다는 것이다.

투자에서 이러한 관점은 마라톤과 같다. 마라톤에서 중요한 것은 시작부터 끝까지 달릴 수 있는 능력이다. 빠르게 출발하는 것보다 꾸준하고 확실한 호흡으로 끝까지 달리는 것이 승리의 열쇠라는 것이다. 투자도 마찬가지인데, 남들보다 빠르게 달리는 것보다 자기 속도로 확실하게 달릴 수 있는 능력, 즉 자신만의 관점을 갖는 것이 중요하다. 관점이 다르더라도, 스스로 투자의 관점을 만들어낸 투자자는 어떤 상황에서도 대처가 가능하다. 그러나 다른 사람의 관점을 빌려온 투자자는 잠시 성공할 수는 있으나, 지속적인 성공은 어렵다. 남의 길을 따라가는 여행자가 아니라 자신만의 지도를 그리며 나아가는 탐험가가 되어야 한다는 걸 말하고 싶은 것이다.

부록에서는 앞서 나온 데이터를 바탕으로 여러분이 참고하면 좋을 사이트들을 소개한다. 세상에는 수많은 플랫폼과 사이트가 존재하지만, 여기서 소개하는 몇 가지만 알고 있어도 개인투자자들은 암호화폐 시장에서 강력한 동반자를 얻을 수 있다.

블록미디어

링크: blockmedia.co.kr(웹사이트) t.me/blockmedia(텔레그램)

암호화폐 투자자들이 가장 많이 사용하는 뉴스 플랫폼은 '코인니스'라고 생각한다. 이와 비슷한 수준의 매우 좋은 암호화폐 언론사는 블록미디어라고 본다. 오래전부터 수없이 많은 플랫폼을 봐왔지만 블록미디어는 성장세가 매우 뛰어나다. 그리고 무엇보다 언론사의 중요한 기능 중 하나는 속도다. 블록미디어의 속도는 매우 신속하진 않지만, 다른 플랫폼에 비하면 빠른 편에 속한다. 블록미디어를 추천하는 가장 큰 이유는 거시경제 이슈 때문이다. 암호화폐 플랫폼임에도 거시경제 관련 중요한 이슈를 많이 보도하므로 투자자로서는 한곳에 맛있는 음식을 다양하게 펼쳐놓은 뷔페와 같은 언론사다.

정보를 사이트에 들어가 보는 것도 좋은 방법이지만 이 경우 뉴스를 보기 위한 하나의 장벽을 무너트리고 접근해야 하므로 바쁘게 살아가는 투자자로서는 치명적인 단점이다. 그래서 텔레그램을 사용하는 사람은 텔레그램에 블록미디어를 추가하는 것을 추천한다. 나는 '본인이 그렇게 할 자신이 없으면 일부러 그런 환경을 만들라'는 말을 자주 한다. 내 주변 환경에 다양한 방법으로 노출해야 한다. 텔레그램을 사용하면 핸드폰으로도 확인이 가능하고, 기사를 한눈에 보기 쉽게 올려주므로 텔레그램을 사용해서 보는 것을 추천한다.

코인마켓캡

링크: coinmarketcap.com/ko/

암호화폐 투자자라면 코인마켓캡을 한 번도 들어보지 못한 사람은 거의 없을 것이다. 하지만 대부분 투자자는 코인마켓캡을 많이 이용하지 않는다. 나는 코인마켓캡을 압도적으로 많이 사용하는데 그 이유는 '순위' 때문이다. 암호화폐에 투자하다 보면 각 코인의 순위도 많이 보지만 거래소 NFT 등 많은 순위도 필요하고 실제 분석에 사용되는 경우도 많다.

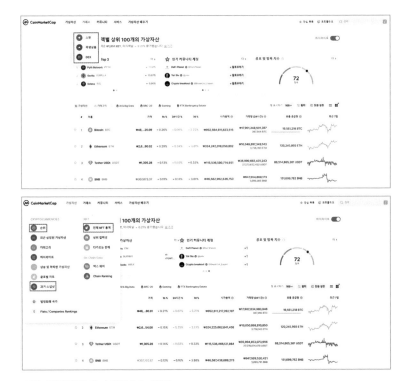

코인마켓캡에서 각 순위를 보는 방법
(출처: 코인마켓캡)

• 가상자산-순위

가상자산의 시가총액으로 순위를 파악하는 코인마켓캡의 대표 기능이다. 거래량, 시가총액 등 다양한 기준으로 가상자산의 순위를 확인할 수 있고, 처음 보는 코인을 조사할 때 가장 먼저 시가총액을 확인할 때나 전반적인 암호화폐 시장의 동향을 파악하는 용도로 많이 사용한다.

• 가상자산-전체 NFT 통계

현재 NFT 시장은 관심도가 많이 떨어졌다. 하지만 앞으로 NFT 시장은 시장의 유동성과 더불어 다시 관심을 받을 확률이 높으므로 코인의 시가총액 기준 순위를 보듯이 NFT 시장의 순위를 파악할 때 사용한다.

• 가상자산-과거 스냅숏

암호화폐 시장에서 과거 순위를 볼 때 사용한다. 사실 분석에 많이 사용하진 않지만, 알아두면 시장분석을 할 때 가끔 유용하게 사용하는 기능이다.

• 거래소-스팟, 파생상품, DEX

가상자산의 순위도 중요하지만 거래소의 순위도 암호화폐 투자를 하면 필요하다. 암호화폐 거래소의 순위와 거래량은 어떤 거래소를 중점적으로 분석해야 하는지 알려주기도 하고, DEX(탈중앙화거래소) 같은 경우도 순위를 보고 거래소 토큰의 투자를 어느 쪽으로 하는 것이 유리할지 알려주므로 거래소 순위를 파악하는 용도로 사용한다.

cryptoDCA

링크: cryptodca.io/crypto-dca-calculator/bitcoin/

DCA 투자를 하고 싶은 사람들에게 유용한 사이트다. 이제까지

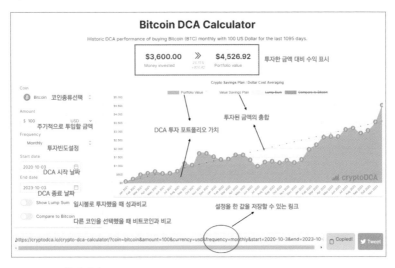

cryptoDCA 홈페이지
(출처: cryptoDCA)

사이트에서 지원하는 코인들을 어떤 방식으로 DCA 투자를 했을 때 가장 많은 수익을 얻었는지 계산할 수 있어 DCA 투자를 하기 전에 길잡이 역할을 해줄 수 있다.

kaiko(카이코)

링크: twitter.com/KaikoData?s=20 (트위터)

카이코는 암호화폐 시장 데이터, 분석, 지수, 연구 분야에서 잘 알려진 플랫폼이다. 2014년 설립되어 시장에 대한 경험치도 많고, 고품질 데이터를 직접 수집해서 분석·연구해 많은 인사이트를 전달해준다.

암호화폐에 투자하다 보면 많은 데이터가 필요한데, 정보는 내가

카이코 트위터 메인 화면
(출처: 카이코)

투자할 때 참고할 수 있는 좋은 무기가 된다. 그렇기에 많은 사람이 정보를 얻는 데 돈을 아끼지 않는 것이다. 카이코도 다른 데이터 분석 플랫폼과 마찬가지로 유료 서비스를 운영한다. 하지만 많은 데이터를 제공하는 플랫폼들이 있기에 무료로 데이터를 볼 수 있다면 최대한 그 방법을 이용하는 것이 좋다. 카이코에서는 트위터를 운영하므로 카이코의 데이터를 무료로 보고 싶다면 트위터를 팔로우하면 된다. 투자하면서 필요한 인사이트와 데이터를 트위터에서 무료로 충분히 얻을 수 있다.

카이코뿐만 아니라 많은 암호화폐 데이터 플랫폼이 거의 100% 공식 트위터를 운영하고 있다. 암호화폐 시장을 분석하다가 유용한 데이터 플랫폼이 있는데, 유료거나 무료로 접근 가능한 자료들이 많지 않을 경우 일단 트위터를 들어가보는 것을 추천한다. 그렇지 않은 곳도 있지만, 카이코같이 트위터에 올라오는 정보가 수준이 높은 경우도 많기 때문이다.

알트코인 시즌 인덱스

링크: blockchaincenter.net/en/altcoin-season-index/

앞서 승률을 높여주는 고급 지표에서 다뤘던 알트코인 시즌 인덱

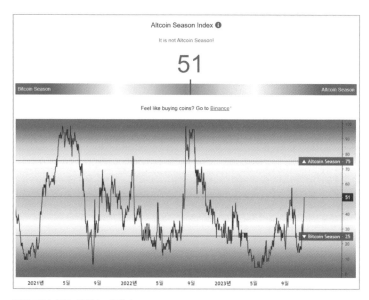

알트코인 시즌 인덱스 데이터
(출처: blockchaincenter.net)

스다. 매우 자세하게 설명해놓았으니 참고하면 된다. 전반적인 사이클 관점에서 시장 분위기를 무엇보다 잘 예측할 수 있는 데이터라서 이 시장에 들어온 지 얼마 되지 않은 초보자는 물론 경험이 있는 투자자까지 모두 유용하게 사용할 수 있다.

Coinalyze(코이널라이즈)

링크: ko.coinalyze.net

코이널라이즈는 거래소의 CVD를 볼 수 있고 다양한 지표를 사용할 수 있는 트레이딩뷰와 같은 차트를 제공하는 플랫폼으로 유명해졌다. 하지만 여기서는 데이터와 정보를 주로 다루므로 코이널라

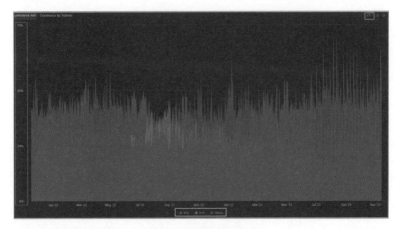

비트코인, 이더리움, 개별 알트코인의 거래량 점유율 데이터
(출처: Coinalyze)

이즈에서만 볼 수 있는 독특한 데이터를 전달한다.

이 데이터는 비트코인과 이더리움 그리고 이더리움을 제외한 개별 알트코인의 전체 거래량을 100%로 계산해서 그 안에서 각 코인들의 거래량 점유율을 보여준다.

- **보는 방법**

빨간색 박스 = 각 코인의 거래량 점유율을 알려주는 퍼센트다.

파란색 박스 = 기간별로 조정해서 차트를 확대하고 줄이는 것이 가능하다.

초록색 박스 = 각 코인을 색별로 표시. 클릭으로 각 코인의 비중을 끄고 켤 수 있다.

데이터를 볼 때 한 가지 주의해야 하는 것은 시가총액 도미넌스와는 다르다는 사실이다. 시가총액 도미넌스는 각 코인의 시가총액을 점유율로 나타내는 것이지만, 이 데이터는 거래량에 대한 점유율을 알려주는 도미넌스라는 것을 알아야 한다. 이로써 전반적인 시장의 관심이 어디에 쏠려 있는지 알 수 있고, 알트코인 쪽으로 거래량이 강하게 쏠리면 투기심리가 과열되었다고 볼 수 있다.

또 하나 이 데이터는 유동성과 같이 봐야 하는데, 유동성이 부족한 시장에는 위에 말했던 내용과 높은 상관관계를 보이고, 유동성이 풍부한 시장에는 위에 말했던 내용과 낮은 상관관계를 보인다. 즉, 유동성이 부족한 시장에 알트코인의 비중이 높은 수준으로 올라왔다면 이는 투기심리 과열로 볼 수 있다는 것이다.

디파이라마

링크: defillama.com

디파이라마 사이트는 플랫폼 이름에서도 알 수 있듯이 디파이와 관련된 다양한 정보를 찾아볼 수 있는 플랫폼이다. 디파이라마 플랫폼에서 많은 정보를 볼 수 있지만, 대표적으로 쉽게 접근해서 해석이 가능한 몇몇 기능을 소개한다.

우리는 앞서 디파이 플랫폼에 TVL을 다루었다. 디파이 프로토콜이나 플랫폼에 예치된 총자산의 가치를 의미하는 TVL을 디파이라마 플랫폼에서는 체인별로 확인할 수 있다.

모든 코인이 TVL을 가지고 있진 않다. TVL이 존재하는 코인은

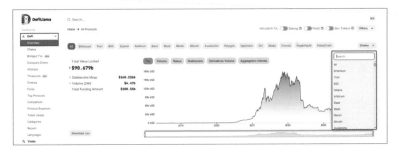

디파이라마에서 각 체인의 TVL을 볼 수 있는 방법
(출처: 디파이라마)

디파이 프로젝트와 연결되어 있고, 해당 코인이 유동성 풀, 대출, 스테이킹 등 다양한 디파이 애플리케이션에서 사용된다는 것을 의미한다. 반대로 TVL이 존재하지 않는 코인은 디파이 프로젝트와 직접 연결되지 않으며, 보통 이런 코인은 순수한 가치 저장수단, 거래수단 또는 특정 커뮤니티 내에서 사용하는 데 중점을 둔다.

쉽게 이해하기 위해 도시를 예로 들면, TVL이 증가하는 것은 도시에 더 많은 사람이 이주한다고 볼 수 있다. 도시에 사람들이 많아지면 그곳의 경제활동이 활발해지고, 다양한 상점이나 서비스가 생겨난다. 이렇게 되면 그 도시에는 더 많은 자본이 들어오게 되어 도시는 가치가 늘어나고 발전하게 되는 것이다. 디파이 TVL을 가지고 있는 코인들은 TVL이 그 코인의 가치를 대변해주기도 한다.

암호화폐 시장에는 디파이 청산이라는 것도 있다. 무기한 선물시장의 청산과 원리는 같다. 다만 디파이 청산은 담보물의 원리가 약간 다르다. 예를 들어 어떤 코인을 가지고 디파이 플랫폼에서 스테이블코인을 대출받았다고 해보자. 보통 담보물의 가치는 크게 변하

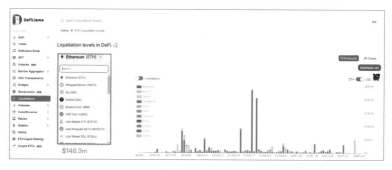

디파이라마에서 디파이 청산을 보는 방법
(출처: 디파이라마)

지 않지만, 암호화폐 시장은 변동성이 심해서 담보로 잡은 코인의 가치가 시장의 상황이나 특정한 이슈에 따라 가격이 하락할 수 있다. 이렇게 되면 디파이 플랫폼에서는 일정한 담보 비율을 설정해두고, 특정 가격까지 담보물의 가치가 하락할 경우 자동으로 스마트 계약 시스템을 이용해 시장에서 해당 담보물의 코인을 매도한다. 이는 빌려준 스테이블코인의 가치보다 손해 보지 않게 하려는 것이다.

디파이라마에서는 각 코인의 특정 가격에 걸려 있는 디파이 청산 물량을 볼 수 있다. 특정한 가격에 도달할 경우 해당 토큰의 가격이 급격하게 하락할 수 있으므로 내가 투자하는 코인이 디파이 플랫폼에서 사용되는 코인이라고 한다면 해당 가격을 확인할 필요가 있다. 그리고 이 청산 가격은 세력들이 지키고자 하는 지지구간으로 작용하는 경우도 많기 때문에 유용하게 사용할 수 있다.

이외에 많은 디파이와 관련된 정보를 디파이라마에서 볼 수 있어 다른 기능들도 살펴보기를 추천한다.

THE BLOCK(더블록)

링크: theblock.co

더블록은 암호화폐와 블록체인 영역의 데이터 분석을 위한 종합적 플랫폼이다. 더블록에서는 대표적으로 현물 데이터, 선물 데이터, 옵션 데이터, 스테이블코인 데이터, 기본적인 온체인 데이터, 디파이 데이터, NFT 데이터 등 다양한 데이터를 볼 수 있다. 더블록에서 내가 주로 사용하는 데이터를 정리한다. 다만, 여기서 정리한 데이터 말고도 많은 유용한 데이터가 있으니 한 번쯤 어떤 데이터들이 있는지 확인해보는 것을 추천한다.

• 현물 데이터

확인방법: 왼편 [Markets] → [Spot]

Cryptocurrency Monthly Exchange Volume

암호화폐 거래소의 현물시장 거래량을 월별로 계산해서 표시한 데이터

전반적인 암호화폐 현물거래량을 파악하려고 사용하는 데이터다.

Daily Exchange Volume(7DMA)

38개 암호화폐 거래소의 현물시장 거래량을 7일 이동 평균을 사용해서 표시한 데이터

현물거래량을 파악하려고 사용하는 데이터지만, 절대적인 양보단

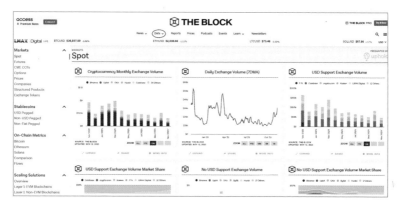

더블록 데이터 메인 페이지
(출처: 더블록)

추세를 보는 데 유용한 데이터다.

Monthly Exchange Volume Market Share

대형 암호화폐 거래소의 현물시장 거래량 점유율을 알려주는 데
이터

현물거래량에 많은 부분을 차지하는 대형 거래소들의 현물거래량
비중을 볼 수 있는 데이터다.

· 선물 데이터

확인방법: 왼편 [Markets] → [Futures]

Aggregated Open Interest of Bitcoin Futures

암호화폐 거래소의 비트코인 선물 미결제 약정의 총액을 표시한

데이터

무기한 선물시장에서 거래량 지표처럼 사용하는 미결제약정의 총
량으로 선물시장의 과열 여부를 확인할 때 사용하는 데이터다.

Share of Open Interest across Bitcoin Futures

암호화폐 거래소의 비트코인 선물 미결제약정 비율을 알려주는
데이터

미결제 약정서에 많은 부분을 차지하는 대형 거래소들의 미결제
약정 비중을 볼 때 확인하는 데이터다.

Volume and OI of CME Bitcoin futures

CME(시카고 상품거래소)의 비트코인 선물 월별 거래량을 집계한
데이터

CME거래소는 북미 최대 파생상품 거래소다. 엄격한 규제와 기준
이 있어 공식적인 파생상품 거래소로 알려져 있다. 보통 기관들의 투
자가 많은데, 기관들의 자금 유입을 파악할 때 확인하는 데이터다.

다만 CME 거래소의 선물시장은 암호화폐처럼 무기한 선물시장
이 아니라 미래의 지정된 시점에 미리 정해진 가격으로 매수 또는
매도하는 전통시장의 선물 계약방식이라는 것을 알아야 한다. 또
이와 같은 이더리움의 데이터도 똑같이 있으므로 이더리움 데이터
가 필요할 때 사용해도 좋다.

- 옵션 데이터

확인방법: 왼편 [Markets] → [Options]

Aggregated Open Interest of Bitcoin Options

암호화폐 거래소의 비트코인 옵션 미결제 약정의 총액을 표시한 데이터

파생상품 거래 중 암호화폐 거래소의 옵션시장을 활성화하는 데 사용하는 데이터다.

Volume and OI of CME Bitcoin Options

CME(시카고 상품거래소)의 비트코인 옵션 월별 거래량을 집계한 데이터

기관투자자들의 옵션 투자 유입 자금을 파악할 때 확인하는 데이터다.

Ⓑ **더 알아보기**

옵션계약과 전통시장 선물계약의 가장 큰 차이

선물계약은 만기 시 자산을 매수 또는 매도할 의무가 있는 반면 옵션은 의무가 없는 권리를 제공한다.

• 스테이블코인 데이터

확인방법: 왼편 [Stablecoins] → [USD Pegged]

Total Stablecoin Supply

법정화폐 기반, 암호화폐 기반, 알고리즘 기반 스테이블코인의 공급량을 알려주는 데이터

암호화폐 시장에 존재하는 스테이블코인의 공급량은 전체 암호화폐 시장의 유동성이라고 보아도 무방하다. 암호화폐 시장의 유동성을 파악할 때 사용하는 데이터다.

• 디파이 시장 데이터

확인방법: 왼편 [DeFi] → [Exchange]

DEX Volume

탈중앙화거래소의 현물거래량을 알려주는 데이터

암호화폐 시장에서 탈중앙화거래소의 영향력은 점점 커지고 있다. 중앙화거래소뿐 아니라 탈중앙화거래소의 현물거래량을 파악할 때 사용하는 데이터다.

Share of DEX Volume

대형 탈중앙화거래소의 거래량 비중을 알려주는 데이터

탈중앙화거래소의 비중이 큰 거래소를 파악할 때 사용하는 데이

터다.

DEX to CEX Spot Trade Volume(%)

대형 중앙화거래소와 대형 탈중앙화거래소의 거래량을 나눈 비율을 표시한 데이터

쉽게 중앙화거래소의 거래량에서 탈중앙화거래소의 거래량이 몇 퍼센트를 차지하는지를 표시해서 탈중앙화거래소의 활성화를 판단하는 데이터다.

• NFT 시장 데이터

확인방법 : 왼편 [NFTs] → [Overview]

NFT Trade Volume by Chain

체인별 NFT 주간 거래량을 알려주는 데이터

NFT 시장은 개인들의 투자·투기심리와도 밀접하게 연관되어 있다. NFT 시장의 활성화를 파악하기 위해서도 사용하지만, 개인들의 심리 상황을 파악하기 위해서도 사용되는 데이터다.

CryptoQuant(크립토퀀트)

링크: cryptoquant.com(영어버전 웹사이트) cryptoquant.com/ko(한글버전 웹사이트)

암호화폐 투자자라면 크립토퀀트라는 말을 들어봤을 것이다. 그

크립토퀀트 메인 홈페이지
(출처: 크립토퀀트)

리고 온체인 데이터도 모두 알 것이다. 하지만 크립토퀀트와 온체인 데이터라는 말이 친근하게 들리지는 않는다. 왠지 쉽게 접근하기 어려운 존재처럼 느껴지는 경우가 많다. 애초에 어렵다고 보아 접근할 생각조차 안 하는 경우도 분명 있다. 사실 온체인 데이터는 그렇게 어려운 데이터가 아니다. 우리가 알고 있는 온체인 데이터는 대부분 가공된 데이터에 속하는데 블록체인상에서 일어나는 트랜잭션(움직임)에 대한 연산작업으로 간단히 보기 좋게 만들어진 데이터이므로 사실 그렇게 어렵지는 않다. 게다가 투자자들을 만나보면 크립토퀀트는 무료로 사용할 수 없는 플랫폼으로 알고 있는 경우가 많았다. 물론 무료의 경우 일부 기능에 제약은 있지만, 일반 투자자들이 보기에 크게 불편하지 않기 때문에 보는 습관을 들이는 것을 추천한다.

그래서 부록 마지막 부분에는 크립토퀀트에서 데이터를 확인하

크립토퀀트에서 온체인 데이터를 검색할 수 있는 화면

(출처: 크립토퀀트)

는 방법을 알아보고 유용한 데이터 몇 가지를 소개한다.

먼저 온체인 데이터를 검색하는 방법을 숙지해야 한다. 이것만 숙지하면 원하는 온체인 데이터 이름을 알 경우 어떤 데이터도 크립토퀀트에 존재하는 기본 데이터를 검색해서 찾을 수 있다.

검색창을 띄우는 순서는 빨간색-파란색-초록색 순서로 클릭하면 초록색 박스에 검색창을 띄울 수 있다.

웹사이트에서 영어든 한글이든 어떤 걸로 검색해도 데이터는 나오며 데이터의 이름을 표기할 때는 영어 표기와 한글 표기를 모두 작성해서 편하게 볼 수 있도록 했다.

① 데이터의 기준이 되는 코인을 고를 수 있다. 보통 비트코인을 가장 많이 보고 이더리움, 스테이블코인을 많이 참고한다.

② 데이터마다 조금 다르긴 하지만, 보통 거래소별로 선택해서 볼 수 있다. 보통 값은 모든 거래소로 되어 있고 현물거래소, 파생상품

크립토퀀트 데이터 화면
(출처: 크립토퀀트)

거래소를 많이 보는 편이다. 날/시간/블록 단위로 데이터를 바꿀 수 있지만, 무료버전은 날Day만 볼 수 있다. 데이터에 이평선을 설정할 수 있다. 원래 데이터로 전반적 추세를 판단하기 힘들 때 이평선을 설정해서 확인하는 데 사용한다.

③ 데이터와 이평선을 클릭해 감추거나 다시 만들 수 있다.

④ 기간을 조정해서 데이터 차트의 크기를 조절할 수 있다. 다만, 무료버전은 현재 기준 3년간의 데이터만 볼 수 있다.

• Exchange Inflow(Total)/거래소 총입금량

거래소로 들어오는 코인의 양을 볼 수 있는 데이터다. 보통 온체인 데이터는 비트코인 위주로 되어 있어 비트코인 또는 이더리움을 많이 확인한다. 데이터를 볼 때는 전체거래소로 보는 것보다 현물거래소와 파생상품 거래소를 구분해서 보는 것이 좋다. 현물거래소 물량이 들어올 경우 매도 압력 가능성이 크고, 파생상품 거래소로 들어올 경우 변동성이 높아질 가능성이 크다.

- **Trading Volume(Spot vs. Derivative)/거래량(현물 vs. 파생상품)**
현물거래와 선물거래량을 보여주는 데이터다. 암호화폐 시장은 파생상품의 거래량이 당연히 많다. 하지만 보통 평균적으로 정상적인 시장에서는 파생상품 거래량은 현물거래량에 비해 4~5배 많다. 이를 기준으로 더 높으면 파생상품 위주의 시장이 진행되고 있고, 낮으면 현물거래 위주의 시장이 진행되고 있다고 판단할 수 있는 데이터다.

- **Coinbase Premium Index/코인베이스 프리미엄 지표(%)**
코인베이스 프리미엄은 본문 191쪽을 참고한다.

- **Korea Premium Index/김치 프리미엄 지표**
김치 프리미엄은 본문 187쪽을 참고한다.

- **Realized Price/실현가격**
실현가격은 마지막에 움직이고 나서 움직이지 않았을 때 마지막에 움직인 가격이 매수가격이라는 가정을 바탕으로 만들어진 데이터다. 실현가격은 쉽게 매수 평단이라고 생각하면 된다. 이 실현가격을 기준으로 아래로 크게 내려오면 시장이 바닥인 경우가 많고,

실현가격을 기준으로 일정 수준 이상 올라가면 고점이라는 신호이기 때문에 전반적인 암호화폐 사이클을 볼 때 참고하면 좋은 데이터다.

• Open Interest/미결제약정

무기한 선물시장에 청산되지 않은 계약을 모두 합쳐놓은 미결제약정이다. 많은 사이트에서도 미결제약정을 확인할 수 있지만 크립토퀀트 플랫폼이 보기 편하다. 유동성과 같이 봐야 하지만 보통 평균치보다 높아질 경우 시장에서는 과열신호로 여긴다. 특히 파생상품과 관련된 데이터는 파생상품 위주 시장에서 더 신뢰도가 높아진다.

• Funding Rates/펀딩비

펀딩비는 무기한 선물시장에만 있는 시스템이다. 기한이 없는 계약이므로 계속 포지션을 유지하는 것을 방지하려고 많이 베팅되어 있는 쪽(예: 롱 포지션)에 반대쪽에서 펀딩비를 지불하고 상대적으로 덜 베팅되어 있는 쪽(예: 숏 포지션)에서는 펀딩비를 받는다. 한쪽으로 과하게 쏠릴수록 지불해야 하는 펀딩비가 올라간다. 이로써 각 종목의 투자심리를 파악할 수 있다. 보통 무기한 선물시장에서는 한쪽으로 너무 강한 쏠림 현상이 일어나면 단기·중기적으로 조정받을 확률이 높아진다.

- Miner to Exchange Flow(Total)/ 채굴자-거래소 간 총 코인 이동량

채굴자들이 거래소로 입금하는 비트코인의 물량을 알 수 있는 데이터다. 이 데이터를 볼 때는 현물거래소로 입금되는지 파생상품 거래소로 입금되는지 확인하는 것이 중요하다. 채굴자들이 파생상품 거래소 비트코인 물량의 입금을 늘릴 경우 이는 헤지 목적일 가능성이 크다. 하지만 현물거래소로 물량을 입금하게 되면 매도 가능성이 매우 커서 시장에 조정이 찾아올 수 있다.

- MVRV Ratio/MVRV 비율

MVRV 데이터는 본문 177쪽을 참고한다.

- Puell Multiple/퓨엘 멀티플

퓨엘 멀티플 데이터는 본문 180쪽을 참고한다.

- Net Unrealized Profit/Loss(NUPL)/미실현 순수익(NUPL)

NUPL 데이터는 본문 179쪽을 참고한다.

- All Stablecoins(ERC20): Total Supply/스테이블코인(ERC20): 총공급량

스테이블코인의 총공급량을 알려주는 데이터다. 이 데이터는 발행사(예: 테더, 서클) 지갑에 있는 물량을 제외한 외부에 있는 유통량을 알려주는 데이터로 실질적으로 시장에서 사용될 수 있는 물

량을 알려준다. 스테이블코인은 암호화폐 시장의 유동성을 의미한
다. 암호화폐 시장의 전반적인 유동성을 파악할 때 매우 유용한 데
이터다.

  * 데이터를 볼 때는 왼쪽 상단의 비트코인을 스테이블코인으로 바꿔야 한다.